北平 西四 宮門口內
西三條胡同 二十一號

西三条21号门牌及鲁迅手书西三条21号通信地址

鲁迅　1925年5月28日摄于北京

鲁博学术

西三条二十一号

鲁迅在1925

钱振文 著

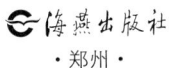
海燕出版社
·郑州·

图书在版编目（CIP）数据

西三条二十一号：鲁迅在1925 / 钱振文著. — 郑州：海燕出版社，2022.10
ISBN 978-7-5350-8236-7

Ⅰ.①西… Ⅱ.①钱… Ⅲ.①鲁迅博物馆-介绍 Ⅳ.①G269.261

中国版本图书馆CIP数据核字（2020）第271836号

西三条二十一号　鲁迅在1925

出 版 人：董中山	责任编辑：刘　嵩　李玉凤
选题策划：生生书房	美术编辑：李岚岚
项目统筹：张满弓	责任校对：康若怡　郝　欣
装帧设计：张　胜	责任印制：邢宏洲

出版发行：海燕出版社
　　　　　地址：郑州市郑东新区祥盛街 27 号　邮编：450016
　　　　　网址：www.haiyan.com
　　　　　发行部：0371-65734522　总编室：0371-63932972
经　　销：全国新华书店
印　　刷：河南瑞之光印刷股份有限公司
开　　本：710毫米×1000毫米　1/16
印　　张：23.25
字　　数：465 千字
版　　次：2022 年 10 月第 1 版
印　　次：2022 年 10 月第 1 次印刷
定　　价：68.00 元

如发现印装质量问题，影响阅读，请与我社发行部联系调换。

目 录

前　言　寻找西三条………I

第一章　宴之敖者………1

　　　　绍兴会馆………3
　　　　八道湾十一号和大家庭的解体………10
　　　　移往砖塔胡同………17
　　　　此房坐落在宫门口西三条胡同二十一号………26
　　　　李瓦匠和虎尾一间………38
　　　　小角落的爱好者………49

第二章　出了象牙之塔………55

　　　　搬家和来暖房的人们………57
　　　　"一撮毛哥哥"和一帮绍兴小老乡………62
　　　　西安之行………69
　　　　《秋夜》………75
　　　　《苦闷的象征》和《出了象牙之塔》………82
　　　　章衣萍和吴曙天………93
　　　　《访鲁迅先生》………101

第三章　运交华盖………109

　　　　《我的失恋》和《语丝》的创刊………111
　　　　荆有麟和北京世界语专门学校………121
　　　　"长虹辈"………131
　　　　"安徽帮"和未名社………141
　　　　"杨树达"君的袭来………154
　　　　"四十岁的时候"与"华盖运"………158
　　　　还是"思想革命"，除此没有别的法………164
　　　　《莽原》周刊………173

第四章　**我可以爱**………187

女师大风潮………189

《好的故事》和昏沉的夜………196

许广平………202

我要反抗………214

情书与"老虎尾巴"的显现………228

第五章　**这也是生活**………241

饭局和家宴………243

吃点心和抽烟………249

无用之用………258

大先生还没有睡呢………263

第六章　**到别的地方去**………277

三一八惨案………279

国事犯………287

"在恐惧这个明亮的黑暗里"和《一觉》………296

流离失所………303

今年秋天，也许要到别的地方去………310

《马上日记》《马上支日记》和《马上日记之二》………315

送鲁迅先生………325

后　记　我与鲁博………335

附　录　鲁迅生平简表………342

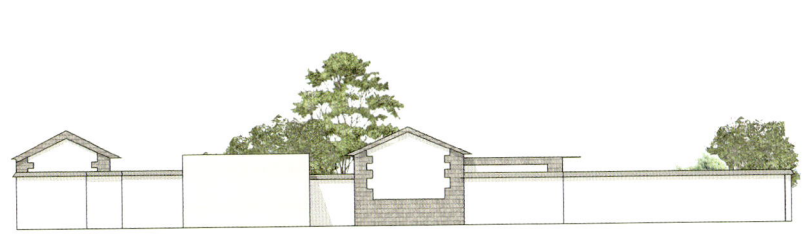

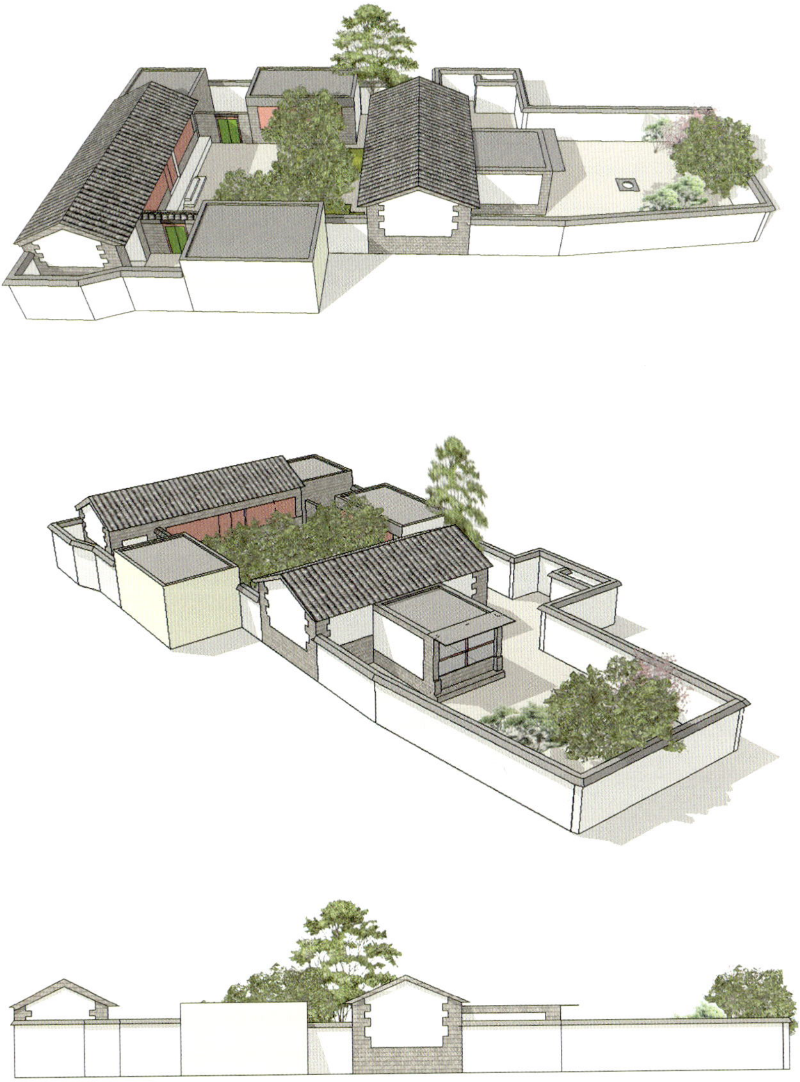

西三条21号示意图　　　　　　　　　　　　　　　　　　（制图　钱高洁）

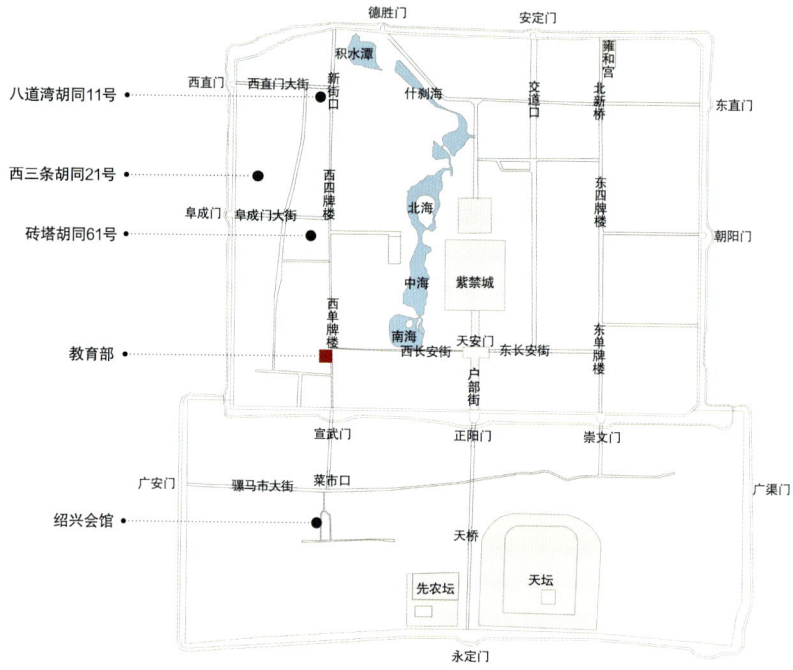

鲁迅在北京的住房路径

　　1912年5月5日至1926年8月26日,鲁迅在北京曾经住过四个地方。1912年5月至1919年11月,住南半截胡同绍兴会馆;1919年11月至1923年8月,住西直门内八道湾胡同11号;1923年8月至1924年5月,住西四砖塔胡同61号;1924年5月至1926年8月,住阜成门内西三条胡同21号。这些地方都在北京城的西半部分,大概来说,这和鲁迅任职的教育部也在北京的西城是有关系的。从鲁迅住过的这四处地方可以很方便地到达北京西城南北方向的主干道西单大街,然后到达位于西单西南角的教育部。

(制图　钱高洁)

去鲁迅家的路

"从西四牌楼一直往西,走羊市大街和阜成门大街,经过北京市第三女子中学、中央人民医院、白塔寺,看见路北有两条胡同:一条叫宫门口东岔;另一条叫宫门口西岔。无论进东岔也好,进西岔也好,进去不远就并成一条。看见路西有一条东三条胡同。走完东三条胡同,西边还有一条西三条胡同。进西三条胡同东口,一直向西走去,直到快接近西口了,在路北二十一号门口发现'鲁迅故居'一块石刻,就是我们的目的地了。"这是孙伏园1953年10月22日在《北京日报》发表的《谈谈"鲁迅故居"》中的一段话,可以让我们了解在建设鲁迅博物馆以前,人们去西三条胡同鲁迅故居的常规线路。

(制图 钱高洁)

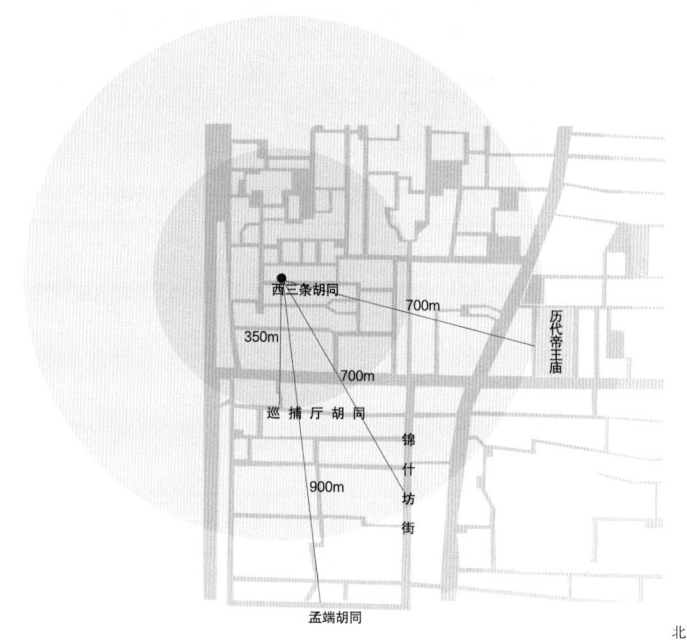

近距离交往的重要性

在还没有汽车等快捷交通工具的年代,距离远近就成了制约人们社交活动的重要因素。

鲁迅住在宫门口西三条胡同21号时,经常到家里拜访鲁迅的人中,有几个人的住处离鲁迅家很近。如曾经拜访鲁迅达二百多次的荆有麟是北京世界语专门学校的学生,而北京世界语专门学校和他住宿的地方锦什坊街96号离鲁迅家都很近。北京世界语专门学校在孟端胡同南边,西端接南顺城街,东端接锦什坊街。孟端胡同早已不存,但锦什坊街现在还存在最北边的一段。

在荆有麟频繁进出西三条胡同的日子里,章衣萍拜访鲁迅的次数也不少。这和章衣萍上班的中华教育改进社就位于鲁迅家附近的历代帝王庙也大有关系。

关于近距离居住带来的互访还可以再举一例。1923年冬天,郁达夫曾经几次去砖塔胡同61号拜访鲁迅,那时候郁达夫正住在离鲁迅家很近的巡捕厅胡同的一座老宅里。

(制图 钱高洁)

上图：大门。建鲁迅博物馆时，拆掉了西三条胡同21号周边很多民居，但保留了鲁迅家西邻的院子。

下图：前院和院子里的丁香树。

（摄影　杨树田）

上图:"老虎尾巴"。鲁迅在西三条胡同21号居住时的书房、客房和卧房。也就是说,这个小小的凸出在正房后面的方寸之地,是鲁迅最主要的活动场所。

下图:从"老虎尾巴"的玻璃窗户看进去,不仅能看到"老虎尾巴"里的景象,还能穿过一道道屏门看到前院和南屋的北门。许广平在给鲁迅的信中回顾她第一次见到西三条21号的印象时说:"那房子的屋顶,大体是平平的,暗黑色的,这是和保存国粹一样,带有旧式的建筑法。至于内部,则也可以说是神秘的苦闷的象征。靠南有门,但因隔了一间过道的房子,所以显得暗,左右也不十分光亮,独在前面——北——有一大片玻璃,就好像号筒口。"

(摄影　杨树田)

上图：正房里的陈设。堂屋是一家人洗漱和吃饭的地方。进门右手一间是母亲鲁瑞的卧房，左手一间是原配夫人朱安的卧房。穿过堂屋，后面就是"老虎尾巴"。

下图："老虎尾巴"里的主要家具摆设。鲁迅在有的文章中把自己写作的地方叫作"东壁下"，因为他的书桌是放在东墙下面的。书桌对面的西墙下有两张木椅，是来访客人落座的地方。人多的时候，有的人就只能坐在靠窗户的床铺上。

(摄影 杨树田)

鲁迅的书桌。作家川岛在《鲁迅先生生活琐记》中说到了鲁迅的书桌:"案上简单地放置着几件文具,一座小闹钟,一个贮有清水的烟灰缸和一只盖碗,我们每次去总看见这几件东西像粘住似的在固定的地方呆着,而又那么整洁;从不见案上零乱地摊着书报纸笔。古人说:'几案精严见性情',鲁迅先生的几案是精严的。"

(摄影 杨树田)

南屋里的陈设。南屋名义上是鲁迅家的会客室和书房,但实际主要用来存放鲁迅的藏书和接待生客。这里最显眼的是东墙上的鲁迅画像,这幅画像是陶元庆1926年创作的。当时目睹了创作过程的许钦文写道:

> 元庆画这肖像是用了功夫的;他左手捏着照相,右手握着削尖了的木炭,在画架前面站了好几天。后来放下鲁迅先生的照相,左手改捏软橡皮。画画,擦擦,再画画。有时忽然停止,躺到床上,摇动着两脚吟一阵诗,一跃起来再画。他闭着一只眼睛细细地看,侧着脸,从右边看一下,再从左边看一下,倒走几步看看,再走近画架细看。这时已经将近傍晚了。我走出房门想到街上去买点用品。元庆把我叫回,拉我到画架前去站住,"你看像不像?"
>
> "像的!"我的确觉得很像,就又连声说,"很像,很像!"
>
> 元庆又在画架正面细细看了一下。忽然,他拿起大块的软橡皮,一下子把几天辛苦画得的统统擦掉了。
>
> "怎么啦?"我不禁惊异地问。元庆默不作声,只狠狠地盯了我一眼,随即拿起粗条的木炭,一口气画成了这肖像。

(摄影 杨树田)

离开鲁迅家的时候,人们会留恋这个小院,也会注意到这个漂亮的二门。

(摄影 杨树田)

前言

寻找西三条

南屋从外边看和北屋几乎是一样的,只是台阶要低一些。

(摄影 杨树田)

前言　寻找西三条

苏联作家康斯坦丁·帕乌斯托夫斯基在他的传世名著《金蔷薇》中，描述了他和女儿一起寻访诗人勃洛克故居的经过，他说：

> 我自己也不理解，为什么从很久以前起，我就念念不忘地想在列宁格勒找到勃洛克的房子，那幢他在其中生活过和逝世的房子，而且一定得自己去找，不要任何人帮助，不问路，不查看列宁格勒的地图。于是我虽只模模糊糊地晓得普里亚日卡河的大约位置（勃洛克生前住在这条河的沿岸街，就是现在十二月党人大街的拐角上），就徒步朝那条河走去，而且没有向任何一个人问过路。为什么要这么做，我自己也不怎么明白。我相信，我能凭直觉找到路，相信我对勃洛克的眷恋，能像引路人那样，挽着我的手把我领到他家门口。
>
> 头一回，我未能走到普里亚日卡河。因为河水泛涨，桥都封闭了。
>
> ……
>
> 第二回，我才走到了普里亚日卡河边那幢房子跟前。这回我不是一个人去的。我的十九岁的女儿与我同行。少女仅仅由于我们要去探访勃洛克的故居而又悲又喜。[1]

在北京，有许多的名人故居是需要像康斯坦丁·帕乌斯托夫斯基那样凭借感觉和推测去寻找的。比如，鲁迅在北京另外三个曾经的住处，就都是需要耗费体力和智力才能找到的。几十年来，北京鲁迅博物馆的工作人员一直担任着带领外地来京的鲁迅研究者参观这几处鲁迅旧居的任务。

但是，寻找西三条鲁迅旧居却比寻找勃洛克故居要容易得多。早在六十多年前，国家就在这处旧居的基础上建立了北京鲁迅博物馆。乘坐公交车在阜成门北或者阜成门内下车，或者乘坐2号线地铁到阜成门站，东北出口的指示牌上就能看到"北京鲁迅博物馆"的字样。从这些下车的地方找到阜成门北街，这条不长的街道尽头就是鲁迅博物馆。

但是鲁迅博物馆并不属于这条正对着的阜成门北街，而属于门前东西走向的宫门口二条胡同，门牌号码是宫门口二条19号。走进博物馆的红色大门，所有人都会顿生豁然开朗的感觉。正对大门的是鲁迅先生的汉白玉雕像，雕像由著名雕塑家张松鹤先生创作，这尊鲁迅像是他创作生涯中的重要代表作。

但这是鲁迅博物馆。鲁迅故居呢？

在面对博物馆大门的这一片开阔区域你并不会发现鲁迅故居，但在博物馆院子的范围内寻找鲁迅故居并不难。往左前方走，一长列黑瓦白墙的平房建筑就会出现在你的视野中，这就是鲁迅故居。鲁迅故居安详地坐落在这个到处都是花香和鸟鸣的大院子里。这个大院子占地面积有一万两千平方米，而鲁迅故居的面积只有三百八十平方米。这个大院子就像是一个巨大的画框，而鲁迅故居就被精心地镶嵌在框里边。在它周边有大量的空白，这些空白提示着被镶嵌物的重要性。鲁迅在建筑自己的住宅时并不富裕，所用的建筑材料都是便宜货。因此，宅子本身既不算精致也不算巨大。但是，环绕在它四周的这个大院子有高大的围墙，既恢宏又稳固。这个大院子宣告了鲁迅故居存在的坚固性和结论性。

我们一直在说"鲁迅故居"，但是"西三条21号"呢？

"鲁迅故居"就是"西三条21号"。

在"鲁迅故居"大门门楣上，分明可以看见一个蓝色的门牌，上面的字迹是"□四区 西三条21"。那个缺角上的空字是"内"，这个"内"字是在"文革"中被"红卫兵"用榔头砸掉的。

但是"西三条"呢？

"西三条"今天仍在，是在鲁迅博物馆外边。在博物馆东边墙外有宫门口三条，不过，原来的东、西三条合并成了今天的宫门口三条，三条在博物馆东墙外向南拐了个弯，和博物馆大门外的二条相交叉。

鲁迅博物馆的建筑范围包括二条以北和四条以南，这样，三条的西段就消失在博物馆的大院子里。鲁迅故居以西还保留着一处平房院落，博物馆的人们叫它"西小院"，在这个"西小院"和鲁迅故居门前，还大致保留着几十米长的一段原来的西三条胡同。前些年，正对大门的展厅外边还有一棵老槐树，能起到确定西三条胡同位置的作用，现在，这棵具有重要定位功能的老树也没有了。如此，鲁迅故居门前的"西三条"确乎是只能像鲁迅《秋夜》中的两棵枣树一样存在于人们的想象之中了。

没有了西三条胡同的鲁迅曾经的寓所，不再是"西三条21号院"而成了"鲁迅故居"。

"西三条21号"还"在"，但是与它相邻的20号、19号、18

号、17号等宅院都没有了，这些相邻的院子和这些院子一起构成的胡同是"西三条21号"地点的特殊性所在。曾经，"西三条21号"舒服地编织在这些胡同景观中，与它们一起构成人们生活的世界。博物馆的建设，强制性地把西三条21号与它周边的环境区别开来，重构、解构甚至破坏了原有的地理景观，这种效果即本雅明所说的"把一件东西从它的外壳中撬出来"。现在，博物馆是它新的外壳，这个新外壳起到了更鲜明、更强烈地呈现鲁迅故居的目的，但也强烈地削弱了它原来地点的特殊性和建筑与地点的融合与相配。

没有了西三条的西三条21号，不再是完整意义上的鲁迅曾经生活的居所，而成了一件在博物馆大院陈列的展品。这在一定程度上影响了人们参观体验的完整性。因为，对建筑物的鉴赏也包含对它所处位置即环境的鉴赏。

但也不必过分悲观，事情有弊必有利。

改变是必然的。

地理学家洛温塔尔说过："每一次识别行为都改变着过去的遗留。且不说美化或仿制，仅仅是欣赏或保护一件遗物，都影响着它的形式或我们的印象。"[2]

实际上，自从1949年10月19日鲁迅故居正式对外开放以后，西三条21号的功能已经发生了根本变化，它不再是人们实际居住的房屋，而成为供游客参观的展品。作为实际居住的房屋，西三条21号的主要功能是为主人提供生活的方便和舒适，为主人的主要工作和最终目标提供工具性功能。而作为游客参观的展品，鲁迅故居和故居内的生活用品，都不再为了实际的使用以产生实际的目的，而是作为艺术品发挥符号的功能。建设博物馆之前，西

前言　寻找西三条

三条21号院边界的开放性和与环境的融洽性，正说明它的非艺术功能，而博物馆建设对鲁迅故居与周边四合院的隔离是有意义的设置，强制人们非实用地观看眼前的建筑。

使用的方式决定了物品的价值。就像普通人使用的普通语词也可以被文学家"文学地"和"美学地"使用来写作诗歌一样，一件普通的物品也可以作为符号被"文学地"和"审美地"使用，属于达达主义的杜桑就直接把非艺术的现成（readymade）物当作艺术来展示，他最著名的《便池》便是一个被设置在博物馆墙壁上作为艺术品的真实的便池，只因为这个便池被设置在博物馆，上面有作者的签名，而人们并不能往它里面撒尿，它就是艺术。所以，"关键并不在于物件的'价值'，而在于它被'安置'成艺术"。[3]

实际上，鲁迅故居在鲁迅及其家人在此居住的大多数日子里是并不显眼的，它只是掩蔽在宫门口西三条胡同里的一座普通的四合院。也正是由于它与周边环境没有缝隙的融合，才让人们产生难以寻找的感觉。那时候的西三条21号，是鲁迅的生活世界，这个生活世界在大多数时候是自我隐匿的。只有在极其个别的时候，如鲁迅在《秋夜》《一觉》等作品中揭露出来的那样，故居里的枣树、油灯才会在十分特殊的情境下从背景中浮现出来，成为作家道说的对象。也正是因为这个生活世界的隐遁不彰，才为鲁迅开启出来一个可以自由行动的空间，并在这一自由空间发挥出潜在的能量。实际上，现在展示在我们眼前的房屋，房屋内的家具、用具都不过是功能物，承担因缘联系整体中的部分职能，而所有的这些部分职能又最终指向作家鲁迅的写作生活。

现在，鲁迅故居是一件摆置出来的艺术品。这些房屋和房屋内的物品,不再是具有内在特性的日用品,而是被提高到了具有一定主体性格的意义丰富的符号物。它们站立在只有它们才能占据的位置上,骄傲地面对前来参观访问的游客们。因为它们"知道",只有它们曾经和这里的主人有过如此密切的接触。如今,它们是征兆和信号,向今天的我们传递着当年主人寄存在它们身上的信息。它们具有特别的光亮,让所有的"后人"面对它们时感到一种特别的惊奇。

英国地理学家约翰斯顿说:"景观是这样一种文本,它是正在曾经生活在这里的人的创造物。"这句话需要在"正在"和"曾经"之间加上一个"和"字才好理解,就是说,地理景观是曾经生活在这里的人和后来生活在这里的人一起创造的。

面对这样一个井井有条而又人来人往的小院,那个曾经创造了它的主人的不在场却格外突出地显现出来。那把"东壁下"空着的藤椅,那盏已经很久没有点亮的油灯,都在提示它们真正的主人过去的曾在和如今的不在。

我们要怎样生活和创造,才能对得起那个如今不在但实际上永在的存在,才能坦然地漫步在他曾经漫步过并看见过奇景异象的小院。

诗人臧克家在鲁迅故居刚开放时来过西三条21号,并有感而写下了著名的诗歌《有的人》,其中开头几句最为精辟而深刻:

> 有的人活着
> 他已经死了;
> 有的人死了
> 他还活着。

记住这首诗歌吧,它和鲁迅故居一起,教导我们学会自持和谦卑。只有这个时候,你才算是寻找到了西三条。

注 释

1 [俄] 康·帕乌斯托夫斯基著,戴骢译,《金蔷薇》,上海译文出版社,2007年版,第214页。
2 [英] R.J. 约翰斯顿著,唐晓峰,李平,叶冰,包森铭等译,《地理学与地理学家》,商务印书馆,1999年版,第246页。
3 [英] Richard Appignanesi 著,黄训庆译,《后现代主义》,广州出版社,1998年版,第50页。

X

前后院之间的夹道和夹道里的枣树。枣树是鲁迅搬进来之前就有的。鲁迅刚搬到西三条胡同21号时,院子里只有两棵树,一棵是枣树,还有一棵,也是枣树。另一棵枣树在前院的东南角,后来枯死了。

(摄影　杨树田)

第一章 宴之敖者

宴，从宀（家），从日，从女；敖，从出，从放；我是被家里的日本女人逐出的。

——许广平《所谓兄弟》

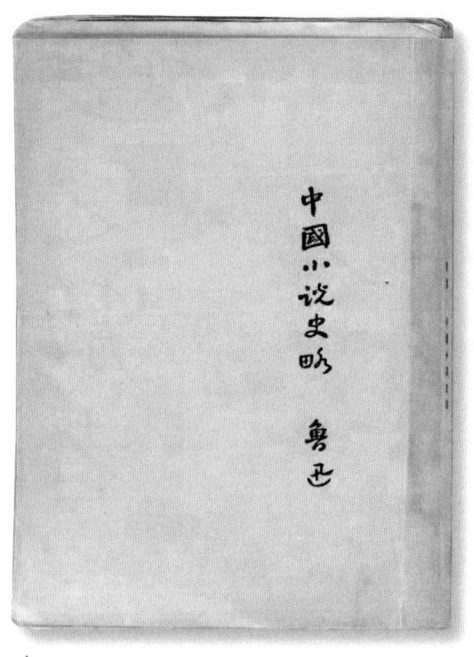

《中国小说史略》是鲁迅在北京大学、北京师范大学(前身为北京高等范范学校,1923年更现名,简称"北师大")等校讲授中国小说史课程的讲义。1920年排印的讲义题为《中国小说史大略》,这即是《中国小说史略》的前身。1923年12月,北京大学新潮社出版《中国小说史略》上册,1924年6月又出版了下册。1925年9月,经鲁迅修改后又由北新书局合为一册发行。《中国小说史略》是一部开山之作,它不仅是我国最早的一部小说史,而且考订周详,评价慎重,第一次对我国小说的发展进行了精辟的总结。郭沫若在谈到王国维的《宋元戏曲史》和鲁迅的《中国小说史略》时说:"毫无疑问,是中国文学史研究上的双璧;不仅是开拓的工作,前无古人,而且是权威的成就,一直领导着百万后学。"

第一章　宴之敖者

绍兴会馆

鲁迅在西三条21号居住的时间并不长。从1924年5月25日到1926年8月26日，满打满算，也就两年零三个月。但鲁迅在北京生活的时间是很长的。从1912年5月5日到1926年8月26日，总共有十四年零三个月。为了理解鲁迅对西三条寓所的感情，有必要回顾一下鲁迅在北京的住房路径。

在搬到西三条21号之前，鲁迅在北京还住过三个地方。这三个地方是菜市口南半截胡同绍兴会馆、新街口八道湾胡同11号和西四砖塔胡同61号。

绍兴会馆是鲁迅到北京后的第一处住所。从1912年5月6日至1919年11月21日，鲁迅在绍兴会馆住了七年多。

绍兴会馆是鲁迅在北京居住时间最长的地方。如果不是迫不得已，他大概会在这里居住更长时间。

绍兴会馆在南半截胡同5号，坐西朝东。据《绍兴县馆纪略》载，绍兴会馆创办于清朝道光丙戌年（1826），乙丑年（1829）定名山会邑馆。绍兴会馆是个很大的院落，共有大小房屋八十四间，院中有院。除了用于祭祀的厅堂之外，还有许多用于住人的

上图：绍兴会馆大门口。
下图：补树书屋的月亮门和老槐树。

小院落，每个院落都有一个别致的名字，如补树书屋、藤花别馆、绿竹舫、嘉荫堂等。这些名字都和院子中的某种植物有关。

从1912年5月6日到1916年5月6日，整整四年，鲁迅住在这里的藤花别馆。藤花别馆在会馆北路，因藤花别馆前面曾有古藤花而得名。这里的"古藤花"是1826年会馆创立时候的说法，到鲁迅住进来的时候，已经又过去八九十年了。1916年5月6日以后，鲁迅搬到会馆南路的一个独院补树书屋。补树书屋是个清静的地方，因为这个院子里的槐树上曾经吊死一个女人，所以这里的屋子一直闲着。对这棵曾经吊死女人的槐树，绍兴的先辈宗稷辰（1792－1867）曾经在《山阴会稽两邑会馆记附记》中说："堂之后，昔树棣而折，改植槐，曰补树书屋。"[1] 可见，鲁迅搬到补树书屋的时候，那里的槐树也已经是几十年树龄的老树了。

鲁迅兄弟对这个"补树书屋"是很有感觉的。鲁迅兄弟的名字差不多都和树有关。如鲁迅的本名是樟寿，周建人的本名是松寿，周作人的本名櫆寿中的"櫆"字好像和树没有关系，但他喜欢用的一个笔名是槐寿。

我们在高中学过鲁迅的《〈呐喊〉自序》，其中有一句话是"S会馆里有三间屋，相传是往昔曾在院子里的槐树上缢死过一个女人的，现在槐树已经高不可攀了"。大家对那个"S会馆"应该很熟悉。

此处"S会馆"就是绍兴会馆，"三间屋"指的是补树书屋正房里的三间屋。由于这段文章，补树书屋和院子里吊死过一个女人的槐树都很出名。人们到绍兴会馆参观，会不由自主地说："槐树呢？"但这棵树实际上早就没有了。

因为多年前曾经有一个女人在这棵槐树上吊死，所以，绍兴会馆后来规定凡住户一律不许带家属。

那时候，鲁迅在教育部的工作就是周作人说的"办公事"。所谓的"办公事"，就是说所办的事差不多都是"例行公事"。所谓"例行公事"，就是按照惯例办理的公事，指刻板的形式主义工作。

鲁迅这时期生活的乐趣主要是在下班之后。

下班后回到会馆的鲁迅，主要做的一件事情就是《〈呐喊〉自序》中说的"很多年，我便寓在这屋里抄古碑"。

抄古碑是碑拓收藏后进一步的研究活动。鲁迅在成为作家之前这段很漫长的准备时期，主要活动是收藏和研究。鲁迅的收藏目标一个是书，一个就是碑拓。

这里的"古碑"其实是指古碑拓片。要抄古碑就要买碑帖拓片。从1915年到1918、1919年，鲁迅在几年时间里购买了四千多种计五千多张拓片。

1917年初，鲁迅向蔡元培推荐自己的二弟周作人到北大做教授。1917年4月1日，周作人到北京，和鲁迅一起住在绍兴会馆补树书屋。补树书屋的正房其实不是鲁迅说的"三间屋"，而是一排四间屋，只不过北头儿两间相通，合起来算做一间。补树书屋很宽敞，即使住鲁迅兄弟俩也绰绰有余。周作人来北京之前，鲁迅住南首的一间屋。周作人来北京后，鲁迅搬到靠北边的一间屋。最北边的一间屋因为北房遮挡照不到阳光，干脆闲置。中间的堂屋算是吃饭洗脸的地方。

二弟周作人的到来，给鲁迅的会馆生活带来很大愉悦。周作人入住当晚，兄弟俩就"翻书谈说至夜分方睡"。第二天，鲁迅请假没有上班，中午陪二弟到益昌饭店吃饭。4月7日是星期天，

第一章　宴之敖者

这天下午，鲁迅和周作人一起逛琉璃厂。此后，几乎每个星期天，兄弟俩都到琉璃厂逛街、喝茶、购物。

钱玄同到绍兴会馆聊天，是从这年夏天开始的，从鲁迅日记可知，钱玄同曾经在1917年8月9日、17日、27日三次拜访鲁迅。《〈呐喊〉自序》中说到了钱玄同来会馆的某些有趣细节：

> 那时偶或来谈的是一个老朋友金心异，将手提的大皮夹放在破桌上，脱下长衫，对面坐下了，因为怕狗，似乎心房还在怦怦的跳动。[2]

1918年5月15日出版的《新青年》第四卷第五号发表了鲁迅的《狂人日记》，《狂人日记》的发表标志着"鲁迅"的诞生。在此之前，《狂人日记》的作者鲁迅还叫周树人，人们叫他周先生或大先生。但几十年后，很多人只知道鲁迅而不知道周树人。

其实，钱玄同到绍兴会馆拜访的是鲁迅、周作人兄弟俩。早在1918年初，周作人就开始给《新青年》投稿了。1918年1月15日出版的《新青年》第四卷第一号上刊登了周作人的《陀思妥夫斯齐之小说》，第四卷第二号上有周作人翻译的《古诗今译》，第四卷第三号上有周作人的《童子Lin之奇迹》，第四卷第四号上有周作人翻译的《皇帝之公园》，第四卷第五号上鲁迅的《狂人日记》后面紧接着就是周作人的《读武者小路君所作〈一个青年的梦〉》。

1918年3月15日出版的《新青年》第四卷第三号上有沈尹默、胡适、陈独秀、刘半农四人以《除夕》为名所作的一组同名诗歌，刘半农的《除夕》，写到他在绍兴会馆与周氏兄弟长夜畅聊后的快感。

除夕

刘半农

（一）

除夕是寻常事,做诗为什么?

不当它除夕,当作平常日子过。

这天我在绍兴县馆里,馆里大树甚多。

风来树动,声如大海生波。

静听风声,把长夜消磨。

（二）

主人周氏兄弟,与我谈天:

欲招"缪撒"（注1）,欲造"蒲鞭"（注2）。

说今年已尽,这等事,待来年。

（三）

夜已深,辞别进城。

满街车马纷扰,

远远近近,多爆竹声。

此时谁最闲适?

地上只一个我！天上三五寒星！

注1:缪撒,拉丁文作"Musa",希腊"九艺女神"之一,掌文学美术者也。

注2:蒲鞭一栏,日本杂志中有之;盖与介绍新刊

对待，用消极法督促编译界之进步者。余与周氏兄弟（豫才、启明）均有在新青年增设此栏之意；唯一时恐有滞碍，未易实行耳。³

　　开始给《新青年》写文章后，鲁迅的碑拓收藏和研究并没有马上停止，但写作逐渐成了他业余生活中的主要内容。在绍兴会馆的最后两年，他写了差不多五十篇小说、新诗和随感录，除了《狂人日记》，还有著名的《孔乙己》《药》《明天》和《一件小事》等。因为近水楼台，与鲁迅相比，周作人和《新青年》《新潮》等新文化团体的关系更加紧密。在绍兴会馆一起居住的两年多时间，鲁迅和周作人的生活状态很像学生时代在中国南京和日本东京的生活。那时候，他们俩也是像在绍兴会馆一样，"兄弟怡怡"，有共同的兴趣、共同的爱好、共同的朋友、共同的理想。幼年时候由于家庭衰败而遭受的屈辱和悲愤，正在被兄弟携手带来的家庭中兴的希望代替。但这一切，却因迁居八道湾而被带入了未知和迷茫。

八道湾十一号和大家庭的解体

鲁迅本来有个"越人安越"的家庭规划,按照这个规划,应该是他和周作人在北京挣钱,养家糊口,其他家人都住在绍兴老家。如果一切正常,鲁迅和周作人兄弟俩在绍兴会馆应该会居住更长时间。但是计划赶不上变化。1918年,鲁迅的小叔父周伯升突然去世,这件事情的发生和发展,打乱了鲁迅一家所有的家庭规划及安排。

周伯升(1882-1918),又名凤升,是鲁迅祖父周介孚的姨太太章氏所生,章氏在伯升很小的时候就死了。章氏死后,伯升由周介孚的第二个姨太太泮氏照顾。1893年,周介孚带泮氏和伯升回到绍兴。鲁迅祖父性格倔强,脾气古怪。他几乎骂所有人,却不骂泮氏和小儿子伯升。鲁迅在南京陆矿学堂考第二被他斥为不用功。同时在南京水师学堂读书的伯升考了倒数第二,却被他说成尚知努力,没考倒数第一。周介孚去世后,泮氏离开周家,伯升就由鲁迅的母亲鲁瑞照顾。周作人在《知堂回想录》里曾经详细回顾了他们一家和伯升叔的关系。

伯升死后,为了安顿他的妻妾和子女,需要卖掉属于伯升的

第一章　宴之敖者

一份老屋，但周家老屋整个房子联结在一起，要想卖掉属于伯升的老屋，就得把所有老屋都卖掉。1918年3月10日，鲁迅在给许寿裳的信中说到了"家叔"伯升的"善后"事宜和有可能"牺牲"老屋的情形：

> 家叔旷达，自由行动数十年而逝，仆殊羡其福气。至于善后，则殆无从措手。既需谋食，更不暇清理纠葛，倘复纷纭，会当牺牲老屋，率眷属拱手让之耳。[4]

由伯升叔的死引发鲁迅一家被迫卖掉绍兴老宅的事件，是自1893年鲁迅祖父周介孚科场案发后，周家陷入持续衰败的延续，标志着鲁迅祖父一代创立的大家庭的消解。在绍兴会馆居住的鲁迅，虽然生活在北京地界，但毕竟和绍兴有内在精神上的关联。如果从绍兴会馆搬出来，住到普通北京人生活的四合院，再把绍兴的老宅卖掉，把在绍兴的一家老小也接到北京，那么，故乡绍兴就只堪日后在香烟缭绕中用来回忆了。

从1919年2月起，鲁迅开始在北京四处看房。看过很多后，终于选定了八道湾胡同11号院。

1919年7月2日，周作人前往日本东京接家眷。8月10日，周作人带着夫人和三个孩子回到北京。按照绍兴会馆"不得携带内眷"的老馆规，周作人的内眷只能暂住绍兴会馆隔壁人家。当年，鲁迅和周作人的祖父在北京候补时，开始在绍兴会馆居住，后来纳了小妾，也就只能搬到会馆隔壁居住。

1919年11月21日，鲁迅和周作人一家搬到八道湾胡同11号。12月1日，鲁迅回绍兴接母亲、夫人朱安及三弟建人一家，29日回

八道湾胡同11号,周宅二门和二门外边鲁迅曾经的住房。住房外边的丁香树是鲁迅种植的。

第一章　宴之敖者

到北京八道湾。

八道湾胡同11号有三进院落,是个相当宽敞的大院子,适合人口众多的大家庭居住。

按传统的大家庭方式生活,即兄弟几个共同生活,是鲁迅三兄弟一直就有的想法。这个想法虽然显得旧式,但不是出于旧学说的约束,以为同居是什么美德,而是出于单纯的兄弟友爱之情。

但是真正开始大家庭生活,却不是大家想象中那么容易。和鲁迅关系很好的教育部同事齐寿山,兄弟三人一直过着和睦的大家庭生活。齐家老二齐如山在回忆录中说,大家庭生活的关键,不是看弟兄之间关系如何,而是妯娌之间怎么相处。鲁迅兄弟三人从小感情甚笃,他们在一个大家庭里和睦相处,当然不是什么难事。但难的是兄弟三人的夫人也就是齐如山所说的"际遇"如何。因为夫人如何是个"际遇"也就是命运的问题。周作人的夫人羽太信子和周建人的前妻羽太芳子是亲姐妹,当然不会有什么问题,但鲁迅的夫人朱安和羽太信子、羽太芳子姐妹就很难融合在一起了。而且,大夫人朱安没有能力管理家务,这就把管家的职责推给了羽太信子。对于羽太信子,当年在周家做佣人的王鹤照等人都有回忆。羽太信子生活较为奢华,挥金如土。家里有人病了,从来不看中国医生,都是打电话叫日本医生来家里就诊。据说,某次厨师做好了饭菜,羽太信子却忽然想吃饺子,就把一桌饭菜退回厨房,厨房的人赶紧为她另包饺子。

周作人当然也愿意和兄弟朝夕相处,但他不愿意操心家务,而他自己也讲究享受生活。他对自己夫人的奢侈生活方式抱有一定程度的放纵,"不敢讲半句不是"。这并不是说周作人也像他夫人一样奢侈挥霍，但他的确懒散成性，除了看书写字，他对其他一切事情逆来顺受。据熟悉他的人说，周作人真的是油瓶倒了都不扶，他能眼看着孩子在地上哭，自己照样喝茶看书。周作人的这种态度，就把矛盾转移和集中到了作为家长的鲁迅与作为管家的羽太信子之间，而鲁迅和羽太信子的关系，又是大伯子和弟媳妇这种不远不近的关系。

从那两三年的鲁迅日记中可以看出，在八道湾胡同11号，鲁迅的生活方式和在绍兴会馆时期相比，发生了很大变化。很多时候，日记上都只有简单的两个字"无事"，要不就是借钱还钱的记录。所谓"无事"的"事"都是些什么事呢？无非一是朋友来访，二是到琉璃厂买书。搬到八道湾胡同后，朋友来访减少了，这很好理解。过去在绍兴会馆，鲁迅和周作人都是单身状态，朋友们来聊天很方便。另外，八道湾胡同在北京城西北角，远离文人集中的南城会馆区。过去常到绍兴会馆聊天的钱玄同、刘半农及教育部的同事们，要到八道湾胡同11号，远不如过去到绍兴会馆近便。到八道湾后，鲁迅逛琉璃厂次数也明显减少。过去，鲁迅在北京的一个主要休闲活动，就是去逛琉璃厂买书、买拓片，1917年以前，是他自己逛，周作人来北京后，每到周末，都是兄弟俩一起逛。但是全家搬来北京以后，他们兄弟俩一起逛街的时候就很少了。

原因大概有几个：一是路远了。过去住在绍兴会馆，去趟琉璃厂也就是几百米的路程。那时候，琉璃厂是鲁迅休闲生活的中心，不光是买书、买碑帖，买茶叶、买帽子、洗澡、喝茶也都是去琉璃厂。而迁居八道湾后，鲁迅上班之余大多是逛逛在教育部附近头发胡同的小市。但路远只是一种推测，主因恐怕还是家

第一章　宴之敖者

务繁多和零用钱的减少。从鲁迅日记中每年末的"书账"可以看出，由于购买八道湾胡同11号的宅子，鲁迅在1919年购书用款比1918年少了大约一半。1920年、1921年、1923年、1924年购书更是比1919年减少很多，最少的是搬到八道湾胡同第二年即1920年，全年购书用款总共仅五十一元八角。

钱不够用，羽太信子生活奢侈只是一方面，周家人从绍兴迁居北京后，轮番得病住院是另一个原因。1920年5月19日起，周建人的小儿子沛突发大病，住进同仁医院，直到7月13日才出院。这期间，鲁迅一直忙着四处筹款和在医院看护病人，鲁迅日记中"夜在病院"的记载多达十五次。1920年底，周作人患了肋膜炎，1921年3月29日住进日本人山本忠孝开的山本医院。在山本医院治疗两个多月又转移到香山碧云寺休养，直到9月21日才返回家里。

另一个让鲁迅感到经济紧张的原因就是"欠薪"。似乎很"巧合"的是，从鲁迅一家迁居八道湾胡同开始，教育部的工资发放就开始不正常。从鲁迅日记可以看到，1919年，他几乎每月26日都准时收到"奉泉"三百元，但从1920年1月开始不正常了。从鲁迅日记中可知，1920年2月9日、16日才各发了一半1月的工资，此后，工资延迟发放的情况逐渐严重。到年底即12月31日，才收到8月下半月和9月的工资。教育部的欠薪，让鲁迅一家人的经济紧张状况雪上加霜。1920年，鲁迅共计借债二十多次，总数达九百多元，1921年更是达到一千多元。

搬到八道湾以后，鲁迅逛琉璃厂买书的时候少了，却增加了一项重要的生活内容，就是到学校做兼职教师。1920年8月6日和26日，鲁迅分别得到北京大学和北京师范大学的聘书。

去学校兼职讲课这件事，对鲁迅此后的影响很大。这几份薪水对于债台高筑的鲁迅来说可谓雪中送炭。当然，鲁迅在学校兼职讲课的意义远不止是取得几份薪水。更重要的，他的人际交往扩大到了教育部同事的范围之外。尤其是大量北大、北师大、女高师、北京世界语专门学校的不同时期听课的学生，成为鲁迅的忠实"粉丝"。

在八道湾时期，鲁迅在文学创作上进入自觉时期。除了1920年写作很少外，其他年份尤其是1922年有很大收获。此期，他写了最重要的小说《阿Q正传》，此外还完成了《风波》《头发的故事》《故乡》《白光》《端午节》《社戏》等其第一部小说集《呐喊》中的其他作品。周作人也积极投入新文化运动，写了大量的评论和小品散文，名声比鲁迅还要响亮。

周氏兄弟一时双星闪耀，成为新文学的代名词。

但是，大家庭的生活方式成了他们的拖累。

只要一回到现实生活，回到现实的大家庭生活，周作人就会"心烦"，原因主要是"嚷钱不够用"。

首先支撑不下去的是周建人。周建人由于学历不高，在北京一直没有找到工作。鲁迅也曾经向蔡元培推荐三弟赴中法大学留学，但没有结果。后来经鲁迅和周作人托人介绍，周建人在上海商务印书馆谋得一个职位，1921年9月2日，周建人离开八道湾，前往上海独自谋生。老三周建人到上海谋生，是周氏三兄弟大家庭生活的第一道裂缝。一年多后，鲁迅和周作人突然闹翻，鲁迅决定搬出八道湾，临时租住的地点是砖塔胡同61号。

移往砖塔胡同

从鲁迅日记可以看出，7月3号，一切都还如常，鲁迅和周作人一起逛街，去了东安市场、东交民巷书店，又在日本人开的山本照相馆购买了正定大佛寺佛像照片。7月14日，矛盾发生，这天的鲁迅日记有："是夜始改在自室吃饭，自具一肴，此可记也。"7月19号，周作人送来一信给鲁迅。信的内容尽人皆知：

鲁迅先生：
　　我昨天才知道——但过去的事不必再说了。我不是基督徒，却幸而尚能担受得起，也不想责谁——大家都是可怜的人间。我以前的蔷薇的梦原来都是虚幻，现在所见的或者才是真的人生。我想订正我的思想，重新入人的生活。以后请不要再到后边院子里来。没有别的话。愿你安心，自重。
　　　　　　　　　　　　　七月十八日 作人[5]

周氏兄弟失和，他们的朋友都感意外，人们有各种各样的猜测。对这件事情的判断，比较清晰的是许寿裳和郁达夫。许寿裳曾经在《亡友鲁迅印象记》中说："作人的妻羽太信子是有歇斯台里性的。她对于鲁迅，外貌恭顺，内怀忮忌。作人则心地糊涂，轻听妇人之言，不加体察。"[6]郁达夫在《回忆鲁迅》中说："据凤举他们的判断，以为他们弟兄间的不睦，完全是两人的误解。周作人氏的那位日本夫人，甚至说鲁迅对她有失敬之处。但鲁迅有时候对我说：'我对启明，总老是规劝他的，教他用钱应该节省一点，我们不得不想想将来，但他对于经济，总是进一个花一个的，尤其是他那位夫人。'从这些地方，会合起来，大约他们反目的真因，也可以猜度到一二成了。"[7]现在看来，可以确定的是，鲁迅和周作人夫妇在消费观念、生活理念上有较大分歧。鲁迅的生活以精神生活为主，竭力简省乃至去除生活的物质方面，而周作人夫妇则较为追求物质享受。过去，只有周作人和鲁迅在绍兴会馆生活，这方面的分歧还不明显。全家迁居八道湾胡同后，周作人一家的奢华生活方式和鲁迅一家的简单生活方式，开始泾渭分明，再加上"屋漏偏逢连夜雨"，正好此时鲁迅的工资发放开始不正常。大约作为家长的鲁迅和作为管家的羽太信子常在经济方面发生龃龉，羽太信子对鲁迅的不满或说恨意，也即许寿裳说的"忮忌"由此慢慢形成，至7月14日变得不可收拾。现在难以确定的是，7月17日也就是周作人信中所说的"昨天"，羽太信子向周作人说了什么让周作人难以接受的事实。但显然这个事实很难辩解或说是死无对证。有一句歇后语是"大伯子背兄弟媳妇过河——吃力不讨好"，说的是长兄和弟媳之间的微妙关系，也许能够解释鲁迅和羽太信子的关系一二。我们现在只能假设，如果他们更早放弃大家庭的梦，三兄弟各过各的日

第一章 宴之敖者

子,"兄弟失和"事件也许能得以避免。

总之,1923年7月中旬,几十年来一直亲密无间的鲁迅和周作人两兄弟,因为莫名其妙的原因突然闹翻,鲁迅决定搬出八道湾。帮他解决居住问题的却是两个小丫头,一个是许羡苏,一个是俞芬。她们俩都是周建人在绍兴女子师范时的学生。1920年,许羡苏考入北京女子高等师范学校,入学之前曾经在八道湾11号住了一个暑假。俞芬也是绍兴人,1920年正在女高师附中读书,和她的两个妹妹俞芳、俞藻一起住在砖塔胡同61号院。由于和许羡苏关系密切,俞芬也成了八道湾的常客,每到星期天总来八道湾周家陪鲁瑞老太太聊天。就在一次普通聊天中,老太太和许羡苏、俞芬说到鲁迅想搬出去的事。俞芬姐妹仨租住的砖塔胡同61号院正空着三间北房,这个情况老太太也早就知道。

鲁迅决定搬入砖塔胡同61号。

8月2日,鲁迅从八道湾11号这个自己亲手打造、原打算兄弟三人一直住下去的大宅子搬了出来。对于鲁迅和周作人,这都是一件非同寻常的大事。他们俩这天的日记中,都只有迁居这一件事情。鲁迅这天的日记是:"二日 雨,午后霁。下午携妇迁居砖塔胡同六十一号。"周作人这天的日记是:"二日 阴,雨。上午寄伏园、佛西函。下午L夫妇移往砖塔胡同。"

和鲁迅一起迁居的,还有他的夫人朱安。朱安是这次迁居事件中最有可能的实际受益者。因为有夫人随行,所以鲁迅不能回原来住过的绍兴会馆。现在鲁迅的生活方式,既不是绍兴会馆时期的单身状态,也不是八道湾时期的大家庭状态,而是标准的小家庭,朱安的地位便显得举足轻重,但朱安能做的事情实在不多。鲁迅在这里既是主人,也是管家,甚至还做砸煤块之类的事

上图：砖塔胡同61号旧时大门。
下图：砖塔胡同61号鲁迅曾经住过的北房。

情。从搬到砖塔胡同开始,鲁迅每天记一种"家用账",记录发生的日用消费。这个消费账从1923年8月2日记到1926年2月11日,即从民国十二年农历六月二十至民国十四年农历腊月二十九。这份"家用账",显示了鲁迅想通过这种精细管理的方法,来反思八道湾时期家庭生活中因为家庭财务危机而发生的混乱。

这个时期的鲁迅,不愿见人是可以理解的。1923年10月23日,孙伏园给鲁迅写信,说想带北京大学的同乡章廷谦(1901—1981)及夫人孙斐君前往拜访鲁迅(鲁迅的许多比自己年轻的好朋友都是经过孙伏园介绍认识的,如李小峰、许钦文、章衣萍等),但鲁迅回信拒绝了:

> 昨函谓一撮毛君及其夫人拟见访,甚感甚感。但记得我已曾将定例声明,即一者不再与新认识的人往还,二者不再与陌生人认识。我与一撮毛君认识大约已在四五年前,其时还在真正"章小人nin"时代,当然不能算新,则倘蒙枉顾,自然决不能稍说魔话。然于其夫人则确系陌生,见之即与定例第二项违反,所以深望代为辞谢,至托至托。此事并无他种坏主意,无非熟人一多,世务亦随之而加,于其在病院也有关心之义务,而偶或相遇也又必当有恭敬鞠躬之行为,此种虽系小事,但亦为"天下从此多事"之一分子,故不如销声匿迹之为愈耳。[8]

"一撮毛君"即章廷谦。"一撮毛"是鲁迅给章廷谦起的外号。章廷谦,又名川岛,字矛尘,绍兴道虚村人。1919年,章廷

1923年10月24日鲁迅致孙伏园信。

第一章　宴之敖者

谦从山西大学哲学系转入北京大学哲学系，1920年听鲁迅讲中国小说史，始与鲁迅相识。

后来章廷谦的夫人孙斐君还是和鲁迅认识了，而且，章廷谦夫妇此后不久都参与了以鲁迅为主帅的语丝社，1927年后，章廷谦又紧随鲁迅到厦门大学任教。鲁迅每次给章廷谦写信，都不忘亲切地问候其夫人斐君。但从1923年10月24日这封信还是可以看出，本来就讨厌交际的鲁迅，在兄弟分手后更"不愿有虚应酬"。

作家郁达夫和北大学生李秉中（1905—1940）算是例外，他们是鲁迅在砖塔胡同居住期间有过不少"往还"的"新认识的人"。郁达夫这时已是很有名气的作家和北大经济学教授。从鲁迅日记可以知道，郁达夫在1923年11月15日来过砖塔胡同61号。多年后，郁达夫在《回忆鲁迅》中，还详细地说到这次在砖塔胡同的见面："去看鲁迅，也不知是为了什么事情。他住的那一间房子，我却记得很清楚，是在那两座砖塔的东北面，正当胡同正中的地方。一个三四丈宽的小院子，院子里长着三四棵枣树。大门朝北，而住屋——三间上房——却朝正南，是杭州人所说的倒骑龙式的房子。"9同篇文章中，郁达夫说他其时正住在"阜成门内巡捕厅胡同的老宅里"。巡捕厅胡同现改名民康胡同，从巡捕厅胡同步行前往砖塔胡同和宫门口西三条都很便捷。

当然，在砖塔胡同也并不全是让人郁闷的事情。1923年8月，鲁迅的第一本小说集《呐喊》在北大新潮社出版。年底，他在北大的讲稿《中国小说史略》也在同一家出版社出版。鲁迅把两本新书都分别寄给过去经常聚会的老朋友们。12月13日，在送给章廷谦的《中国小说史略》扉页上，鲁迅题写了一首幽默的小诗：

> 请你
> 从"情人的拥抱里",
> 暂时汇出一只手来,
> 接受这干燥无味的
> 《中国小说史略》。
> 我所敬爱的
> 一撮毛哥哥呀!
> 　　　　鲁迅
> 　　二三,十二,十三

那时,章廷谦正和孙斐君恋爱,也正在写作系列爱情散文《月夜》。《月夜》最后一篇《致Aki》中有这样的句子:

> 亲爱的!我求你
> 展开了你的手臂,
> 当我低头在你面前的时节。
> 可是——如果我已经伏在你的怀里,
> 那末,我求你,
> 好歹抱的我紧点。[10]

章廷谦曾解释鲁迅的这首小诗:"这一年正是我结婚的前一年,大部分时间都用在谈情说爱上,除在鲁迅先生每星期来北大上课时见到以外,我很少到先生那里去。……至于'一撮毛',那是因为我当时留的头发是现在的所谓'学生头',先生就给我这么一个绰号。"[11]

但直到1924年底，《呐喊》的效应才显示出来，越来越多的年轻人到西三条21号鲁迅新居拜访鲁迅，川流不息、熙来攘往的热闹景象，又和冷冷清清的砖塔胡同形成鲜明对比。

此房坐落在宫门口西三条胡同二十一号

和宽敞的八道湾11号相比,砖塔胡同的房子显得寒酸和窄狭许多。鲁迅夫妇搬离八道湾后,母亲鲁瑞也无心在八道湾长住,经常到砖塔胡同住上几天。而鲁迅母亲不喜欢租房居住,每次前来,鲁迅就只能在本就很狭小的堂屋里搭起的床板上睡觉。好朋友许寿裳等人劝他再买一处宅子安住为好。

从8月16日开始,鲁迅就隔三差五地到四近看房。

鲁迅日记中有大量关于看房的记载。8月16日:"午后李茂如、崔月川来,即同往菠萝仓一带看屋。"8月20日:"午后与李姓者往四近看屋。"8月22日:"下午与秦姓者往西城看屋两处。"8月25日:"下午约王仲猷来寓,同往贵人关看屋。"8月28日:"午后同杨仲和往西西单南一带看屋。"8月31日:"下午同杨仲和看屋三处,皆不当意。"9月1日:"上午崔月川来引至街西看屋。"9月13日:"下午同李慎斋往宣武门附近看屋。"9月15日:"下午往裘子元寓,复同至都城隍庙街看屋。"9月20日:"下午潘企莘来,同至西直门内访林月波君,看屋。"9月22

第一章　宴之敖者

日："上午往西北城看屋。"9月23日："秦姓者来，同至石老娘胡同，拟看屋不果。"

从8月16日开始，第一次看房以后，鲁迅对未来新居的想象，已经开始从纯粹的幻想落实到生活的实地上。未来的新居还是无形的，但鲁迅在四处看房的时候，肯定是带着一些对未来生活的想象和预期的。在看到某处房子之前，这处房子是否符合想象和预期，是很难揣测的。但是，每所房子所处的地点却是大致可以想象出来的。所以，虽然鲁迅看过那么多房子都不满意，但这些房子所处的地点却有很高的一致性，大致来说，都在北京西北城一带，大多在他曾经住过的八道湾胡同以西和此时正在居住的砖塔胡同以北。

了解鲁迅在北京的居住史后，会发现他在北京十五年的居住地都在现在的西城区。因为他任职的教育部在西单西南角教育部街，他出去找房子，不能离教育部太远。

看过十二三处房子后，9月24日，鲁迅终于看好了在前桃园的一处房子，买卖双方却因为对签署契约的程序意见不和不欢而散。这天的鲁迅日记说："欲买前桃园屋，约李慎斋同访林月波，以议写契次序不合而散，回至南草厂又看屋两处。"这天，鲁迅终因兄弟分手造成的内心抑郁和连日奔波劳顿而肺病复发，这次发病很重，很长时间他只能喝得下米汁和鱼汤。

但鲁迅并没有停止到各处看房子。半壁街、德胜门内、针尖胡同、达子庙，这些都是鲁迅奔走过的地方。如日记中，10月1日："上午李茂如来，同出看屋数处。"10月10日："访李慎斋，同出看屋数处。"10月12日："午后往半壁街看屋。"10月14日："午后往德胜门内看屋。"10月16日："午后往针尖胡同看屋。"10月17日："午后李慎斋来，同往四近看屋。"10月27日："午后杨仲和、李慎斋来，同至达子庙看屋。"但到10月30日，鲁迅这次看房之旅突然到达了目的地。这天的日记记载："午后杨仲和、李慎斋来，同至阜成门内三条胡同看屋。因买定第廿一号门牌旧屋六间，议价八百，当点装修并丈量讫，付定泉十元。"

原来走过和看过的那些地方，就像是旅客从火车窗口经过和看过的城市，一个个掠过脑海和眼帘，会留下一点点依稀的印记，这印记似有若无。但西三条胡同21号就不一样了，这里是居停和到达的地方；站在这个位置上的鲁迅，像是从火车上走下来的旅客，悬着的心和到站的火车一起停了下来。这里虽然只是原户主连海家六七间破旧的房子，但鲁迅认定，这里是能够给他提供庇护和安定的地方。

从看好地方到搬进新居，之间有四五个月时间。这段时间房子还没有完工，但鲁迅在这里的居住其实已经发生。这里的居住，指的是海德格尔意义上的居住。在《建筑 居住 思想》中，海德格尔告诉我们居住的本性是什么："古撒克逊语wuon，哥特语的wunian，就像古词的bauen一样，都意指居留，停于一地。但是古哥特语的wunian说得更清楚，它指处于和平之中，被带向和平，去保持和平。"[12]10月31日，也就是鲁迅确定了新居所在的第二天晚上，他绘制了几张未来新居的布局图。这天的日记中有："夜绘屋图三枚。"

现在可以看到五张西三条21号院的平面图。首先要想办法确定，鲁迅在31日晚上绘的到底是哪三张图？

先看这五张图中标注的数字。比如，只看"东西向前"的数字，第一张图中有两个数字，黑字"50.90"，红字"47.00"；第二张图中为"五丈零九寸"；第三张图为"五丈另九寸"；第四张图为"五丈"；第五张图为"四丈七尺"。这里的"50.90"即是五丈零九寸，"47.00"即是四丈七尺。

第一张图和第二张图上有红色数字，这些红色数字应该是31日后补充测量修正后的数字。因为，如果是30日当天或31日改正的数字，那么在鲁迅31日设计的平面图上，就应该使用改正过的数字。第二张图和第三张图都是五丈九寸，第四张图是五丈，第五张图是和第一张图中的红字一样的四丈七尺。这说明绘制第五张图的时间和第一、第二张图标志红字的时间是一致的，都应该是在31日之后的某个时间。

这样，31日晚上鲁迅绘制的三张图，就应该是第二张、第三张、第四张。因为这几张图中标注尺寸用的都是汉字，而只有第一张图标注数字用的是阿拉伯数字。这样看来，第一张图就应该是30日日记中说的"当点装修并丈量讫"的成果。从绘图的手法看，这张图很可能不是鲁迅所作。

第二张图和第一张图的内容类似，都是西三条21号院地表现状及建筑物详细尺寸。图上标注了方向"东""西""南""北"和南墙外的"官道"，并注明了周边尺寸——"计东西前长五丈零九寸，后长二丈九尺，南北左长十丈零九寸，右长十丈零三尺"。从图中可以看到原来的西三条21号院不算规整，前宽后窄，原有大小房屋共七间，房屋布局是简单的前后两排，没有形成四合院的传统格局。前院有一小间东厢房，买房时未计算在内。

第三张图和第四张图，就是鲁迅对西三条21号院建筑布局的

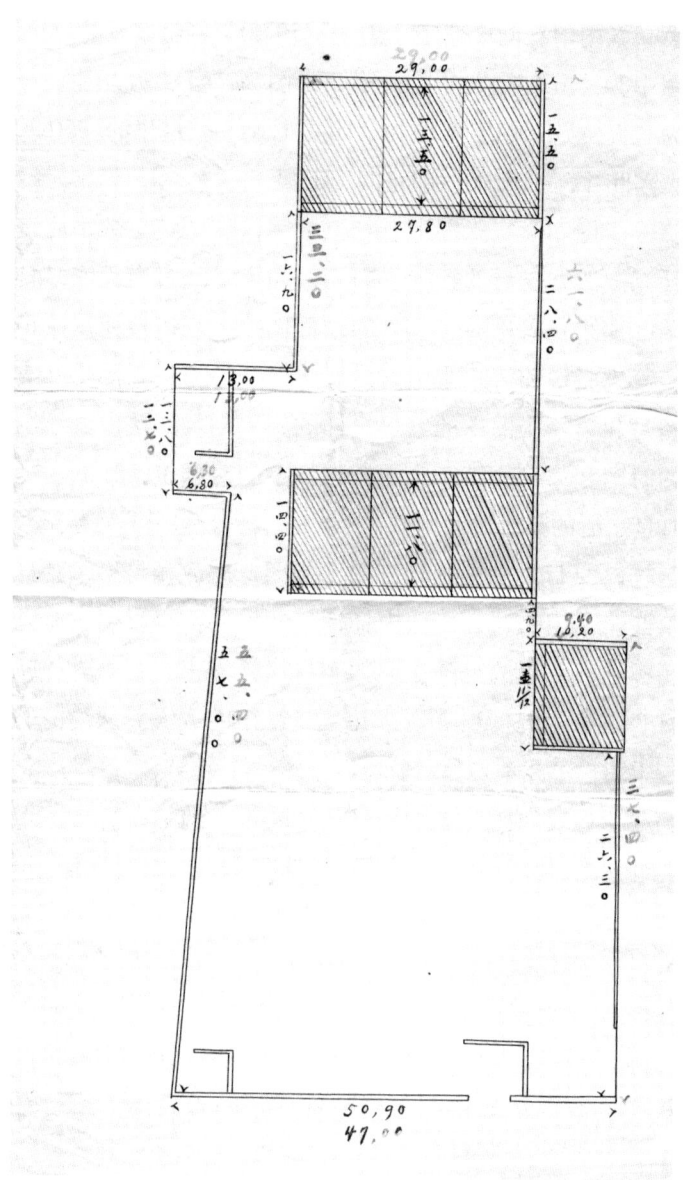

西三条21号手绘图一。

第一章　宴之敖者

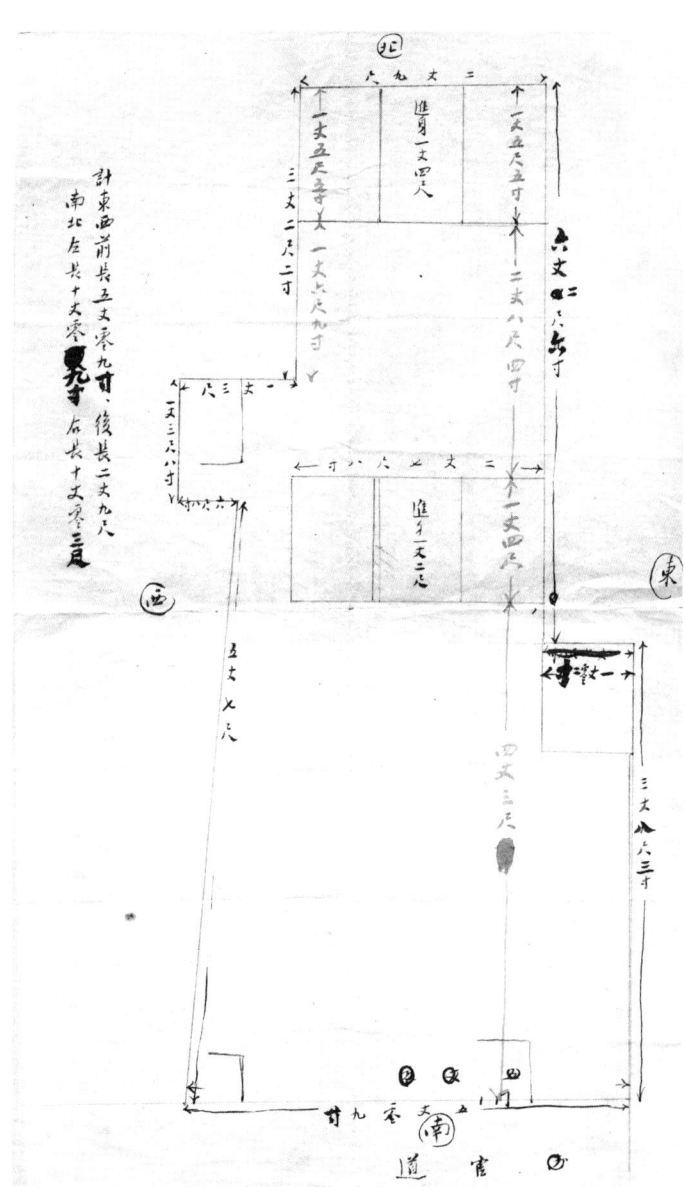

西三条21号手绘图二。

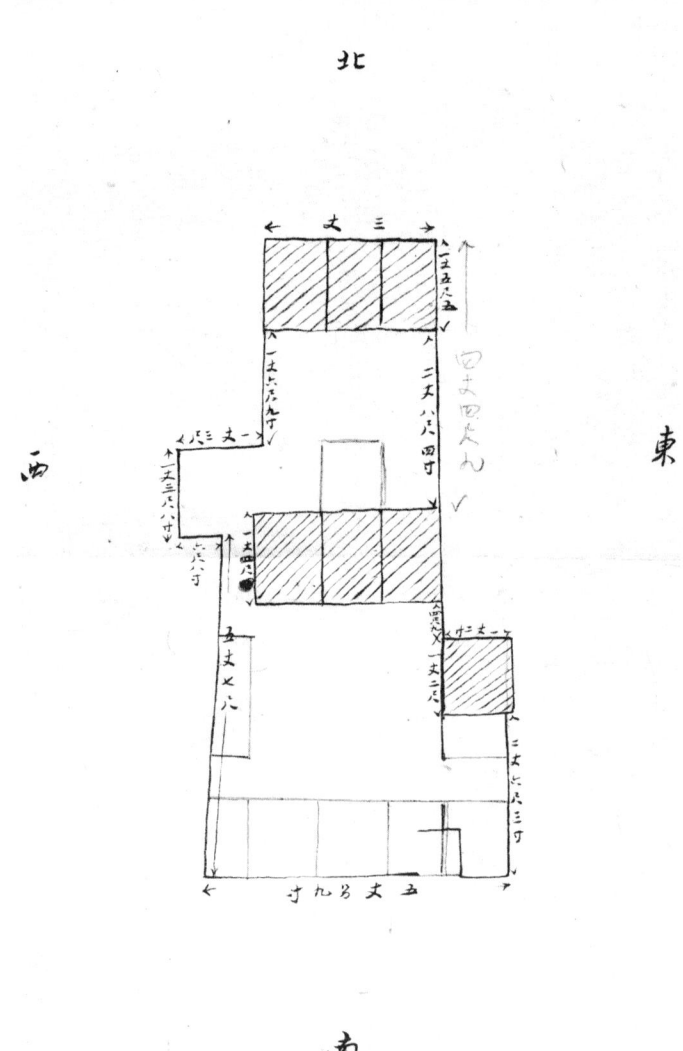

西三条21号手绘图三。

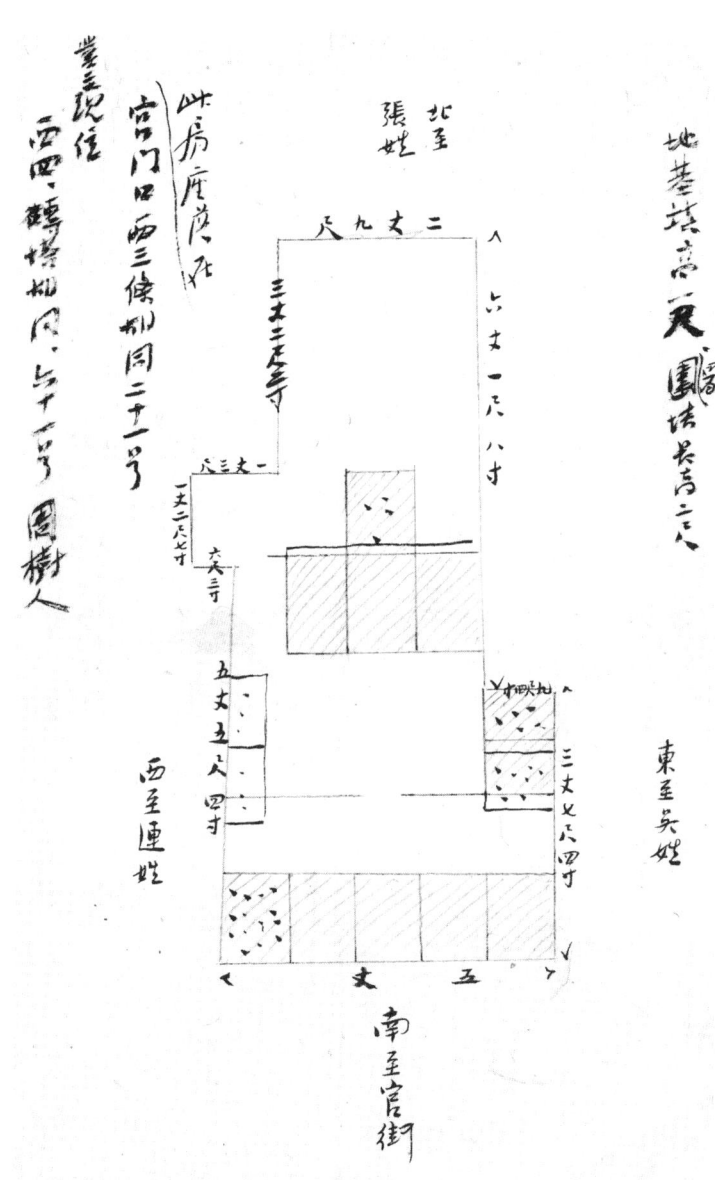

西三条21号手绘图四。

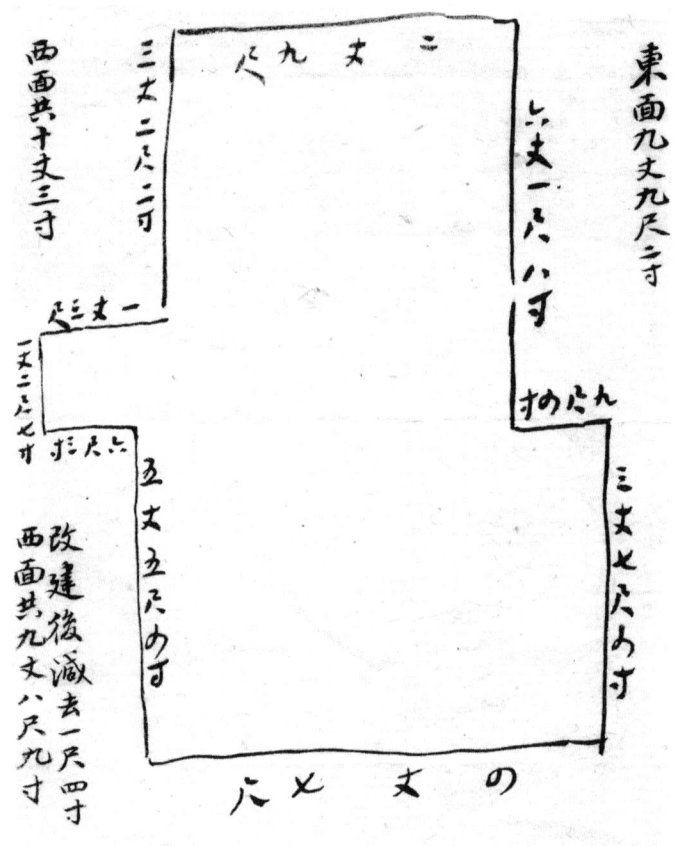

西三条21号手绘图五。

设计和规划了。这是鲁迅对未来住宅的想象，但不是那种在脑海里随意变化的幻想，而是一个要在将来去落实的计划。现象学把这种想象形式叫作"预期"。现象学家罗伯·索科罗斯基（Robert Sokolowski）说："假设我们想买一幢房子。我们看了几幢房子，我们把选择限定到其中的两三幢，然后我们思考着到底要买哪一幢。我们的思考中有一部分是想象自己生活在每一幢房子中、使用其中的房间、到房子外面散步等。这样的想象回到了如记忆所奠基的信念样式；相关着我们的想象中所带有的实际感，我们回到了相信。"[13]这时候，鲁迅的想象当然是很实际的。首先，地点是确定的、真实的。在第四张图中可以看到，鲁迅在图上标注了房子的地点："此房座落在宫门口西三条胡同二十一号，业主现住西四砖塔胡同六十一号 周树人"；同时也标注了房子的"四至"："东至吴姓""西至连姓""北至张姓""南至官街"。其次，院子的形状和面积是确定的，无论怎么设计，都只能在这些确定了的规定和范围内进行。

第三张图应该是鲁迅先有的一种想法，这个设计是在不改变原有房屋格局基础的前提下进行添加。中间一排正房堂屋后面，用浅色的铅笔延伸出去一间房屋，前院左右在原有一间厢房的基础上，用铅笔描画出了更大的厢房，临街设计了一排五间前罩房。这个设计是比较规整的四合院。而且，这个设计让人联想到八道湾11号。看第四张图前院那道中间有个开口的直线，那不就是八道湾11号院前院和中院之间的二门吗？如果把这道二门也转移到第三张图上去，那就更像八道湾11号了。

第四张图上的内容最多，应该是在第三张图之后所绘。除了前边说过的图上标注的房屋位置，图右上角还有一行字"地基填高一尺，四面围墙长高二尺"。这张图对第三张图做了较大修改，去掉了第三张图中的三间后房，确定了带有一间虎尾的主房样式及左右各有两间厢房、临街新建一排前罩房的样式。仔细看，虎尾、厢房和前罩房西头儿一间用毛笔点了一些黑点，表示这些房间的屋顶样式和其他房间的屋顶样式不同。这张图基本上和建成后的西三条21号院布局一致。

第五张图和前面几张都不一样，只是为了标明住宅四周的尺寸。这里标明的尺寸和第一张丈量图上的红色数字一致，说明这张图上的数字是经过复核的准确数字。值得注意的是，在这张小图空白处有文字说明"东面九丈九尺二寸""西面共十丈三寸""改建后减去一尺四寸，西面共九丈八尺九寸"。西面减去一尺四寸后，西边反而比东边少了三寸，不明白的是，为什么不是西面减去一尺一寸，这样，西面就和东面的尺寸完全一样了。

鲁迅这几张看似挺简单的设计图其实很重要，它预见和决定了这个未来家宅的结构、形状。比梅尔在《海德格尔》中，阐释海德格尔关于技术与无蔽的关系时，说到房子建造中"对所要达到的结果的预见"的重要："在希腊思想（技术的观念即源于此）中，技术与知识是互相包含的，二者都是知的方式，熟悉的方式。技术与知识的关系不是海德格尔任意虚构的；我们可以在亚里士多德的《尼柯马克伦理学》第六章第三、四节中找到证据。在那里，技术和知识被明确当作去蔽的方式。这段文章，我们说过，早为海德格尔发现并推动着他的思想，可以说它是海德格尔思想发展的最初源泉和动力。在那里，亚里士多德是这样来看技术的：它是对"尚未生产出来，不在场，因而一会儿这个样子，一会儿那个样子"[14]的事物的去蔽和揭示。在这个过程中，决定性的因素不是操作，不是加工、处理，而是对所要达到的结果的预见，例如在房子、船、装备等等的制造中，就需要对所要达到的形态的预见。在预见中包含了去蔽，它构成接着出现的，从材料加工到产品使用整个过程的基础。从后来西三条21号的建成和使用来看，鲁迅的几张设计图的确是"对所要达到的结果的预见"，这种预见包含着知识和技术，包括中国房屋建筑传统知识和绘图技术。当然，这里的"预见"不仅是对未来住宅结构和布局的预见，也包括了对未来家庭结构和居住形式的预见、对每间房屋作用功能的预见。所以，鲁迅的设计也的确是构成了"接着出现的，从材料加工到产品使用整个过程的基础"。

李瓦匠和虎尾一间

在房屋的"生产"中,还有比形式设计更基础的工作,即质料的获取。最重要的质料并非砖瓦、木头、玻璃等建筑材料,而是包括旧屋和地皮在内的地基。办理房屋产权转移,大多数事宜需要房主本人亲自出面。鲁迅在日记中记载了办理这些事务的经过,如11月1日:"午后托王仲猷往警署报转移房屋事。"11月16日:"下午往内右四区第二路分驻所,又至西四[三]条胡同二十一号。又使吕二连[送]信于连海。晚李慎斋来。"11月18日:"邀李慎斋同往西三条胡同连海家,约其家人赴内右四区第二路分驻所验看房契。"12月2日,鲁迅和西三条21号原房主连海签署购房协议,当日日记:"晴。星期休息。午在西长安街龙海轩成立买房契约,当付泉五百,收取旧契并新契讫,同用饭,坐中为伊立布、连海、吴月川、李慎斋、杨仲和及我共六人,饭毕又同吴月川至内右区第二分驻所验新契。" 12月11日:"上午往西三条派出所取警厅通知书,午后又往总厅交手续费一元九角五分。"警察署的手续办完后,还要到市政公所办理验契手续,12月22日:"午后往市政公所验契。"12月26日又到市政公所:

第一章　宴之敖者

"午后往市政公所补印，因廿二日验契时一纸失印也。" 1924年1月10日："晴。午后往市政公所取得买屋凭单并图合粘一枚，付费用一元。" 在办理买房手续过程中，鲁迅于1924年1月2日办理了收房手续并交付购房余款三百元："晴。李慎斋来，同至西三条胡同接收所买屋，交余款三百元讫。" 买屋手续的最后一项是交税，1月12日："午后同李慎斋往本司胡同税务处纳屋税，作七百五十元论，付税泉四十五元，同至龙海轩午餐。"买房的税率是不低，达到了百分之六。经历以上各种琐屑程序后，鲁迅购房的过程基本完成。总共的花费包括：

购房	800元
警署手续费	1.95元
市政公所手续费	1元
税费	45元
总计	847.95元

根据鲁迅日记中所载西三条房屋交易的过程，房屋中介伊里布、吴月川等参与了房屋的购买，应该会取得一笔中介费用，但从鲁迅日记中没有看到他付给房屋中介佣金的记载。

旧屋购置完成后，接下来就是房屋的修缮或修筑。

1919年，鲁迅购买八道湾11号，只对原屋进行了必要修缮，花费当然有限。但西三条的房子大概是太破旧了，因此在决定购买时就打算拆建。拆建就比修缮工程量要大很多。具体推动这件事情开展的有两个人，一个是鲁迅教育部的同事李慎斋，一个是瓦匠李德海。

瓦匠李德海出具的西三条21号《做法清单》。

第一章　宴之敖者

李慎斋，河北清苑人，原是教育部会计，鲁迅买房时他正是鲁迅所在的社会教育司办事员。在《哭鲁迅先生》中，孙伏园说，在陪鲁迅去即将完工的西三条住宅巡视时，见到了正在工地上监工的李慎斋。有一个值得注意的说法，孙伏园说："李先生替鲁迅先生在北房之后接出一间房子去，用玻璃窗，近乎画室，作为鲁迅先生的写作场所。"

除了李慎斋，这段时间帮鲁迅看房子办手续的杨仲和、王仲猷，也都是教育部社会教育司的同事。

瓦匠李德海在鲁迅日记中大多时候写作"李瓦匠"。李瓦匠是鲁迅西三条宅院的建筑师，他在鲁迅日记中首次出现是在1924年1月15日。这天，鲁迅与李瓦匠签订了修建西三条21号的合约，鲁迅当天日记记载："与瓦匠李德海约定修改西三条旧屋，工直计泉千廿。"应该是在这次约见时，瓦匠李德海提交给鲁迅一份《做法清单》，这份清单可以看作是西三条21号的建造计划，《做法清单》最后的合计金额"共合工料大洋元壹仟零贰拾元"，和鲁迅日记中所说"工直计泉千廿"相符。

做法清单

计开

贵宅原有旧房六间，拆盖挪移，用瓦木石作，做法列于左：

北房三间拆倒从修，柱高进身面宽阔，另外加大刨槽打夯，灰土二步，台明一尺二寸，用正砖砌，上安条石押面。柱高八尺五寸，榆木大柁壹根，一尺有余；松木檩子六寸见圆，前簷松木柱子六寸见圆，共四根；后簷榆木柱子五寸见圆，共四根。进身一丈四尺，明间九尺，两次间均九尺；前簷腿子二架，后簷抱角腿子；五出五进外皮，周围下城十五层，均用东窑大开条垒砌，内外墙皮用碎砖对灰泥垒砌；前簷老簷出头，两山大三才博缝，后簷冰盘沿。上顶席箔泥背各一层，调元宝脊一条，上瓫阴阳瓦，大麻刀灰加陇，花边齐簷，砌瓦脸筒瓦，押少前簷，均墙正砖灰砌灰勾，内皮碎砖抹灰。明间新添平台后虎尾一间，进深一丈，面宽柱高遂大房成做，有旧柱子墩接，损伤檩椽添换，内外墙皮抹大麻刀灰二层，内白外青，刷浆轧亮，屋内四白落地，粗漫尺二方砖，连虎尾四间，柱顶条石一尺二寸宽，椽子向常，照规矩一椽二钉。正砖坎墙木榻板前簷，明间大格扇四扇，上身步步锦，下身鸡素板，下坎框安齐连架一份，上下墩帽，户坎风门一扇，鹅卜崩铁；两次间大窗户各一槽，每槽上身分四扇，步步锦窗户门成做，荷叶插肖全分，下扇玻璃屉抱框华柱，榻板厚一寸八成做；内簷装修，底下群板上沙苊子隔断，二槽荷叶门四扇；后虎尾装修，六扇格扇，卡子花内里；原旧连簷瓦口前簷一檩三件刮抱，簷头见新成做。后虎尾榻板旧的刮抱见新。

计开

原有后大房三间，改做临街南房。新添门道一间。进深面宽照原旧架木。柱高八尺四寸，前簷明间九尺，新添松木檩子五根六寸见圆，门道排山山柱墩接，簷头杨木原椽前簷一檩三件连簷瓦口钉安齐正，前簷刮抱见

第一章 宴之敖者

新；原有旧框，新添黄松大门，换下坎，上坎原旧，刮抱见新，新添门枕，临街墙十五层下城，灰砌灰勾，上边大开条博缝，正砖抱角，五出五进，灰砌灰勾，上调元宝脊，窑阴阳瓦，照北房成做，山墙抹灰，内白外青，刮浆轧亮，西间内簷底下群板上边沙混，东边落地罩，门房隔段底下群板，上边旧窗户，门房荷叶门一付，风门一个，崩铁一分，前簷窗户照北房成做，格扇照北房成做，押面条石。

计开

东厢房八尺，抱槽打夯，灰土二步，条石押面，正砖抱角，十五层下城，灰砌灰勾，上头冰盘沿成做，席箔花秸泥背二层，大麻刀灰一层，刮黑轧亮，南山影壁，上边花瓦子成做，榆木大柁八寸有余，松木檩子五寸见圆，前簷松木柱子五寸见圆，后簷榆木柱子一根五寸见圆，柱顶条石一尺二寸，椽子向常，照规矩钉一椽二钉，整砖坎墙，原旧柱子两根，杨木椽方的，前簷卦簷一寸五成做，外簷装修，旧的刮抱见新旧榻板，新做窗户步步锦，改旧屋门一付，新风门一个，屋内漫小砖地，外墙抹大麻刀灰二层成做。

计开

西厢房进深五尺，抱槽打夯，灰土二步，条石押面，整砖抱角，十五层下城，灰砌灰勾，冰盘沿成做，席箔花秸泥背二层，大麻刀灰一层，刮黑轧亮，榆木柁八寸有余，松木檩子五寸见圆，前簷松木柱子五寸见圆，后簷榆木柱子一根五寸见圆，柱顶条石一尺二寸宽，原有柱子二根，杨木椽子方的，前簷卦簷一寸五成做，外簷装修，旧的刮抱见新，旧榻板，新做窗户步步锦，改做旧屋门一付，风门一个，屋内漫小砖地，内外抹大麻刀灰二层成做。

计开

平门四扇下边旧接脚石，东边平门四扇，下边新接脚石五尺，大门底下垫石头，大门内接脚石五尺，南北房接脚石五尺七尺，东西厢房接脚石五尺三尺，院内各周围散水褥子面，院内土工垫平，漫尺二方砖一蹚，甬路十字两边漫斧砖；宣门一个，上边花瓦大墙，找补加高七尺五寸成做。

共应用青白灰壹万六仟斤对灰泥□小，下盛不足本房主添白灰。

以上砖瓦均用东窑。

以上条石均外四里三尺二宽。

以上凡是整砖砌墙处均砌灰勾。

墙高出土七尺五寸。

言明以上所开砖瓦柁檩等等材料成色尺寸如有不相付之处可随时迁换。

以上南北房均是砌瓦通路五尺。

东平门下条石拖底接脚石五尺。

东西房前簷檩下拖方子一个。

南北房檩下均用拖方子，南北房脊檩大门道均不代拖方子。

南北房连架窠风阁风门上下墩帽两全份。

第一章 宴之敖者

共合工料大洋元壹仟零贰拾元。

李德海 具

（此《做法清单》原件，内文用字多有与今规范写法不相符者，如"整砖"写作"正砖"、"碱"写作"城"、"檐"写作"簷"、"插销"写作"插肖"、"随"写作"遂"、"带"写作"代"等。为保持原貌，本书此处依原件照录。——作者注）

这个《做法清单》，是对鲁迅1923年10月31日晚上完成的西三条21号设计草图的具体化。虽然没有绘制设计图，但这份《做法清单》就算是西三条21号院的详细设计，根据这份清单，完全可以很精确地预期西三条21号未来的样子。这个规划不是凭空的想象，它是由一整套传统建筑技术与一套现成可用的物质材料包括宅基地和部分建筑材料的结合。实现这个结合的人是李瓦匠，李瓦匠有能力把一套复杂的专业技术和鲁迅提供的物质条件结合起来，他是房子修建成功的实际操作者。海德格尔曾经利用传统哲学的四种原因学说来说明一个器物能够生产出来的四种"招致"方式：causa materialis（质料）、causa formalis（形式）、causa efficiens（动力）和causa finalis（目的），这种认识本于亚里士多德。海德格尔提醒我们，在古希腊，因果性与作用（wirken）和造成（bewirken）毫无关系。Causalis，原因，意味着招致（bersschulden）。"四种原因即四种招致方式。例如，在祭杯中，银作为质料部分地招致祭杯；同样，形式也是如此。祭杯属于寺庙和信徒，这是对它的界定，是它的目的或完成。最后，银匠也部分地招致祭杯，但不是简单地作为生产者和制造者。'银匠作为一个祭杯从中获得并保持其最初形式的存在者，也部分地招致祭杯。前面提到的三种招致形式及他们如何对祭杯的产生起作用，都应归因于银匠的深思熟虑。'"15

这里的李瓦匠，相当于海德格尔说的银匠。李瓦匠的《做法清单》的确是结合了现成材料、技术条件和主人的需求，如其中就明确规划了"虎尾一间"："明间新添平台后虎尾一间，进深一丈，面宽柱高遂［随］大房成做。"

1月15日和李瓦匠签订修屋合同后，西三条21号进入建造阶段。从第二天开始，鲁迅频繁地和李瓦匠接触，分批次向他支付钱款，为此鲁迅还建立了一个折子，专门记录每次向李瓦匠付款的日期和数额，从鲁迅日记中也可看到每次向李瓦匠付款的记录：

付给李瓦匠钱款统计

时间	数额
1月16日	100
1月18日	200
1月20日	100
1月21日	100
1月23日	200
2月21日	100
3月16日	100
3月31日	100
4月17日	30

4月30日	20
5月12日	39.5
总计	1089.5

除了李瓦匠，鲁迅日记中还记录了其他在李瓦匠责任范围之外的小项支出，如购买石灰、购买玻璃、付漆匠及裱糊匠工钱等，2月2日："还李慎斋代付之石灰泉十八元。"2月18日："往巡警分驻所取建筑执照，付手续费二元七角七分五厘。"5月1日："晴。上午李慎斋来，同至四牌楼买玻璃十四片，十八元五角，又同至西三条胡同宅。"5月21日："往三条胡同宅视。付漆匠泉廿一，裱糊匠泉十二。"5月24日："付漆工泉廿。"

西三条21号建筑费用统计

项目	数额
付李瓦匠	1089.5
买石灰	18
取得建筑执照手续费	2.775
买玻璃	18.5
付漆匠	41
付裱糊匠	12
总计	1181.775

把付给李瓦匠的工料钱和其他零散费用合起来，可知鲁迅修建西三条21号共花费了一千一百八十一元七角七分五厘，如果再

加上前期的购房消费八百四十七元九角五分，那么整个西三条21号建设的花费就是二千零二十九元七角二分五厘。考虑到鲁迅此时的收入状况，这是一笔很不小的费用。

从1923年10月底到1924年5月，西三条胡同21号是鲁迅关心、操心和繁忙的主要目标，他一次次到西三条胡同看视正在修建中的屋子，尤其是在卸石灰和油漆、裱糊等建筑装修的关键环节。此一时期，鲁迅日记中出现西三条的记载非常频繁，如：1月27日："晴。星期休息。上午李慎斋来，饭后同至西三条胡同看卸灰。"2月1日："上午李慎斋来，同至西三条胡同看卸灰。"2月18日："上午李慎斋来，同至西三条屋巡视。"3月30日："晚因观白塔寺集，遂［往］西三条一视。"4月5日："晴。清明，休假。午后视西三条胡同屋。"4月22日："昙，风。下午往西三条胡同宅。"5月10日："上午往李慎斋寓。午后李慎斋来，同至西三条胡同宅，并呼漆匠、裱糊匠估工。"

实际上，这个时候的西三条21号还是有待完成的并不在场的，但正因为如此，它才成为鲁迅关注的中心。根据海德格尔在《存在与时间》中阐明的原理，人的"'烦忙'活动总是不停留于当前出场的'在手的东西'，而指涉到一系列未出场的东西，指向'世界'之整体。例如，当前的一块田地，它不是孤立的，它总是指涉到未出场的农夫'烦忙'活动的收成如小麦、蔬菜等等"。[16]

等到5月25日鲁迅搬入西三条21号之后，西三条21号就变成了海德格尔所说的"居住工具"[17]，变成了鲁迅生活的环境和背景，反而不再是鲁迅关注的焦点和目标。

小角落的爱好者

"老虎尾巴"很有名，它是鲁迅在北京的书房。

说是书房，"老虎尾巴"里并不放书，因为面积太小，鲁迅的十几个书箱只能放在对面的南屋里。除了书箱，南屋里还摆放着一组木制沙发，用于招待客人。所以，鲁迅家的南屋才算是书房和客厅，"老虎尾巴"其实是鲁迅的卧房。不过，为了方便，鲁迅一般就在"老虎尾巴"写作和招待客人，所以也可以说"老虎尾巴"是鲁迅的工作室。

鲁迅有过多个工作室，因为他曾经住过好几个城市，也就有过好几处住宅。即使是在某一个城市，他也往往住过不止一处地方，比如在北京，他就曾经住过四个地方，"老虎尾巴"是鲁迅在北京最后一处住宅的工作室。

虽然鲁迅在每个住处都有自己的工作室，但似乎只有西三条21号的工作室是有名字的。不过"老虎尾巴"这个名字也只是口口相传，鲁迅并没有把自己书房的名字请人题个字挂在房门口或墙壁上。许广平（1898-1968）曾说，"老虎尾巴"这个名字是孙伏园说的，鲁迅自己并没有说过。这也并非没有道理。鲁迅在公开发表的文章中，曾称自己的工作室为"绿林书屋"，或更具体地把自己工作的场所称为"东壁下"。当然，这都是1925年和1926年的事情，其用意主要是调侃和讽刺在女师大（前身为北京女子高等师范学校，1924年5月更名为国立北京女子师范大学，习惯上也被称作北京女子师范大学，简称"女师大"）风潮中的对手陈源、杨荫榆等人，这些人在文章中把支持女师大学潮的学者们称为"学匪"，所以鲁迅干脆叫自己的书房"绿林书屋"，以表示自己对所谓"正人君子"们的不屑。和"绿林书屋"的说法类似，在女师大风潮中，鲁迅偶然听到一个教员称女学生们反对杨荫榆是在碰壁，在这个时期，鲁迅在一些文章末尾就署上"写于东壁下"或更生动的"碰于东壁下"。为什么是"东"壁下？因为鲁迅在西三条21号的工作室，书桌的确是放在东墙下边的。

孙伏园在《哭鲁迅先生》中说到了"老虎尾巴"。他在文章中回顾了自己和鲁迅的交往过程，有很多生动感人的细节，说到的很多事情都发生在鲁迅在北京的最后一个住所西三条21号。有一件事情，是孙伏园陪鲁迅到西三条视察差不多就要建好的新屋，鲁迅领孙伏园走进北房后面接出去的一间小房子，对孙伏园说，将来房子建好了，他就住在这间"老虎尾巴"里。文章最后，孙伏园写到他和弟弟孙福熙在鲁迅逝世后的第三天，到鲁迅西三条寓所看望周老太太时的情形。当看到曾经熟悉的鲁迅工作室时，孙伏园说："老虎尾巴依旧，只是从此不会再有它的主人骑在上面，鞭策全民族往前猛进了。"这话非常形象。孙伏园这篇文章后来收入他1942年在重庆作家书屋出版的《鲁迅先生二三事》中。也许这就是"老虎尾巴"最早的出处吧。

除了孙伏园，另一个鲁迅的小字辈同乡许钦文，在二十世纪七十年代末写了一本回忆鲁迅的集子《〈鲁迅日记〉中的我》，其中一篇题目是《老虎尾巴》。在这篇回忆文章中，许钦文说，鲁迅在搬到西三条新屋前后都曾经在和他的谈话中说到了"老虎尾巴"。搬家前的一次是在5月18日，星期天，午后许钦文去砖塔胡同看鲁迅，鲁迅在桌子上用手指画出西三条新屋的图样给许钦文看，并告诉他正房后面有一间小房子，是准备给自己看书、写文章和睡觉用的，这一间小房子在北京叫作"老虎尾巴"，因为它像是整排正房后面拖出来的一个小尾巴。另一次鲁迅和许钦文谈论"老虎尾巴"是在5月25日，即鲁迅搬家当天。这天下午许钦文来鲁迅新居帮忙收拾，鲁迅领着第一次到西三条21号的许钦文到处看看，转到后园时，鲁迅告诉许钦文，那个从正房凸出来的房子就是"老虎尾巴"。

但如果不是鲁迅研究专家的话，不一定能够看到孙伏园和许钦文的书。

大多数人知道"老虎尾巴"，或许和《鲁迅全集》有关。《鲁迅全集》每一卷前边都有几页插图。插图的内容，是鲁迅不同时期的生活照、重要作品手稿及生活环境。大多数普通人对鲁迅形象及鲁迅生活的最初了解，大概就来源于这几十页的插图。1981年版《鲁迅全集》第二卷卷首插图第三张就是"北京西三条寓所之'老虎尾巴'"。

1983年鲁迅博物馆编辑的《鲁迅年谱》第二卷"五月二十五日"一条，以较大篇幅介绍鲁迅西三条21号新居，尤其是"鲁迅的工作室——老虎尾巴"。介绍所用的材料主要就是上面说到的孙伏园和许钦文的回忆文章。

但看过《鲁迅全集》和《鲁迅年谱》的人也仍然有限。那么，大多数人对鲁迅书房的认知来源于何处呢？大概还是《秋夜》。《秋夜》很早就被收录进中学语文课本。《秋夜》的第一句是"在我的后园，可以看见墙外有两株树，一株是枣树，还有一株也是枣树"。"一株是枣树，还有一株也是枣树"这个新鲜的句式，给所有读过的人留下深刻印象。二十世纪三十年代，当代著名作家赵树理曾经替朋友在山西太谷县一所高小上课，那时候赵树理就曾经以《秋夜》为例，向学生们讲解写作技巧，一个学生回忆说，赵树理曾经分析过鲁迅的"一株是枣树，还有一株也是枣树"这个句式的好处。孙伏园写的《哭鲁迅先生》，在叙述"老虎尾巴"之后接着就说："散文诗《秋夜》的开头便说：'在我的后园，可以看见墙外有两株树，一株是枣树，还有一株也是枣树。'这似乎便是鲁迅先生在老虎尾巴创作的第一篇。"可见，早在二十世纪三十年代，《秋夜》中的"一株是枣树，还有一株也是枣树"就已是家喻户晓的名句了。

　　《秋夜》是鲁迅在1924年9月15日晚上写作完成的。这是鲁迅搬到西三条新居后创作的第一篇作品，也是鲁迅系列散文诗《野草》中的第一篇作品。《秋夜》是一篇很特异的作品，因为鲁迅很少在作品中把自己作为写作对象。《秋夜》写的是暗夜中的景象，作品中的前半部分写奇怪而高的天空、眨眼的星星、瑟缩地做梦的小粉红花、落尽了叶子的枣树，都给人清冷的感觉。而"夜游的恶鸟"突如其来的鸣叫更让人感到恐惧，恶鸟的叫声惊醒了梦游中的"我"，"我"赶紧从"后园""回进自己的房"。这个"自己的房"或许可以理解成鲁迅的工作室"老虎尾巴"。但鲁迅在整个《秋夜》中并没有出现"老虎尾巴"的字样。

第一章　宴之敖者

很多去过八道湾11号的人都注意到,八道湾正房后面也有一个和西三条21号很相似的"老虎尾巴",只是这里的"老虎尾巴"比西三条的"老虎尾巴"要宽大很多,里面有很大的玻璃窗和木制长炕。据说冬天天冷时,鲁迅喜欢睡在这里的长炕上。设计西三条21号,在正房中间加盖一间"老虎尾巴",或许和在八道湾的生活经历有一定关系。

很多人不理解,为什么鲁迅非要把自己安置在"老虎尾巴"那样一个狭小的房间里,这和我国传统住宅的结构有关。一个传统四合院,看起来房子不少,但真正适合人居的房间并不多。通常只有正房左右两间是理想居所。在鲁迅家,这两间屋总是属于他的母亲鲁瑞和他的夫人朱安。除去这两间屋,住在正房后面的虎尾里,的确是个理想的设计。当然,鲁迅大概是个小空间和小角落爱好者,所有孤独的灵魂和有隐居倾向的人,都喜欢居住在一个小角落里。犬儒主义者的代表人物第欧根尼,就喜欢住在一个大木桶里;伊拉斯谟的传记作者说,伊拉斯谟花了很长时间"在他的漂亮家宅里寻找一个鸟巢来安置他的小小身躯。他最终把自己关在一间卧室里,只有那样他才能够呼吸到他所必需的熟透的空气"。[18]所有到西三条21号拜访鲁迅的客人,进入到鲁迅卧房的第一感觉是小。但巴什拉在《空间的诗学》中说:

> 还有很多梦想者想要在家宅中、卧房中找到一件合身的衣服。
>
> 但我们还要说一遍,鸟巢也好,蛹和衣服也好,都不过是临时的居所。休息越是缩成一团,蛹越是封闭,从里面出来的存在就越是属于别处,他的扩大就越大。[19]

注 释

1 薛绥之主编,《鲁迅生平史料汇编》第三辑,天津人民出版社,1983 年版,第 22 页。
2 《鲁迅全集》1,人民文学出版社,1981 年版,第 418 页。
3 《新青年》第 4 卷,中国书店,2011 年版,第 184 页。
4 《鲁迅全集》11,人民文学出版社,1981 年版,第 348 页。
5 张杰编著,《鲁迅藏同时代人书信》,大象出版社,2011 年版,第 354 页。
6 薛绥之主编,《鲁迅生平史料汇编》第三辑,天津人民出版社,1983 年版,第 33 页。
7 鲁迅博物馆等选编,《鲁迅回忆录》散篇(上册),北京出版社,1999 年版,第 151 页。
8 《鲁迅全集》第十一卷,人民文学出版社,2005 年版,第 436 页。
9 鲁迅博物馆等选编,《鲁迅回忆录》散篇(上册),北京出版社,1999 年版,第 149 页。
10 《川岛选集》,人民文学出版社,1981 年版,第 28 页。
11 川岛,《和鲁迅相处的日子》,人民文学出版社,1981 年版,第 68 页。
12 [德] M. 海德格尔著,彭富春译,《诗·语言·思》,文化艺术出版社,1991 年版,第 134 页。
13 罗伯·索科罗斯基(Robert Sokolowski)著,李维伦译,《现象学十四讲》,[台湾] 心灵工坊,2004 年版,第 113 页。
14 [德] 比梅尔著,刘鑫,刘英译,《海德格尔》,商务印书馆,1996 年版,第 124 页。
15 [德] 比梅尔著,刘鑫,刘英译,《海德格尔》,商务印书馆,1996 年版,第 123 页。
16 张世英著,《阴阳学说与西方哲学中的"在场"与"不在场"》,《社会科学战线》1998 年第三期。
17 [德] 马丁·海德格尔著,陈嘉映,王庆节合译,《存在与时间》,生活·读书·新知三联书店,2014 年版,第 81 页。
18 [法] 加斯东·巴什拉著,张逸婧译,《空间的诗学》,上海译文出版社,2009 年版,第 69 页。
19 [法] 加斯东·巴什拉著,张逸婧译,《空间的诗学》,上海译文出版社,2009 年版,第 70 页。

第二章 出了象牙之塔

> 从青春的时代，经过了壮年期，一到四十岁的处所，人的一生，便与"一大转机"（grand climacteric）相际会。
>
> ——日本 厨川白村《出了象牙之塔》

《苦闷的象征》是日本评论家厨川白村的一部文艺论著作。鲁迅1924年4月买到日文版《苦闷的象征》，9月22日开始翻译，10月10日就翻译完了。《苦闷的象征》开始是在《晨报副刊》上连载，1924年12月在新潮社出版发行。鲁迅翻译《苦闷的象征》的直接目的是编写在几个大学上课的讲义。1924年暑假过后，鲁迅开始在北京大学、北京女子师范大学、北京世界语专门学校讲授文学理论，所用的课程讲义即刚刚翻译完成的《苦闷的象征》。

第二章　出了象牙之塔

搬家和来暖房的人们

张罗了一个冬天，到第二年春暖花开时，西三条的房子终于弄好了。1924年5月25日，星期天，鲁迅正式移居西三条21号。

西三条的院子和八道湾11号相比，小了很多，但和租住数月的砖塔胡同61号院相比，就算是规规整整的四合院了。许钦文是鲁迅西三条新居的第一个客人，他在鲁迅搬家当天下午就过来看望鲁迅。当然，许钦文来鲁迅家不是把自己当作客人，他是按照"有事，弟子服其劳"的道理来看看鲁迅有什么需要帮忙之处。

许钦文一直受到孙伏园很大帮助，他是孙伏园三弟孙福熙在杭州浙江省立第五师范的同学。据许钦文《砖塔胡同》一文回忆，孙伏园曾介绍他到北京铁路职工教育讲习会学习，毕业后到南京浦镇铁路职工学校里教书。《伏园游记》中《南行杂记》一篇，写孙伏园1920年7月30日到9月6日回乡探亲经历，其中一段"浦镇十三日之勾留"，写他返京时，经过浦镇去看许钦文，阴雨连绵，铁路中断，他在浦镇一直"勾留"了十三天。此前，孙伏园已在《晨报》兼职担任编辑，正约鲁迅与周作人写稿译稿。鲁迅在这段时间写给周作人的信中多次提到回家省亲的孙伏园，如9月3日信中说:"孙公有信来,因津浦火车之故,已'搁起'在浦镇十多日矣云云。"

大概孙伏园离开浦镇不久,许钦文就职的铁路职工学校因战事停办。1920年冬天,失业后的许钦文漂流到了北京,住在绍兴会馆无所事事。在《晨报副刊》做编辑的孙伏园就引导他给《晨报副刊》写文章。在《晨报副刊》发过几篇文章后,"钦文"这个名字引起了鲁迅的注意。孙伏园告诉鲁迅,"钦文""就是许小姐的哥哥"。"许小姐"即许羡苏,是许钦文的四妹,于1920年来北京。许羡苏在绍兴女子师范读书时曾是周建人的学生。她来北京是想投考开始招收女生的北京大学,一时找不到住处,就到八道湾投奔周建人,住进八道湾后院的内客房。所以,在认识许钦文之前,鲁迅就已认识了许羡苏。

许钦文从1920年冬天开始,在北大旁听鲁迅的小说史课程,但到1923年1月15日,才第一次和鲁迅当面说话。这天,许钦文拿着孙伏园的介绍信到教育部见鲁迅,希望能通过鲁迅找份工作。

许钦文和鲁迅相熟,与鲁迅搬家到砖塔胡同有关。鲁迅确定移居砖塔胡同61号,就是让孙伏园找许钦文,让许钦文通过妹妹许羡苏和俞芬联系。

作为传话人帮助鲁迅搬到砖塔胡同后,许钦文和鲁迅的关系近了一层。他开始陪孙伏园或四妹到砖塔胡同走动。据其统计,在鲁迅寓居砖塔胡同的九个多月里,他曾和鲁迅当面谈话二十三次。为帮助许钦文更快扩大名气和影响,鲁迅在1924年春天投给上海《妇女杂志》的小说《幸福的家庭》上,加了个副标题"拟许钦文",这只有四个字的小标题,发生的影响可不小。许钦文再到北大听鲁迅讲课,课前就听到学生们叽叽喳喳地议论"许钦

第二章　出了象牙之塔

文是谁"。此外,在砖塔胡同时,鲁迅还开始帮助编辑出版许钦文的第一本小说集《故乡》。

这是许钦文第一次迈进鲁迅新居。上个周末,鲁迅刚在砖塔胡同的桌子上用手指给许钦文画过西三条房子的结构和形状。现在,鲁迅高兴地领着许钦文,前前后后参观自己的新居。先看过准备做会客室兼书房的南屋,然后走过院子,通过西北角有棵枣树的过道转到后院,在这儿,鲁迅指着从正房中间突出来的一间屋子告诉许钦文,这个就是北京人所说的"老虎尾巴"。在北屋鲁迅的住房落座后,鲁迅向许钦文详细介绍了把写字桌放在东墙下的道理:因为窗户是北窗,面向东坐的话,光线从身体左侧进来,右手写字时不会遮光。鲁迅的这个考虑很仔细也很有道理。阴面的房子,采光是个大问题,所以鲁迅设计了建筑传统里没有的大块玻璃窗,当然,这样的设计,除了有利于采光,也方便从室内浏览窗外风光。

第二天来鲁迅西三条新居的客人是许寿裳。鲁迅这天的日记有:"二十六日,晴。上午季市见访并赠花瓶一事,茶具一副六事。"许寿裳是鲁迅的同事、同乡,也是鲁迅一生的挚友。早在日本宏文学院学习时他们就开始交往。鲁迅1909年8月回国后到浙江两级师范学堂和1912年初到教育部,都是许寿裳引荐成功的。1912年5月5日,和鲁迅一起从南京来到北京的,就有许寿裳;鲁迅从八道湾11号搬到砖塔胡同后,也是许寿裳建议鲁迅自购住宅,并借一大笔钱给鲁迅让他购买西三条的房子。1923年10月9日鲁迅日记有:"季市来部,假我泉四百,即托寿山暂储。"在鲁迅搬出绍兴会馆后,到鲁迅家登门拜访的教育部同事很少。

第四天来西三条的客人是宋紫佩。宋紫佩(1887–1952)

原名宋琳,绍兴宋家店村人。在与鲁迅交往密切的旧学生当中,宋紫佩年龄最大,他是鲁迅1909年在浙江两级师范学堂任教时的学生,毕业后,他先在山会初级师范学堂担任修身教育教员,后来又是鲁迅在绍兴府中学堂的同事,在府中学堂担任理化教员。1913年,鲁迅介绍宋紫佩到教育部下属京师图书馆分馆工作。宋紫佩1913年3月30日到北京,很长一段时间和鲁迅一起住在绍兴会馆。宋紫佩和许寿裳是鲁迅一生的两个挚友,宋紫佩对鲁迅非常尊敬和忠诚,被鲁迅视为家人。

  第五天来西三条的是孙伏园。鲁迅日记中有:"晚孙伏园来,并与钦文合馈火腿一只。"孙伏园原名孙福源,是鲁迅1911年任山会初级师范学堂监督时的学生,那时候他是师范完全科第一班班长,和鲁迅交往较多。在师范学堂任监督时,鲁迅有时候代别的国文教员批改作文,某次,鲁迅给孙伏园的一篇作文批了"嬉笑怒骂皆成文章"八个字,这给了孙伏园极大鼓舞,对他以后从事写作编辑工作有很大影响。1912年,鲁迅离开师范学堂后,孙伏园转学至绍兴府中学堂,绍兴府中学堂此年改名为浙江省立第五中学。1913年,周作人至省立五中做英语教师,孙伏园又成了周作人的学生。1914年孙伏园毕业后,在当地做小学教师。1918年9月,孙伏园到北京大学国文系做旁听生,第二年转为正科生。孙伏园还参加了北大学生文学团体新潮社。五四运动后,孙伏园还兼任《国民公报》编辑,《国民公报》停刊后,1920年7月,孙伏园又兼任《晨报》编辑。1921年,孙伏园从北京大学毕业,正式担任《晨报副刊》主编。鲁迅为支持他的编辑工作,把很多稿子交给《晨报副刊》发表,如《阿Q正传》。其实,鲁迅在绍兴会馆居住期间,接待过很多他在绍兴府中学堂和绍兴初级师范工作时的学生，但这些学生大多在北京各个大学学习理科，和鲁迅没有深度交往。

6月1日，是鲁迅搬家后的第一个星期天，这天来拜访的人只有宋紫佩。

搬到西三条新居第一周，到过鲁迅家的人，除了鲁迅的母亲，就是许钦文、许寿裳、宋紫佩、孙伏园。这当然不是偶然的。如非熟人，不会赶在主人最忙的时候登门添乱。

"一撮毛哥哥"和一帮绍兴小老乡

从第二周开始,来鲁迅新居的人就有点杂乱起来。北大学生李人灿拿着自己写的小说稿闯进了西三条;H君即羽太信子的弟弟羽太重久来了多次;郁达夫和李秉中,这两位鲁迅在砖塔胡同时的常客也前来拜访。但初迁西三条的一段时间里,鲁迅仍延续在砖塔胡同居住时形成的"定例",较少和陌生人往还。来往者都是鲁迅过从甚密的绍兴同乡宋紫佩、孙伏园、许钦文及章廷谦等。

6月8日,是鲁迅搬到西三条后的第二个星期天。下午,鲁迅家先后来了两拨人。鲁迅这天的日记中有:"下午矛尘、钦文、伏园来。王、许、三俞小姐等五人来。"

这两拨人,性别不同,但都是鲁迅的绍兴同乡。

矛尘即鲁迅与孙伏园信中所称的"一撮毛君"章廷谦,他是第一次来西三条,但他和鲁迅的交往已有若干年。1919年,章廷谦到北京大学哲学系学习,但他对写作更感兴趣,课余经常和国文系的同乡孙伏园在新潮社与鲁迅聊天。1921年冬天,鲁迅在《晨报副刊》陆续发表《阿Q正传》时,章廷谦就曾不止一次在新

第二章 出了象牙之塔

潮社与刚授完课的鲁迅讨论绍兴方言能否用在小说中。1922年夏天，章廷谦北大毕业，留在北大校长办公室工作，也常给《晨报副刊》写稿，在新潮社和鲁迅聚会聊天的机会很多。

五个小姐中，王小姐即王顺亲，许小姐即许羡苏，她俩都在北京女高师读书，三俞小姐即俞芬三姐妹。鲁迅从砖塔胡同搬到西三条21号后，俞芳和俞藻也从原来上学的笃志小学转到培根小学。鲁迅搬家同一天，俞家三姐妹也从砖塔胡同搬到培根小学附近的府右街后胡同。

住在砖塔胡同时，鲁迅常给俞家姐妹买积木、买糖果，给她们讲故事、讲笑话，帮她们做手工、做作业，教她们做体操、做游戏。彼时俞家三姐妹也曾给鲁迅带来许多欢乐。尤其是老二和老三，鲁迅一家搬去时，一个十三岁，一个十一岁，正是天真无邪的少年，更是让鲁迅乐而忘忧的开心果。俞芳还说过一件她们和鲁迅在一起玩过的"没大没小"的事："我的生肖是猪，三妹的生肖是牛，他就叫我们'野猪''野牛'。我们也没大没小地叫他'野蛇'（大先生的生肖是蛇）。"在三姐妹之间发生矛盾和冲突时，鲁迅能主持公道，同情幼者，这让俞芳觉得大先生是自己的"最知心的长辈"和"精神上的支柱"。

搬家后，俞家三姐妹还是经常想念她们的大先生。但懂事的俞芬总怕给刚搬家需要收拾整理的大先生一家添麻烦，直到过了两周才第一次到鲁迅新居拜访。

这帮绍兴女同乡是鲁迅一家人的客人。

鲁迅主要向女孩子们介绍他家院子里并不算多的植物。新房建好时，院子里只有两棵枣树和一棵杏树。两棵枣树中的一棵在院子东南角，进门就可以看到，因此很显眼。另一棵不太显眼，

鲁瑞与许羡苏及俞家姐妹。左起：俞藻、俞芳、鲁瑞、许羡苏。

第二章 出了象牙之塔

它在前后院之间狭窄的过道里。当时院子里的泥地上正盛开着太阳花,惹人喜爱,鲁迅向她们介绍这种花也叫铺地锦。

除了参观,鲁迅还向她们介绍自己种植花木的设想:他打算在前院种植紫白丁香各两株、碧桃一株、榆叶梅两株。后院当时只有一棵杏树,鲁迅告诉她们,后院土质不如前院,他打算种植两株花椒树、两株刺梅、三株白杨树。

鲁迅的种植计划并非出于随意。在八道湾11号的时候,鲁迅就在自己房前亲手种植过两株丁香树和一株"大叶杨"。当时在北京大学读书的常惠和章廷谦,都对八道湾11号那棵"萧萧常响"的白杨树有深刻印象。有一次,常惠在鲁迅的书房谈话,谈着谈着,听到院子里哗啦哗啦的声音,以为下雨,乃起身告辞,鲁迅告诉他说,这是外面杨树的叶子响。当然,白杨树不仅是鲁迅心爱的树,也是周作人喜欢的树。1930年周作人写过一篇《两株树》,其中也说到常惠和章廷谦回忆中的那株鲁迅栽的白杨树:"树木里边我所喜欢的第一种是白杨。小时候读古诗十九首。读过'白杨何萧萧,松柏夹广路'之句,但在南方终未见过白杨,后来在北京才初次看见。"[1]

两周后,来西三条的人中出现了陈空三、向培良(1905 – 1961),他们来自北京世界语专门学校,该校是前一年刚刚创办以推广世界语为宗旨的学校。创办人陈声树、冯省三、陈空三,都是刚毕业不久的青年学生。冯省三和陈空三都是北京大学的学生。从1923年9月17日开始,鲁迅答应他们,每周在北京世界语专门学校讲两小时中国小说史。这个学校的校址就在阜成门内孟端胡同,此地离鲁迅住过的砖塔胡同和现在住的西三条胡同都很近。鲁迅住在砖塔胡同时,这些人就不断地拜访鲁迅。

向培良是湖南黔阳县人，曾考入中国大学，后转至北京世界语专门学校。1924年1月8日，他创作完成短篇小说《飘渺的梦》。第二天鲁迅日记中有："夜，向培良来。"向培良拜访鲁迅，大概和刚写完的小说《飘渺的梦》有关，这是向培良第一次出现在鲁迅日记中，也是他第一次到鲁迅家。后来向培良认识了高长虹，并成为高长虹组织的狂飙社的主要成员。

在鲁迅刚搬家的一个多月里，西三条21号最常来的人是孙伏园。

孙伏园是散文家，他的经典作品有1926年出版的《伏园游记》和1936年鲁迅逝世后发表的《哭鲁迅先生》。但他更大的成就是做副刊编辑。他是许多作家作品包括鲁迅周作人兄弟的很多著名作品的"催生婆"和孵化器。

还在绍兴省立五中读书的时候，孙伏园就帮助周作人编辑《绍兴教育杂志》。1919年，还是大学生的孙伏园，在《国民公报》副刊做兼职编辑，这年5月开始，孙伏园开始频繁造访住在绍兴会馆的鲁迅。8月2日，鲁迅开始翻译日本作家武者小路实笃的四幕剧《一个青年的梦》，供孙伏园编辑的《国民公报》连载。1919年五四运动爆发前，孙伏园和李小峰加入北大学生文学社团新潮社。1920年8月，新潮社召开第二次全体社员大会，会后进行了第三次职员改选，周作人被推选为主任编辑，孙伏园被选为编辑和干事，李小峰被选为干事。此时新潮社在人员和经费上都遇到很大困难。社里原来的骨干很多出国，留在国内的，也要忙于准备毕业考试和出国考试，或是刚毕业不久，业务陌生。据李小峰在《新潮社的始末》中说，当时大家指望孙伏园，但孙伏园刚接任《晨报副刊》编辑不久，每天要出版一张四开报纸，一时顾不上过问新潮社业务。慢慢地,北大一院一楼东首的新潮社,成了孙伏园、李小峰等课后休息和闲谈的地方。但"三个臭皮匠,合成一个诸葛亮",几个人谈出一个让新潮社重获新生的办法,即编辑出版一套文艺丛书,这就是《新潮社文艺丛书》,丛书的组稿编辑是孙伏园。这时候,孙伏园编辑的《晨报副刊》正风生水起。从1921年10月12日开始,正式担任《晨报副刊》主编的孙伏园把原来的《晨报》第七版扩大到四个版面,成为独立专刊,每天出版。周氏兄弟是《晨报副刊》的顶梁柱,差不多每期都有他们的创作或翻译,如"古文艺"是为"仲密"即周作人开设的专栏,专门刊发他对古希腊、古罗马文学研究的成果;"新文艺"则是为鲁迅名作《阿Q正传》开设的专栏。孙伏园《新潮社文艺丛书》的很多书稿都曾在《晨报副刊》发表。1923年7月,鲁迅在新潮社出版了他的译作《桃色的云》。7月28日鲁迅日记有:"下午孙伏园持《桃之云》二十册来,即以一册赠之,并托转赠李小峰一册。"[2]紧接着,8月20日,新潮社又出版了鲁迅的创作《呐喊》。8月24日鲁迅日记有:"晚伏园持《呐喊》二十册来。"[3]10月,鲁迅把修订好的《中国小说史略》上卷寄给孙伏园。《中国小说史略》是鲁迅在北京大学、北京师范大学等校上课时编写的讲义。12月初,《中国小说史略》上卷出版。12月11日鲁迅日记有:"孙伏园寄来《小说史略》印本二百册。"[4]

1924年3月8日,鲁迅又把《中国小说史略》下卷寄给孙伏园。

鲁迅刚搬到西三条时,孙伏园和鲁迅的来往都和《中国小说史略》下卷的出版有关。6月中旬,《中国小说史略》下卷出版,这是鲁迅搬到新家以来第一个大收获。6月20日鲁迅日记中有:"晚伏园来并持到《中国小说史略》下卷一百本,即以一本赠之,又赠

矛尘、钦文各一托转交,又付女师校五十本亦托携去。"⁵

孙伏园来西三条,好几次都是和李小峰、章廷谦一起。鲁迅日记中首次出现李小峰和章廷谦是1923年4月8日:"下午伏园携惠迪来,因并同二弟及丰一往公园,又遇李小峰、章矛尘,同饮茗良久,傍晚归。"⁶虽然是第一次写进日记,但鲁迅认识李小峰和章廷谦比这早得多。李小峰是后期新潮社最重要的实际运作者。1923年他从北大哲学系毕业,受孙伏园挽留,辞去外地几所学校聘请,留在北京,除作些翻译补贴生活外,主要精力放在处理新潮社的事务方面。鲁迅到北大授完课后,总会去新潮社坐坐,就是为了和他们几个人谈谈。不过,就是在这次公园相遇过后,李小峰才开始和孙伏园一起,到八道湾、砖塔胡同频繁拜访鲁迅。鲁迅那些在新潮社出版发行的著作和李小峰也有关系。

第二章　出了象牙之塔

西安之行

搬家到西三条新居不久，鲁迅有一次时间较长的外出讲学，地点是西安国立西北大学。讲学题目是《中国小说之历史的变迁》。这讲课内容不新鲜，只是鲁迅平时在几个大学所讲"中国小说史"的压缩。但对于一向不喜欢虚应酬也没有兴趣看山水的鲁迅来说，这趟长达一个多月的户外活动，显得格外突出。

这次鲁迅赴陕讲学由两个北大学生促成，一个是物理系的王品青，一个是哲学系的王捷三。鲁迅日记1924年6月28日中有："至晨报社访孙伏园，而王聘卿亦在，遂至先农［坛］赴西北大学办事人之宴，约往陕作夏期讲演也。"[7]王聘卿即王品青，他是理工科学生，但酷爱文学，1925年毕业后在孔德学校编辑《孔德学校旬刊》。孙伏园曾介绍该刊特色是"即便是刚学作文的小学生，在旬刊上也占有相当的地位，有时还附刊一页儿童画"。[8]这话的确是对的。在1926年3月旬刊上，发表了当时还是该校小学生的马珏的文章《初次见鲁迅先生》，作者写放学回家，在客厅见到鲁迅。马珏的父亲，北大国文系主任马幼渔，和鲁迅关系很好。直到现在，马珏的这篇短文还是被人称道的好文章，在很多

1924年7月20日陕西教育厅国立西北大学合办暑期学校举行开学式合影,第二排右起第十一人为鲁迅。

第二章　出了象牙之塔

选集当中都能看到。王品青是河南济源人，和国立西北大学校长傅铜系同乡。王捷三是陕西韩城人，与王品青友好，又因北京哲学社关系，和国立西北大学校长傅铜有往来。所以，邀鲁迅到国立西北大学讲课，和鲁迅联系的是孙伏园，和国立西北大学方面联系的是王品青和王捷三。

鲁迅7月7日出发往西安。这天的鲁迅日记中有："晚晴。赴西车站晚餐，餐毕登汽车向西安，同行十余人，王捷三招待。"[9] 这里"汽车"是日语，日语中"汽车"即汉语"火车"，而汉语"汽车"在日语中则叫"自动车"。13日鲁迅日记中有："下午抵潼关，夜宿自动车站。"

1936年凌抚元出版的《日本游记》中，写了一段他在日本听到的关于"汽车""自动车"的笑话："记者由镰仓乘公共汽车回江之岛，在车中听说一段笑话：日本称'汽车'曰自动车，称火车曰'汽车'，北平某大学教授，原系老牌日本留学生，今年赴日研究，不幸卧病医院，当他出院时，令女看护雇汽车，他忘记了日本话称汽车曰自动车，径说'汽车'，女看护误会了，回答说：'此处不通汽车，先生坐汽车，请先向铁道省交涉修筑铁轨，再作道理。'"[10]

按照陪同鲁迅一起到西安的孙伏园的说法，除了讲课，鲁迅到西安讲学的一个直接动机，就是为完成早就在计划着的剧本《杨贵妃》而到西安直接体味一下实地风光。但根据孙伏园的观察，鲁迅这次对西安风光的直接印象是完全失望。鲁迅对孙伏园说，他不但没有得到新的印象，还把原来就有的印象也失去了。

从西安回到北京后，孙伏园在8月16、17、18日的《晨报副刊》上连载了他的长篇游记《长安道上》。有意味的是，这篇游记表面上是写给"岂明先生"即周作人的书信,而里面有相当多的内容却是关于鲁迅的。

但鲁迅对这次西安之行显得很漠然,也没有什么正面记述,只是在两个多月后所写的《说胡须》中,轻描淡写地说到了西安之行和对西安的一些模模糊糊的印象:

> 今年夏天游了一回长安,一个多月之后,胡里胡涂的回来了。知道的朋友便问我:"你以为那边怎样?"我这才栗然地回想长安,记得看见很多的白杨,很大的石榴树,道中喝了不少的黄河水。[11]

在回想西安之行的时候,鲁迅能想得起来的,只有"很多的白杨"和"很大的石榴树",但这是很值得注意的。实际上,鲁迅在西安的活动很丰富。除了上课,鲁迅还游览了大雁塔、小雁塔和碑林,看了四五场易俗社的演出,买了不少弩机之类的古董。但真正让鲁迅产生过惊奇情调的事物往往并不引人注意,这些事物包括月亮、鸦片和白色的木槿花。和这些特殊事物相遇的特殊时刻,就是鲁迅把身心真正安顿下来的一瞬。月亮出现的时间是7月18日,这天的鲁迅日记中有:"夜往易俗社观演《大孝传》全本。月甚朗。"为了寻找灵感,鲁迅当时还在孙伏园陪同下品尝过一次鸦片。当然,品尝鸦片并没有帮助鲁迅找到灵感,他感到的只是"有点苦味"而已。孙伏园在《鲁迅先生二三事》中说到他和鲁迅在西安看见的白色木槿花:

> 到了西安以后,我们发现了一种极平凡的植物,

> 为数实在可观,几乎家家院子里都有的,便是白色的木槿花。木槿本是极平凡的植物,但在别处只看见一株两株,而且是红色的居多,从未有像西安的木槿花那样白色的一片。[12]

孙伏园在《长安道上》里也说到了西安的木槿花:"凡北方所不能种植的树木花草,如丈把高的石榴树,一丈高的木槿花,白色的花与累赘的实,在西安到处都是,而在北地是未曾得见的。"[13]

有不少人在文章中说,鲁迅在西安讲学时所住的院子里种着一棵木槿,鲁迅曾经长时间凝视着院子里的木槿花,并由此产生了写作《杨贵妃》的想法。

我至今也没有找到这个说法的根据所在,这个说法夸大了木槿花对鲁迅的影响。鲁迅和孙伏园曾经看见过、谈论过西安的木槿花却是真实的。

鲁迅这次西安讲学,从7月7日离开北京,到8月12日回到北京,总共三十七天,但真正讲课的时间只有八天,其他时间有十几天是在路上。其中来回在黄河、渭河的水路上就走了十天。这就是鲁迅在《说胡须》中所说的"道中喝了不少的黄河水"。在西安,不讲课的时候,鲁迅喜欢逛逛当地的古董铺。虽然没有获得写作《杨贵妃》的灵感,但陕西之行对鲁迅来说,还是不一般的。在此之前,鲁迅已经久未外出旅行,自从兄弟失和,鲁迅身心受到很大创伤。虽未有人明确说过,鲁迅这次西安讲学有外出散心的考虑,从西安回来后是否达到了散心的目的,但能看出,从西安讲学回到北京后,鲁迅的生活发生了转折,他同时开启了几个让人耳目一新的全新写作系列,如《野草》散文诗的写作、厨川白村《苦闷的象征》的翻译等。另外，从西安回来后，鲁迅对人际交往的态度和想法发生了变化，大量熟识、初识乃至不认识的年轻人，走进了鲁迅刚建好的新居。

当然，这些都不是马上就开始的。在鲁迅从西安回来后半个月的日记中，有两次感冒发热的记载，这段休息和调整期，他首先处理的都是和这次西安之行有关的事。一方面是访问至交和分发他从西安带回来的礼物。8月13日，回家第二天，访问的第一个人是教育部的同事李慎斋，李慎斋在帮鲁迅建房子的时候付出了大量精力，为了表达感激之情，鲁迅送给他在返程路过洛阳时用十八元买的"汴绸一匹"，这是鲁迅这次外出购买的最为贵重的礼物了。访问的第二个人是许寿裳，鲁迅买西三条21号院，许寿裳帮了大忙，鲁迅给许寿裳的礼物有："鱼龙陶瓶一，四喜镜一，《颜勤礼碑》一分，酱莴苣二包。"除了发放礼品，鲁迅处理的另一件事就是向在西安讲学时认识的师生寄赠自己出版的《中国小说史略》和《呐喊》，校阅国立西北大学寄来的讲课稿。

经过一个月的休整，9月15日晚上，鲁迅创作出了《秋夜》。

第二章　出了象牙之塔

《秋夜》

秋夜

在我的后园，可以看见墙外有两株树，一株是枣树，还有一株也是枣树。

这上面的夜的天空，奇怪而高，我生平没有见过这样的奇怪而高的天空。他仿佛要离开人间而去，使人们仰面不再看见。然而现在却非常之蓝，闪闪地映着几十个星星的眼，冷眼。他的口角上现出微笑，似乎自以为大有深意，而将繁霜洒在我的园里的野花草上。

我不知道那些花草真叫什么名字，人们叫他们什么名字。我记得有一种开过极细小的粉红花，现在还开着，但是更极细小了，她在冷的夜气中，瑟缩地做梦，梦见春的到来，梦见秋的到来，梦见瘦的诗人将眼泪擦在她最末的花瓣上，告诉她秋虽然来，冬虽然来，而此后接着还是春，胡蝶乱飞，蜜蜂都唱起春词来了。她于是一笑，虽然颜色冻得红惨惨地，仍然瑟缩着。

枣树，他们简直落尽了叶子。先前，还有一两个孩子来打他们别人打剩的枣子，现在是一个也不剩了，连叶子也落尽了。他知道小粉红花的梦，秋后要有春；他也知道落叶的梦，春后还是秋。他简直落尽叶子，单剩干子，然而脱了当初满树是果实和叶子时候的弧形，欠伸得很舒服。但是，有几枝还低亚着，护定他从打枣的竿梢所得的皮伤，而最直最长的几枝，却已默默地铁似的直刺着奇怪而高的天空，使天空闪闪地鬼映眼；直刺着天空中圆满的月亮，使月亮窘得发白。

鬼映眼的天空越加非常之蓝，不安了，仿佛想离去人间，避开枣树，只将月亮剩下。然而月亮也暗暗地躲到东边去了。而一无所有的干子，却仍默默地铁似的直刺着奇怪而高的天空，一意要制他的死命，不管他各式各样地映着许多蛊惑的眼睛。

哇的一声，夜游的恶鸟飞过了。

我忽而听到夜半的笑声，吃吃的，似乎不愿意惊动睡着的人，然而四围的空气都应和着笑。夜半，没有别的人，我即刻听出这声音就在我嘴里，我也即刻被这笑声所驱逐，回进自己的房。灯火的带子也即刻被我旋高了。

后窗的玻璃上丁丁地响，还有许多小飞虫乱撞。不多久，几个进来了，许是从窗纸的破孔进来的。他们一进来，又在玻璃的灯罩上撞得丁丁地响。一个从上面撞进去了，他于是遇到火，而且我以为这火是真的。两三个却休息在灯的纸罩上喘气。那罩是昨晚新换的罩，雪

第二章　出了象牙之塔

白的纸,折出波浪纹的叠痕,一角还画出一枝猩红色的栀子。

猩红的栀子开花时,枣树又要做小粉红花的梦,青葱地弯成弧形了……。我又听到夜半的笑声;我赶紧砍断我的心绪,看那老在白纸罩上的小青虫,头大尾小,向日葵子似的,只有半粒小麦那么大,遍身的颜色苍翠得可爱,可怜。

我打一个哈欠,点起一支纸烟,喷出烟来,对着灯默默地敬奠这些苍翠精致的英雄们。

一九二四年九月十五日。

很难说《秋夜》中描述的景象,就是鲁迅当天晚上的实际所见和体验。根据鲁迅的日记,15日前后几天(13日是中秋节)都是阴天, 16日还有雨。因此,《秋夜》应该是鲁迅对自己在经历了一段时期沉寂之后,心灵发现和回归状态的表征。

人的自然倾向,是关注自己身外的现实和接下来需要实现的目标,而当一个人把目光收回到自己切身的近处时,就是他斩断了日常事务无穷尽的指引关联,停顿在当下时光的特殊时刻,这是一个人心满意足的时刻,获得了心灵的安宁和温馨的时刻。在1924年深秋那些寂静的夜晚,鲁迅在绝对的孤独中获得了内在的安宁和幸福。自从这年春天搬到这个自己亲手打造的住所以来,鲁迅一直沉浸在一种悠然自得的放松状态,以此来调整自己在前一年遭受的身心创伤。几个月来,他除了旅居西安的一个多月,其他在家时间也多是修理旧书、整理拓片,有时去逛逛公园。从3月22日在砖塔胡同创作《肥皂》以来,好几个月,鲁迅一直没有进行创作。有人把鲁迅在这段时间的调整看作是继绍兴会馆时期之后的第二次沉寂。

《野草》中的《秋夜》引人关注,不只是因为它是《野草》中的第一篇作品,也因为《秋夜》中描写的景象是鲁迅实际生活中的环境,而这样的作品在鲁迅创作中并不多见。《秋夜》发表之后,到鲁迅家拜访的人,脑子里大都携带着鲁迅住屋的背景知识,最主要的就是《秋夜》中创造的各种"可见"形象,尤其是"两棵枣树"的形象。

"在我的后园,可以看见墙外有两株树,一株是枣树,还有一株也是枣树。"这是《秋夜》开头的名句。人们往往关注作者看见的"两株树,一株是枣树,还有一株也是枣树",而不注意这个"看见"本身。实际上,我们平常对身边的景象并不看或者是视而不见,"看见"身外独特的形象,需要我们专心逗留于某个事物面前,而我们平常的人也即"常人"在日常生活中并不逗留在任何事物那里,而是放任自己从一个事物到另一个事物追逐不停。看紧接着的一句:"这上面的夜的天空,奇怪而高,我生平没有见过这样的奇怪而高的天空。"这句话很容易让我们想到鲁迅在第一篇小说《狂人日记》中的开头:

> 今天晚上,很好的月光。
> 我不见它,已是三十多年;今天见了,精神分外爽快。才知道以前的三十多年,全是发昏。然而需十分小心,不然,那赵家的狗,何以看我两眼呢?[14]

日本学者伊藤虎丸在研究《狂人日记》时把"很好的月光"

第二章　出了象牙之塔

作为引起"狂人""发疯"其实是"觉醒"的"超越的东西"。一个事物被"看见",意味着这个事物作为某种"超越的东西",摆脱了日常事物的工具性和工具事物之间的指引联系,这样的事物,往往是与日常生活距离遥远的宇宙形象,如天空、月亮、星辰、白云,这些形象,是只可能被"看见"而不能被"使用"的。

月亮形象经常出现在鲁迅的日记和作品中,如在《故乡》和《社戏》中,月亮都被作为"超越的事物"造成一种梦幻般的迷离境界,把人从日常生活的日常性中拉出来。如在《故乡》最后说:"这时候,我的脑海里忽然闪出一幅神异的图画来:深蓝的天空中挂着一轮金黄的圆月,下面是海边的沙地,都种着一望无际的碧绿的西瓜……"[15]

和过去作品中作为可爱形象的月亮不同,《秋夜》中的天空、月亮和星星,成了和人对立的力量,作为"发光的东西",这里的星星和"赵家的狗"一样,有着"恶意的眼睛":"(天空)他仿佛要离开人间而去,使人们仰面不再看见。然而现在却非常之蓝,闪闪地睒着几十个星星的眼,冷眼。他的口角上现出微笑,似乎自以为大有深意,而将繁霜洒在我的园里的野花草上。"代替月亮等遥远宇宙形象的"超越的对象",变成了"人间"的作为人的伴侣的"两棵枣树"。

然而,一个事物不会自然而然地从遮蔽状态变得"明显"和被人"看见",按照现象学观点,主体只有处在某种特殊心理状态时,才能"看见"事物,而"惊奇"就是这样一种情调状态。而且,当人在深沉的宁静中目注神凝一个单纯的形象时,形象就变成了人的同伴,在诗人的想象中,枣树成了具有知觉和梦想的主体，成为代表大地（人间）和天空（虚幻）进行斗争的勇士：
"他简直落尽叶子，单剩干子，然而脱了当初满树是果实和叶子时候的弧形，欠伸得很舒服。但是，有几枝还低亚着，护定他从打枣的竿梢所得的皮伤，而最直最长的几枝，却已默默地铁似的直刺着奇怪而高的天空，使天空闪闪地鬼睐眼；直刺着天空中圆满的月亮，使月亮窘得发白。"

正当诗人沉醉在对形象的想象中时，"哇的一声，夜游的恶鸟飞过了"。我们在这里不管这个"恶鸟"象征的到底是什么，总之，作为突然出现的声音，"恶鸟"的叫声惊醒了一直在视像和想象中梦游的人，这时，作者苏醒并返回自身，他听到了自己的声音："我忽而听到夜半的笑声，吃吃的，似乎不愿意惊动睡着的人，然而四围的空气都应和着笑。夜半，没有别的人，我即刻听出这声音就在我嘴里，我也即刻被这笑声所驱逐，回进自己的房。灯火的带子也即刻被我旋高了。"

文本在这里出现了重大转折，空间场景从室外转到室内，也就是从"我的后园""回进自己的房"。

接下来所写的，是"我"在"自己的房"中看到的热闹景象："后窗的玻璃上丁丁地响，还有许多小飞虫乱撞。不多久，几个进来了，许是从窗纸的破孔进来的。他们一进来，又在玻璃的灯罩上撞得丁丁地响。一个从上面撞进去了，他于是遇到火，而且我以为这火是真的。两三个却休息在灯的纸罩上喘气。那罩是昨晚新换的罩，雪白的纸，折出波浪纹的叠痕，一角还画出一枝猩红色的栀子。"

这个转折意味着什么呢？"自己的房"自然是作者的卧房兼书房，但是，这个"房"和房后面的"园"又有什么含义上的区别呢？

　　被"夜游的恶鸟"惊醒的作者，在自己"笑声"的"驱逐"下"回进自己的房。灯火的带子也即刻被我旋高了"。灯火照亮的地方，是作者熟悉的切身的地方，明亮的灯火把沉醉在梦想状态的作者，拉回到了现实的生活环境，"吃吃的"笑声是作者对迷醉和幻想状态的自我否定和放弃。但是，在"回进自己的房"以后，纸灯罩上停着的小飞虫和画出的"一枝猩红色的栀子"，又引起了"我"的想象："猩红的栀子开花时，枣树又要做小粉红花的梦，青葱地弯成弧形了……"这时，"我又听到夜半的笑声"，这里是作者又一次对迷醉和幻想状态的否定。这里的"回进自己的房"其实是鲁迅的又一次"回心"，是在经历了1923年7月以来又一轮绝望与虚无后的又一次自我确立，是《狂人日记》时代的一次反复。

《苦闷的象征》和《出了象牙之塔》

完成散文诗《秋夜》整整一周之后，9月22日，鲁迅开始翻译日本厨川白村（1880－1923）的《苦闷的象征》。这是鲁迅从西安回到北京后开始着手的又一项大工程。10月1日，《晨报副刊》开始连载鲁迅翻译的《苦闷的象征》。这天的《晨报副刊》发表了鲁迅写的《译〈苦闷的象征〉后三日序》和《苦闷的象征》第一章"创作论"中的两节"一 两种力"和"二 创造生活的欲求"。在《译〈苦闷的象征〉后三日序》中，鲁迅说："这书的著者厨川白村氏，在日本大地震时不幸被难了，这是从他镰仓别邸的废墟中掘出来的一包未定稿。"[16]

厨川白村比鲁迅大一岁，他的专业是英美文学特别是英美诗歌翻译和研究，但他很早就对西方近代文学思潮有研究。鲁迅对厨川白村应该早有了解，1913年8月8日，鲁迅日记中就有从日本相模屋书店邮购厨川白村《近代文学十讲》的记载；1917年11月2日，鲁迅又从日本东京堂购得厨川白村的《文艺思潮论》。有论者认为，鲁迅可能是最早接触厨川白村著作的中国人。1919年11

第二章　出了象牙之塔

月1日出版的《新青年》第六卷第六号中，有朱希祖翻译的厨川白村的《文艺的进化》。鲁迅对厨川白村的这篇文章应该很熟悉，因为这一期《新青年》也发表了鲁迅署名"唐俟"的文章《我们现在怎样做父亲》和包括《不满》《恨恨而死》《与幼者》《有无相通》《暴君的臣民》《生命的路》在内的一系列随感录。

厨川白村再次引起鲁迅的注意，大概和他的死有关。1923年9月1日，日本关东地区发生七点九级大地震，地震引发火灾、海啸、泥石流，造成巨大损失，包括厨川白村在内的十万人在地震中死亡。以鲁迅家庭和日本人的频繁交流，他应该了解这次地震的详情和厨川白村的死讯。鲁迅是在1924年4月8日从东亚公司购得《苦闷的象征》。至于为什么在买了《苦闷的象征》几个月后决定翻译这本书，鲁迅说："因为这于我有翻译的必要，我便于前天开手了，本以为易，译起来却也难。但我仍只得译下去，并且陆续发表。"[17]

对这里说的"翻译的必要"，鲁迅没有进一步说明，后来人们有过各种猜测。如日本的工藤贵正根据鲁迅日记中的"书账"推断，自从创造社的成仿吾在《创造季刊》第二卷第二号上发表《〈呐喊〉的评论》后，鲁迅明显加强了对西洋近代文艺思潮和文艺创作上流派问题的意识。因为成仿吾根据西方文艺思潮的变迁，对鲁迅的小说创作做出了貌似前卫实际上却很机械的判断。但总的来看，最直接的原因，大概就是编写在几个大学上课用的讲义。从鲁迅日记中可以看出，10月3日以后，鲁迅在各个学校下学期的讲课陆续开始。3日女高师，14日北京世界语专门学校，17日北京大学，24日师范大学。10月2日，鲁迅把翻译好的稿子寄给孙伏园，第二天孙伏园给鲁迅寄来"排印讲稿一卷"，这里的

"讲稿一卷"就是上课用的《苦闷的象征》。

鲁迅的翻译很快，到10月10日，《苦闷的象征》全部译完。第二天，鲁迅到东亚公司购买《近代思想十六讲》《近代文艺十二讲》《文学十讲》和《赤俄见闻记》。显然，《苦闷的象征》的翻译，点燃了鲁迅对近代文学理论的热情，同时也引起了他对厨川白村其人的兴趣。27日，羽太重九又送来鲁迅托他代买的厨川白村另外两本著作《出了象牙之塔》和《走向十字街头》。

1924年暑假过后，鲁迅在北大、女高师、世界语校等学校开讲《苦闷的象征》，但名义上这门课的名目还是"中国小说史"。诗人冯至当时正在北京大学读书，他从前一年暑假后开始听鲁迅讲授"中国小说史"，1924年鲁迅再讲"中国小说史"时他又去听讲，鲁迅在课堂上说自己的《中国小说史略》已出版，就不用在课堂上再讲了。这次鲁迅讲的是《苦闷的象征》，鲁迅把刚刚翻译的稿子印出来发给学生，作为讲课的辅助教材。作家孙席珍当时也是北大的学生，他从1924年上半年开始"偷听"鲁迅的课。所谓"偷听"，就是没有经过什么注册手续的旁听，从1924年秋季开学到1925年暑假，他正式听了一年鲁迅的课，所听的也正是鲁迅刚刚翻译的《苦闷的象征》。冯至和孙席珍都在各自的回忆文章中说过鲁迅翻译《苦闷的象征》的原因。冯至在《鲁迅与沉钟社》里说："鲁迅翻译讲授这本书，只能说明鲁迅在这时期不只在政治上，而且在文艺思想问题上也在探索根本性的问题。"[18]

《苦闷的象征》原稿，是在东京大地震后从厨川白村倒塌的别墅里找出来的，山本修二在《苦闷的象征》的《后记》中说：

第二章　出了象牙之塔

"镰仓十月的秋暖之日，厨川夫人和矢野君和我，站在先生的别邸的废墟上，沉在散漫的思想中的时候，掘土的工人寻出一个栗色的包裹，送到我们这里来了。那就是这《苦闷的象征》的原稿。"[19]虽然这是作者尚未完成的遗稿，但一般文学概论涉及的领域都包括了：第一章，创作论；第二章，鉴赏论；第三章，关于文艺的根本问题的考察；第四章，文艺的起源。

1924年11月22日，鲁迅写出《苦闷的象征》的《引言》，对厨川白村其人做了尽可能详尽的介绍：

> 去年日本的大地震，损失自然是很大的，而厨川博士的遭难也是其一。
>
> 厨川博士名辰夫，号白村。我不大明白他的生平，也没有见过有系统的传记。但就零星的文字里的掇拾起来，知道他以大阪府立第一中学出身，毕业于东京帝国大学，得文学士学位；此后分住熊本和东京者三年，终于定居京都，为第三高等学校教授。大约因为重病之故罢，曾经割去一足，然而尚能游历美国，赴朝鲜；平居则专心学问，所著作很不少。据说他的性情是极热烈的，尝以为"若药弗瞑眩厥疾弗瘳"，所以对于本国的缺失，特多痛切的攻难。[20]

《苦闷的象征》是厨川白村文学理论的综合，其中第一部分"创作论"更是厨川白村文艺思想的核心。鲁迅在《引言》中说："作者据柏格森一流的哲学，以进行不息的生命力为人类生活的根本，又从弗罗特一流的科学，寻出生命力的根柢来，即用以解释文艺，——尤其是文学。"[21]

对鲁迅这里说的"进行不息的生命力"，厨川白村说："将那闪电似的，奔流似的，蓦地，而且几乎是胡乱地突进不息的生命的力，看为人间生活的根本者，是许多近代的思想家所一致的。那以为变化流动即是现实，而说'创造的进化'的柏格森（H.Bergson）的哲学不待言，就在勖本华尔（A.Schopenhauer）的意志说里，尼采（F.Nietzsche）的本能论超人说里，表现在培那特萧（Bernard Shaw）的戏曲《人与超人》（*Man and Superman*）里的'生力'里，嘉本特（E.Carpenter）的承认了人间生命永远不灭的创造性的'宇宙底自我'说里，在近来，则如罗素（B.Russell）在《社会改造的根本义》（*Principles of Social Reconstruction*）上所说的冲动说里，岂不是统可以窥见'生命的力'的意义么？"[22]

厨川白村说，但这种"生命的力"总是在另一种力即"强制压抑之力"存在的条件下才能显现出来，甚至，抑制、压抑的力越强，生命的力也就越强。《创作论》的第一段"两种力"说：

> 有如铁和石相击的地方就迸出火花，奔流给磐石挡住了的地方那飞沫就现出虹彩一样，两种的力一冲突，于是美丽的绚烂的人生的万花镜，生活的种种相就展开来了。"No struggle, no drama"者，固然是勃廉谛尔（F.Brunetière）为解释戏曲而说的话，然而这其实也不但是戏曲。倘没有两种力相触相击的纠葛，则我们的生活，我们的存在，在根本上就失掉意义了。正因为有生的苦闷，也因为有战的苦痛，所以人生才有生的功效。

第二章　出了象牙之塔

> 凡是服从于权威，束缚于因袭，羊一样听话的醉生梦死之徒，以及忙杀在利害的打算上，专受物欲的指使，而忘却了自己之为人的全底存在的那些庸流所不会觉得，不会尝到的心境——人生的深的兴趣，要而言之，无非是因为强大的两种力的冲突而生的苦闷懊恼的所产罢了。我就想将文艺的基础放在这一点上，解释起来看。[23]

虽然《苦闷的象征》初版本的版权页上标注有"1924年12月印成，1至1500本"，但实际上直到1925年3月7日，鲁迅才收到新潮社送来的十本刚印出来的《苦闷的象征》。

就在校对《苦闷的象征》时，鲁迅开始了《出了象牙之塔》的翻译。《出了象牙之塔》是厨川白村的一本文艺随笔集，由若干篇长文构成，包括《出了象牙之塔》《关照享乐的生活》《从灵向肉和从肉向灵》《艺术的表现》《游戏论》《描写劳动问题的文学》《为艺术的漫画》《现代文学之主潮》《从艺术到社会改造》和用英语写的《论英语之研究》。前三篇文章是最主要的。但鲁迅开始翻译的，倒是其中无关紧要的后几篇，如《描写劳动问题的文学》《现代文学之主潮》等，刊于荆有麟（1903－1951）主编的《民众文艺周刊》，其中最重要的一篇《出了象牙之塔》，是1925年1月24日开始翻译的，这天正是农历春节。

《出了象牙之塔》共有十六段，鲁迅在春节这天翻译了其中的前两段。鲁迅在春节放假的时候，总是像平时一样正常写作。从民国元年开始，他一直主张使用阳历（此即指"公历"，下同。下文所言"阴历"即指"农历"）。孙伏园有一篇散文叫《第一个阳历元旦》，记述了民国元年元旦那天，他在绍兴初级师范学校度过的第一个阳历元旦。那天,校长周豫才召集全校师生谈话,说明阴、阳历的区别和革命政府采用阳历的意义,并亲自宣布当天下午放假半天。

第二天正月初二,鲁迅邀请在北京过年的绍兴同乡陶元庆(1893—1929)、许钦文、孙伏园及俞家三姐妹、许羡苏、王顺亲到家里吃午饭。主客是陶元庆,他不久前刚刚为鲁迅的译作《苦闷的象征》设计好了封面,鲁迅非常满意。《苦闷的象征》出版后即成为畅销书,和陶元庆独具匠心的封面设计也不无关系。

陶元庆是许钦文在绍兴第五师范的同学,从小就爱好美术。陶元庆是在7月7日鲁迅离开北京到西安讲学那天,第一次看见鲁迅的。那天,许钦文陪他到前门游玩,碰巧在前门西车站远远看见正在车站食堂吃饭、准备出发的鲁迅。许钦文在《鲁迅和陶元庆》中回忆了这件事:"那天元庆初到北京,我陪他到前门去玩。经过西车站,元庆忽然叫了我声说:'周建人在这里吃夜饭!'我顺着他的视线望去,在玻璃门内的灯光下,映着昂首微翘着胡子的鲁迅先生的侧影。以前元庆没有见过鲁迅先生,却在上海认识了他的三弟。"[24]在完成《苦闷的象征》封面画之后,陶元庆又为鲁迅随后出版的《出了象牙之塔》《彷徨》《朝花夕拾》《坟》等作品设计了封面。

初二这天晚上,鲁迅翻译《出了象牙之塔》中的一篇。初三,从下午到晚上,翻译《出了象牙之塔》中的三篇。1月28日是正月初五,这天晚上鲁迅在四周围"鞭爆的繁响"中翻译《出了象牙之塔》中的两篇,还写了《野草》中的《好的故事》。

2月18日,鲁迅译完《出了象牙之塔》。和《苦闷的象征》一

第二章 出了象牙之塔

1924年10月1日，鲁迅翻译的《苦闷的象征》开始在《晨报副刊》连载。

样,《出了象牙之塔》也分段发表于孙伏园主持的报纸副刊上。在译完大多数篇章后,从2月14日《出了象牙之塔》开始在《京报副刊》陆续发表。

《出了象牙之塔》不是系统的理论,不能作为讲义在课堂讲授。但从思想渊源上说,《出了象牙之塔》和《苦闷的象征》一脉相承。《出了象牙之塔》最主要的前三篇,主旨都是对日本人的国民性进行"痛切的攻难",而攻难的立足点还是《苦闷的象征》中的"生命力"。厨川白村认为日本人的生命力就像热力不足的太阳,投在地上的影子也就总是不那么黑。在《出了象牙之塔》第十二节"生命力"中,厨川白村说:

> 日本人比起西洋人来,影子总是淡。这就因为生命之火的热度不足的缘故。恰有贱价的木炭和上等的石炭那样的不同。做的事,成的事,一切都不彻底,微温,挂在中间者,就是为此。无论什么事,也有一点扼要的,但没有深,没有力,既无耐久力,也没有持久性。可以说"其淡如水"罢。[25]

还是在这一节,对日本人的描述,就有点让人尤其是自尊的日本人"暝眩"了:

> 在西洋看见日本人,就使人索然兴尽,……身矮脚短,就像耗子似的,但那举止动作既没有魄力,也没有重量。男子尚且如此,所以一提起日本妇人,就真是惨不忍睹,完全像是人影子或者傀儡在走路。[26]

第二章　出了象牙之塔

厨川白村对现代日本人的痛骂，给鲁迅的感觉是"有'快刀斩乱麻'似的爽利，至于禁不住称快"。但鲁迅又说"我译这书，也并非想揭邻人的缺失，来聊博国人的快意"。因为鲁迅认为，厨川白村所攻击的日本人国民性的各种缺失，也正是从中国人身上总能看到的，甚至于有可能日本人的这些缺点，都是他们的"遣唐使"从中国学去的："但是，他们究竟也太采取了，著者所指摘的微温，中道，妥协，虚伪，小气，自大，保守等世态，简直可以疑心是说着中国。尤其是凡事都做得不上不下，没有底力；一切都要从灵向肉，度着幽魂生活这些话。凡那些，倘不是受了我们中国的传染，那便是游泳在东方文明里的人们都如此。"[27]

有人说厨川白村对日本国民性的痛骂只是消极的概念化的贬斥，并没有具体的形象和积极的建设。那么，从《出了象牙之塔》第十五节"诗三篇"却可以看出更积极的内容。《诗三篇》说到的三篇诗歌的作者，是英国诗人勃朗宁（R.Browning），三篇诗歌分别是《青春和艺术》（*Youth and Art*）、《神未必这么想》（*Dis Aliter Visum*）和《立像和胸像》（*The Statue and the Bust*）。厨川白村说："诗三篇，都是勃朗宁的作品。作为根柢的中心思想是同一的，这诗圣的刚健而勇猛，而又极其壮快的人生观，就在其中显现着。"这三篇诗歌的情节差不多，说的都是一对恋人"窃相爱恋"，但由于种种原因和借口而"犹豫逡巡"，最后，"应该决行的事情，没有决行"。对其中第二首《神未必这么想》的内容，厨川白村说："这是愤怒的女子，谴责先前的恋人的话。正如今夜一样，十年以前，他们俩在水滨会见了。女的还年青，男的却大得多，因此也多有了所谓'思虑''较量'这些赘物。男的也曾经想求婚，但还因为想着种种事，踌躇着。例如这女子还不识世故呀，年纪差得远，将来也有可虑呀之类，怀了无谓的杞忧，男的一面，竟没有决行结婚的勇气。事情就此完结了。"

对这三首诗歌的意义，厨川白村总结说："……人生者，乃是试炼。这试炼，正如可以用善来施行一般，也可以用恶。决胜负者，无须定是赌钱。筹马也不妨，只要切实地诚恳地做，就是真胜负。即使目的是罪恶罢，但度着虚饰敷衍的生活的事，就误了人生的第一义了。冲动的生命，跃进的生命，除此以外，在人生还有什么意义呢？"[28]翻译《诗三篇》和下一节《尚早论》中的这些段落，对于很快就会和"年纪差得远"的许广平"窃相爱恋"的鲁迅来说，不是具有特别的意义吗？

第二章　出了象牙之塔

章衣萍和吴曙天

　　从西安讲学回到北京后，鲁迅的西三条新居开始出现女性客人的身影。最初还只是在八道湾居住时就认识的绍兴老乡许羡苏、俞家姐妹等，后来，青年作家们开始带着各自的情侣进进出出。此际，鲁迅在社会交往上的想法和住在砖塔胡同的时候显然是很不一样的。差不多一年前，章廷谦想让孙伏园带自己和妻子孙斐君一起拜访鲁迅，孙伏园写信征求鲁迅的意见，孙斐君因为是"陌生人"就被鲁迅按照"不再与新认识的人往还"和"不再与陌生人认识"的"定例"婉言辞谢。但到了1924年9月28日，孙伏园就带章衣萍和章衣萍的女友吴曙天拜访了鲁迅。这天的鲁迅日记中有："午后吴冕藻、章洪熙、孙伏园来。"

　　章洪熙就是章衣萍。章衣萍（1900－1947），名洪熙，字衣萍，安徽绩溪人。因为同乡关系，章衣萍在北大读书期间，曾给胡适抄写著作并得到胡适关照和提携。甚至在写作风格上，章衣萍和吴曙天都受胡适提倡的白话文影响，文章开门见山，直来直去，明白流畅。吴冕藻（1903－1942），名曙天，祖籍山西翼城，随父母在杭州长大。吴曙天后来成为章衣萍的妻子，但1924年，他们还是恋人关系。在思想上,章衣萍和吴曙天主张爱情至上,反对旧式婚姻,实行自由恋爱。

1924年7月16日,章衣萍在《晨报副刊》发表《不要组织家庭——贺竹英、静之同居》,静之即爱情诗集《蕙的风》的作者汪静之,竹英是汪静之的女友符竹因。章衣萍文中说:"从远远的江南传来的消息,知道竹英和静之在黄鹤楼畔已实行同居了。竹英这次不远千里的从杭州跑到武昌,为了爱情而牺牲伊的学业,为了爱情而不顾家庭和朋友的非难,在这样只贪金银和虚荣的中国妇女社会里,在这样朝三暮四毫无主张的中国妇女社会里,竹英这种崇高的纯洁的精神是值得崇拜的。像这样特立独行的女子,可算不枉了少年诗人静之三年来的相思!"因为"曾亲眼看见,许多恋爱的青年男女,一到了同住以后,男的便摆起丈夫模样了,女的也'只得努力做一个好家婆'了,过了一两年生下了小孩,便什么爱情也消灭了"。所以章衣萍接着说出自己对竹英和静之的希望:"竹英和静之对于他们的旧家庭大概没有什么关系了,我更望他们不要组织什么新家庭,我是根本反对什么家庭的,就这样亲亲切切地恋爱,就这样勤勤恳恳地工作,就这样浪漫地愉快地度过这几十年的有限人生,也尽可满足了。"29

章衣萍1924年发表《不要组织家庭》时,他和吴曙天正在"就这样亲亲切切地恋爱"。那段时间,他们在孙伏园主持的《晨报副刊》上发表了不少作品,这些作品或是他们献给对方的礼物,或是他们表达自己感情的中介,总之,都和对方的存在有关,由此可以看出,他们两人此时正处于热恋。1924年9月13日,章衣萍翻译的Wilkinson女士的诗歌《心境》(*The Heart's*

第二章　出了象牙之塔

Country），就在题目下说明"病中译呈曙天妹"：

心境

（病中译呈曙天妹）

山上的人爱上山，
海边的人爱下水，
你是我的心上人，
我的心儿只爱你。

笼鸟振翼思高飞，
狱囚拼命想逃走，
我也对你窗喊着，
只你给我以自由。[30]

一个月后，吴曙天在《晨报副刊》发表她翻译的诗歌《我知道》，在诗歌后面说明道："今日读Elsa Barker女士的'*I Know*'一诗，译示衣萍，谓无大谬，大胆发表之。"

我知道

曙天女士

我知道河边的赤杨，
为什么摇曳在水面上；
我知道林里的黄蜂，

听见梦的林里说些什么。

我知道不静的海潮，
怎样微语天上的月亮；
我知道清晨的曙光，
为什么藏着眼儿在天上。

我知道广阔的快乐，
完全震颤在海鸟的翼上，
因为在昨晚的一小时中，
爱情把这些事完全告诉我。

除了翻译爱情诗歌，章衣萍和吴曙天还在《晨报副刊》发表了不少批评一般社会文化现象的随笔，如吴曙天的《国立美术专科学校应收旁听生》，就引起读者不小的反响和连锁反应。但影响最大的，还是章衣萍和张耀翔关于白话诗中感叹号的论战。

1924年9月15日，章衣萍发表《感叹符号与新诗》，说：

> 最近看见张耀翔君在《心理》杂志做的一篇文章，题目是《新诗人的情绪》，（《心理》第三卷第二号），内容论的是"感叹符号车载斗量"。张君不惮烦的把中国的《尝试集》，《女神》，《春水》，《浪花》等诗集里面的感叹符号"！"一本本的统计起来，又把西洋的莎士比亚，弥尔敦，白朗宁，但丁诸人的诗集里面的感叹符号"！"都一本本统计起来，而得一个

"结论":

中国现在流行之白话诗,平均每四行有一个叹号,或每千行有二百三十二个叹号。公认外国好诗平均每二十五行始有一个叹号。中国白话诗比外国好诗叹号多六倍。中国诗人比外国大诗家六倍易于动感叹。

接着,章衣萍引了一首张耀翔写的咏"感叹符号"的白话诗:

仰看像一阵春雨,
俯看像数亩禾田。
缩小看像许多细菌,
放大看像几排弹丸。

章衣萍以揶揄和幽默的口气说:

原来Exclamation又可译为"惊叹","惊喟","慨叹","嗟叹",皆是消极厌世悲观者的口头禅,是"亡国之音"!这真是张君的大发见。我也在这里奇怪,为什么这几年来的中国,竟一年糟似一年,连胡适之那样实验主义者也在中央公园对"龙"先生大发牢骚,说"中国不亡,是无天理"呢?我虽然甘心"亡国",却总不知道要"亡国"的原因。今天读了张君的大作,才知道是感叹符号和白话诗弄坏的!我因此断定胡适之先生是个祸国大罪人。

……

第二，请愿政府明令禁止用感叹符号，因为感叹符号像"细菌""弹丸"一样的害人。凡用一个感叹符号者罚洋一元，用十个感叹符号者监禁五天，或罚洋十元。用一百个感叹符号者是怙恶不悛，应处以三年有期徒刑。用一千个以上的感叹符号者是有意祸国，应以军法从事，枪毙杀头。凡一切已出版的书籍内有感叹符号者均由政府明令禁止发行。[31]

9月22日，张耀翔在《晨报副刊》发表辩护文章《白话诗中的感叹符——答衣萍兼答曙天》。9月27日，吴曙天发表《费了两点钟做成的小文章》，和张耀翔展开论辩。

在章衣萍、吴曙天正和张耀翔轮番大战时，正忙于翻译厨川白村的《苦闷的象征》的鲁迅悄悄地参战了。9月28日，即吴曙天《费了两点钟做成的小文章》发表的第二天，鲁迅以"某生者"的笔名发表《又是"古已有之"》：

衣萍先生大概是不甚治史学的，所以将多用惊叹符号应该治罪的话，当作一个"幽默"。其意盖若曰，如此责罚，当为世间所无有者也。而不知"古已有之"矣。

我是毫不治史学的。所以对于史事很生疏。但记得宋朝大闹党人的时候，也许是禁止元祐学术的时候罢，因为党人中很有几个是有名的诗人，便迁怒到诗上面去，政府出了一条命令，不准大家做诗，违者笞二百！

第二章 出了象牙之塔

> 而且我们应该注意,这是连内容的悲观和乐观都不问的,即使乐观,也仍然笞一百!
>
> 那时大约确乎因为胡适之先生还没有出世的缘故罢,所以诗上都没有用惊叹符号,如果用上,那可就怕要笞一千了,如果用上而又在"唉""呵呀"的下面,那一定就要笞一万了,加上"缩小像细菌放大像炮弹"的罪名,至少也得笞十万。衣萍先生所拟的区区打几百关几年,未免过于从轻发落,有姑容之嫌。[32]

报纸出来后,鲁迅文章中有一个错字,"政府出了一条命令,不准大家做诗,违者笞二百!"中的"二百"应该是"一百"。鲁迅发现这个不大不小的错误后,写了一段纠正错误的文字《笞二百系笞一百之误》,发于10月2日《晨报副刊》上:

> 记者先生:
>
> 我在《又是古已有之》里,说宋朝禁止做诗,"违者笞一百",今天看见副刊,却是"笞二百",不知是我之笔误,抑记者先生校者先生手民先生嫌其轻而改之欤?
>
> 但当时确乎只打一百,即将两手之指数,以十乘之。现在若加到二百,则既违大宋宽厚之心,又给诗人加倍之痛,所关实非浅鲜,——虽然已经是宋朝的事,但尚希立予更正为幸。
>
> 某生者鞠躬。九月二十九日。[33]

当天报纸的同一个版面，鲁迅以笔名"风声"发表了另一篇短文《文学救国法》，继续发挥嬉笑怒骂的本领，对张耀翔的观点进行冷嘲热讽："我似乎实在愚陋，直到现在，才知道中国之弱，是新诗人叹弱的。为救国的热忱所驱策，于是连夜揣摩，作文学救国策。"

这样看来，章衣萍和吴曙天9月28日到鲁迅家拜访，和这场关于感叹符号的论争或有关系。虽然是初次到鲁迅家，但通过孙伏园和《晨报副刊》，鲁迅和他们之间其实并不陌生。这次访问之后，章衣萍开始频繁造访西三条，大多数时候，是章衣萍和孙伏园一起去西三条。但直到12月7日，吴曙天才第二次造访鲁迅家。根据那段时间去鲁迅家更频繁的荆有麟的说法，吴曙天在初次到过鲁迅家以后应该是回杭州住了一段时间。荆有麟《鲁迅回忆断片》中说："民国十三年十二月，一个晴朗的星期天，吴曙天女士，随着他的爱人章衣萍，来访鲁迅先生了。据说，她刚由杭州的母家来。在她盘旋的短时间内，她的将近六十岁的父亲，再三称道鲁迅了不起。"[34]

《访鲁迅先生》

1925年1月28日,《京报副刊》发表吴曙天的《访鲁迅先生——断片的回忆》。在这篇文章发表之前,吴曙天已经不止一次造访鲁迅家,但这篇访问记中所记录的事情,显然是1924年9月28日,吴曙天和章衣萍初到西三条拜访时的所见所闻。这是一篇很重要的文章,它是鲁迅在西三条21号居住时,造访者发表的唯一一篇鲁迅访问记。

访鲁迅先生
——断片的回忆

曙天女士

孙老头儿是一个很有趣味的人,我和S哥都喜欢同他玩。

人们都说孙老头儿是日本人,因为他是一个矮子,而且,脸上养了东洋式的胡须。当他在戏院里看戏的时候,茶房们对他啰嗦,他置之不答,于是茶房们便说:

"呵,日本人是很难说话的!"

真的,孙老头儿活像个日本人!

S哥是很好吃的,我替他起了一个绰号,叫做"吃精"。他最喜欢上馆子。

然而孙老头儿的好吃,大约不亚于S哥罢,因为S哥要上馆,孙老头儿总是赞成的。

那天,是深秋的一个正午,他们俩儿又要上馆去了,我也只好同去。

大家吃饱了以后,便照例要想玩了。

"到哪里玩去?"S哥问。

"访鲁迅先生去!"孙老头儿说。

"好的!"我赞成地说。

我的脑中开始想象我理想中的鲁迅先生了。我读过他的《呐喊》,而且读过不止一次。我想象中的鲁迅先生大约是很沉闷而勇猛的罢。我觉得《呐喊》的味是辣而苦的,然而我不知道为了什么爱读它。

在一个很僻静的胡同里我们到了鲁迅先生之居了。我们敲门,便有人来开,孙老头儿先进去报告了,我和S哥站在院里;院里有一棵枣树,是落了叶子的。

房门开了,出来一个比孙老头儿更老的老年人,然而大约也不过五十岁左右罢,黄瘦的脸庞,短胡子,然而举止很有神,我知道这就是鲁迅先生。

我们都走进鲁迅先生的卧房了。

这是一间并不宽大的卧房,房门的右边,摆了一个书架,然而书架上的书籍并不多。接着是一个桌子,这就是《呐喊》的作者的著书桌罢。桌的旁边接着摆了一只箱子，箱子上也杂乱地摆了些书籍。卧床是靠着房的后墙的，这是很简单的床罢，因为是用两只板凳和木板搭成的。

我和S哥坐在房的左边的椅子上，孙老头儿坐在床上。

我开始知道鲁迅先生是爱说笑话了，我访过鲁迅先生的令弟启明先生，启明先生也是爱说笑话的。然而鲁迅先生说笑话时他自己并不笑，启明先生说笑话时他自己也笑，这是他们哥儿俩说笑话的分别。

鲁迅先生端出一匣饼干来了。

"刚才吃过饭。"我说。

"吃过饭便不能吃饼干么？"鲁迅先生说。然而孙老头儿和S哥已经开始大嚼了。

因为知道我是喜欢绘画的缘故，鲁迅先生找出一册册的德国名画来。

我不懂德文，所以只能看画。

然而画上有蛇，我怕蛇，连画上的蛇也怕看。

"绘画的人是不能怕蛇的！"鲁迅先生说。

我羞惭而微笑了。

鲁迅先生对于欧洲名画大约看得很多的。他说绘画的Design很要紧。然而中国的绘画者大都对于Design不下功夫！

大家乱七八糟地谈了半天。我只深刻地记得鲁迅先生的话很多令人发笑的。然而鲁迅先生并不笑。可惜我不能将鲁迅先生的笑话写了出来。爱听笑话的人，最好

吴曙天文中所说"院里有一棵枣树,是落了叶子的",说的就是这棵树。

第二章　出了象牙之塔

亲自到鲁迅先生那里去听。

吴曙天的访问记，把落成才几个月的"在一个很僻静的胡同里"的"鲁迅先生之居"简洁而清晰地描写出来。"我和S哥站在院里；院里有一棵枣树，是落了叶子的。"当"我和S哥"在院子里站着的时候，同时在院子里站着的还有一棵枣树。所以，在这年春天种植丁香花之前，这棵枣树很显眼。俞芳后来在回忆录《我记忆中的鲁迅先生》中也说到这棵枣树，不过，俞芳的写作是在五十多年之后了。吴曙天对鲁迅书房里家具摆设的描述，是从进房门右手沿逆时针方向进行的，书架、桌子、一只箱子、床和床边上的椅子，一点都没有落下。也许和喜欢画画有关系，吴曙天一下子就能抓住鲁迅书房里各个器物的特征，如"书架上的书籍并不多"，床头的"箱子上也杂乱地摆了些书籍"，卧床是"用两只板凳和木板搭成的"。除了家具摆设的特征，吴曙天的文章还显现了主人和客人们使用这些家具的方式，如主人客人落座的位置："我和S哥坐在房的左边的椅子上，孙老头儿坐在床上。"招待客人的座椅只有两把，如客人超过两位，就只能有人坐在靠墙的卧床上。一般来说，生客或者重要的客人坐仅有的两把椅子，像孙老头儿这样的熟客就只能坐在卧床上了。

在这篇《访鲁迅先生》发表之后的1925年，章衣萍、吴曙天已是鲁迅家常客。有时候鲁迅会和他们在饭店品尝美食，但更多的时候是他们来鲁迅家聊天和吃点心。大多数时候是他们俩一起来，但有时会加入和鲁迅也相熟的李小峰、蔡漱六夫妇。这年8月26日，和他们一起去鲁迅家的还有实行自由恋爱的汪静之。这天鲁迅日记中有："汪静之及衣萍、曙天来，并赠酒一瓶。"汪静之和章衣萍都是胡适的绩溪同乡,但他和吴曙天更早认识。汪静之在回忆这次拜访鲁迅的文章中,曾说过他和吴曙天、章衣萍的关系:"有一位女友吴曙天,过去在杭州女子师范学校读书,我介绍她加入'晨光社',这时她在北京美术专门学校读书。我说起同'周氏兄弟'过去通过信,还没有见过面,打算到八道湾去拜访他们。吴曙天就说'周氏兄弟'早已闹翻了,鲁迅已经搬了家,不住在八道湾了。'周氏兄弟'她都很熟,她可以陪我去。她当时正和章衣萍谈恋爱,就对章衣萍说起要陪我去见'周氏兄弟',衣萍说他也陪我同去。章衣萍是一九二一年看了我发表的诗而和我通过信的,我这一次到北京才和他初次见面。"[35]在这次见面之前,章衣萍和鲁迅都曾经在报纸上写文章支持汪静之的爱情诗。鲁迅在1922年11月17日写《反对"含泪"的批评家》,反驳胡梦华对汪静之和章衣萍的批评。鲁迅在文中说:"胡君因为《蕙的风》里有一句'一步一回头瞟我意中人',便科以和《金瓶梅》一样的罪:这是锻炼周纳的。《金瓶梅》卷首诚然有'意中人'三个字,但不能因为有三个字相同,便说这书和那书是一模样。"[36]因为鲁迅的这篇文章,汪静之的《蕙的风》和其中一句"一步一回头瞟我意中人"变得更加出名。

1926年,章衣萍和吴曙天来鲁迅家的次数骤然减少,原因大概和吴曙天的病有关。在一封这年1月章衣萍写给鲁迅的信中说:"鲁迅先生,这两天真窘极了,所以也没有到西三条来吃点心。"章衣萍所说的"窘极了",是因为"我的W.咳嗽了一星期了,黄脸西医以为是喉中的气管发炎,给了伊一瓶黄色药水。药水服完了,然而咳嗽如故!"[37]这里的"W."就是吴曙天。这年5月,章衣萍在李小峰的北新书局出版了小说集《情书一束》。因

第二章　出了象牙之塔

为这个书名，也因为书里那个三角恋爱的故事，《情书一束》出版后多次再版，风行一时。5月17日，鲁迅也曾得到李小峰赠送的两本《情书一束》。这天的鲁迅日记中有："访李小峰，见赠《寄小读者》《情书一束》《渺茫的西南风》各二部。"

注　释

1　《恬适人生：周作人小品》，花城出版社，1991年版，第233页。
2　《鲁迅全集》第十五卷，人民文学出版社，2005年版，第476页。
3　《鲁迅全集》第十五卷，人民文学出版社，2005年版，第479页。
4　《鲁迅全集》第十五卷，人民文学出版社，2005年版，第490页。
5　《鲁迅全集》第十五卷，人民文学出版社，2005年版，第517页。
6　《鲁迅全集》第十五卷，人民文学出版社，2005年版，第465页。
7　《鲁迅全集》第十五卷，人民文学出版社，2005年版，第518页。
8　伏园，《一年来国内定期出版界略述补》，《1913—1983鲁迅研究学术论著资料汇编》第一卷，中国文联出版公司，1985年版，第120页。
9　《鲁迅全集》第十五卷，人民文学出版社，2005年版，第520页。
10　凌抚元，《日本游记》，新北平报出版课，民国二十五年十月一日初版，第221页。
11　《鲁迅全集》1，人民文学出版社，1981年版，第174页。
12　孙伏园，孙伏熙著，《孙氏兄弟谈鲁迅》，新星出版社，2006年版，第261页。
13　孙伏园，孙伏熙著，《孙氏兄弟谈鲁迅》，新星出版社，2006年版，第80页。
14　《鲁迅全集》1，人民文学出版社，1981年版，第422页。
15　《鲁迅全集》1，人民文学出版社，1981年版，第477页。
16　《晨报副刊》中华民国十三年十月一日，第二版。
17　《译〈苦闷的象征〉后三日序》，《编年体鲁迅著作全集》贰，福建教育出版社，2006年版，第119页。
18　冯至，《鲁迅与沉钟社》，鲁迅博物馆等选编《鲁迅回忆录》散篇（上册），1999年版，第339页。

19 [日] 厨川白村著，鲁迅译，《苦闷的象征》，中央编译出版社，第 125 页。
20 [日] 厨川白村著，鲁迅译，《苦闷的象征》，中央编译出版社，第 1 页。
21 [日] 厨川白村著，鲁迅译，《苦闷的象征》，中央编译出版社，第 2 页。
22 [日] 厨川白村著，鲁迅译，《苦闷的象征》，中央编译出版社，第 2 页。
23 [日] 厨川白村著，鲁迅译，《苦闷的象征》，中央编译出版社，第 1 页。
24 钦文，《〈鲁迅日记〉中的我》，浙江人民出版社，1979 年版，第 80 页。
25 [日] 厨川白村著，鲁迅译，《出了象牙之塔》，中央编译出版社，第 47 页。
26 [日] 厨川白村著，鲁迅译，《出了象牙之塔》，中央编译出版社，第 48 页。
27 [日] 厨川白村著，鲁迅译，《出了象牙之塔》，中央编译出版社，第 249 页。
28 [日] 厨川白村著，鲁迅译，《出了象牙之塔》，中央编译出版社，第 68 页。
29 衣萍，《不要组织家庭——贺竹英，静之同居》，《晨报副刊》中华民国十三年七月十六日，第四版。
30 衣萍，《心境》，《晨报副刊》中华民国十三年九月十三日，第四版。
31 衣萍，《感叹符号与新诗》，《晨报副刊》中华民国十三年九月十五日，第三版。
32 《编年体鲁迅著作全集》贰，福建教育出版社，2006 年版，第 120 页。
33 《晨报副刊》中华民国十三年十月二日，第四版。
34 鲁迅博物馆等选编《鲁迅回忆录》专著（上册），北京出版社，第 145 页。
35 汪静之，《鲁迅——莳花的园丁》，鲁迅博物馆等选编《鲁迅回忆录》散篇（上册），北京出版社，1999 年版，第 374 页。
36 《鲁迅全集》第一卷，人民文学出版社，2005 年版，第 425 页。
37 张杰编著，《鲁迅藏同时代人书信》，大象出版社，2011 年版，第 392 页。

第三章 运交华盖

> 我平生没有学过算命,不过听老年人说,人是有时要交"华盖运"的。……这运,在和尚是好运:顶有华盖,自然是成佛作祖之兆。但俗人可不行,华盖在上,就要给罩上了,只好碰钉子。
>
> ——鲁迅《〈华盖集〉题记》

1925年11月,鲁迅的第一部杂文集《热风》由北新书局出版发行,收录作者从1918到1924年间所作的杂文四十一篇,这些杂感式的短文最初发表在《新青年》和《晨报副刊》上。这些作品是鲁迅在新文化运动中所写的短评,态度质直,风格犀利。内容主要是反对旧礼教、旧文化,主张思想解放,提倡新文化。

《我的失恋》和《语丝》的创刊

1924年10月3日,在翻译《苦闷的象征》的间隙,鲁迅写了一篇格式特别、诙谐幽默的作品《我的失恋》,寄给了《晨报副刊》。《我的失恋》是首诗歌,后来发表在《语丝》第四期。发表出来的《我的失恋》是这样的:

我的失恋
——拟古的新打油诗

我的所爱在山腰;
想去寻她山太高,
低头无法泪沾袍。
爱人赠我百蝶巾;
回她什么:猫头鹰。
从此翻脸不理我,
不知何故兮使我心惊。

我的所爱在闹市；
想去寻她人拥挤，
仰头无法泪沾耳。
爱人赠我双燕图；
回她什么：冰糖壶卢。
从此翻脸不理我，
不知何故兮使我胡涂。

我的所爱在河滨；
想去寻她河水深，
歪头无法泪沾襟。
爱人赠我金表索；
回她什么：发汗药。
从此翻脸不理我，
不知何故兮使我神经衰弱。

我的所爱在豪家；
想去寻她兮没有汽车，
摇头无法泪如麻。
爱人赠我玫瑰花；
回她什么：赤练蛇。
从此翻脸不理我，
不知何故兮——由她去罢。
　　　　　一九二四年十月三日。

第三章 运交华盖

《语丝》周刊第四期发表的《我的失恋》。

稿子署名"某生者",但孙伏园肯定知道这是鲁迅的稿子。就在几天前,9月28日,《晨报副刊》刚发表了鲁迅的《又是"古已有之"》,9月29日,又发一篇《答二百系答一百之误》,皆署名"某生者"。在此之前,1922年9月20日,鲁迅还在《晨报副刊》发表过《"以震其艰深"》,稍后,又发表《所谓"国学"》《儿歌的"反动"》,用的笔名都是"某生者"。从这几篇稿来看,署名"某生者"的稿子,都是挖苦讽刺某种现象或某人。

对《我的失恋》,当事者孙伏园的解读也并不一致。比如,对诗中"回她什么"下面的四种东西,有一种说法是,这四种东西都是鲁迅喜欢的,"猫头鹰"代表勇猛,也代表他不高兴剪头发;"冰糖壶卢"代表爱好艺术,也代表他喜欢饭后吃些甜点心;"发汗药"代表科学,也代表他曾经研求过医道;"赤练蛇"代表智慧,也代表他恨猫。还有一种说法是,鲁迅写这首诗是讽刺徐志摩追求林徽因失败,"猫头鹰"暗指徐志摩所作的散文《济慈的〈夜莺歌〉》,"冰糖壶卢"暗指徐志摩所作题为《冰糖壶卢》的二联诗,"发汗药"是从徐志摩与人论争理屈词穷时的晋人之语抽绎出来的,说是:"你头脑发热,给你两颗阿司匹灵清醒清醒吧!""赤练蛇"是从徐志摩某篇文章提到希腊神话中的人首蛇身的女妖引申出来的。也许后一种说法更有道理,因为鲁迅自己在《〈野草〉英文译本序》中说:"因为讽刺当时盛行的失恋诗,作《我的失恋》。"

不管这首诗的意思是什么,总之,因为这首诗,孙伏园从晨报社辞职。辞职的具体经过,孙伏园在一年后发表的《京副一周年》中有详细描述。大致来说,那年10月某一天,也就是编好

第三章　运交华盖

《我的失恋》后的某天晚上八点，孙伏园回到报社看大样，发现大样上少了《我的失恋》，换成了一篇别的文章。报社校对说，是总编辑刘勉己把鲁迅的稿子"抽去了"。"抽去了"就是"枪毙了"。孙伏园正按捺火气看补上来的是篇什么稿子，刘勉己"慌慌张张"地进来了，对孙伏园说鲁迅的那篇诗歌"实在要不得"，但又说不出"实在要不得"的理由。孙伏园气急了，举手要打刘勉己，刘勉己转身就跑，孙伏园在后面紧追，直到被别的同事拉开。第二天，孙伏园就辞掉了《晨报副刊》的编辑职务。

孙伏园说的"某一天"，不能确定是哪一天，但肯定是10月21日、22日、23日中的一天。因为24日周作人日记中有："伏园来云已出晨报社。在川岛处住一宿。"而在此之前的20日，孙伏园曾到过八道湾11号，这天周作人日记中有："晚伏园、小峰来，同在矛尘处谈至九时。"

在这两次去八道湾11号的前后，孙伏园也去了西三条21号。10月19日鲁迅日记中有："下午章矛尘、孙伏园来。"10月25日日记中有："午后伏园来。"

对辞职后孙伏园的想法，周作人在《知堂回想录》中说："伏园既然离开了《晨报副刊》，便提自己来办一个出版物，大家可以自由发表意见，不受别人的干涉，于是由他去联络筹办，结果除他自己以外还有李小峰、章川岛，作为经营出版的人，做文章的则另外约了些人，经过了一次会商，这刊物的事情就算决定了。"[1]这次会商，是11月2日的事，这天周作人日记中有："上午在家，下午往访适之。又至开成北楼同玄同、伏园、小峰、矛尘、绍原、颉刚诸人议刊小周刊事，定名曰《语丝》，大约十七日出板，晚八时散。"[2]11月3日，孙伏园到西三条见鲁迅，他们见面谈话的内容自然和前晚聚会有关，大概就是鲁迅在《我和〈语丝〉的始终》中所说："几天之后，他提议要自办刊物了，我自然答应愿意竭力'呐喊'。"在支持孙伏园办刊上，周氏兄弟的态度一致，只是因为兄弟失和，这种有周作人出现的同人聚会，鲁迅就未再去。

经过两周筹备，《语丝》第一期正式出版。11月15日，孙伏园把印好的《语丝》给鲁迅送去五份。鲁迅日记中记："晚小峰、伏园送《语丝》五分来。"11月16日，《语丝》正式发行前一天，午后，周作人参加了《语丝》同人的茶话会。周作人日记中有："午后至市场语丝社茶会，至晚饭后始散。"[3]在市场聚会结束后，孙伏园直接赶到西三条21号。鲁迅日记中有："夜矛尘、伏园来，以泉拾元交付之，为《语丝》刊资之助耳。"[4]

鲁迅交给孙伏园他们的十元钱，是《语丝》第一期的印刷费。据章廷谦回忆，当时曾商定，《语丝》的印刷费用由鲁迅、周作人、孙伏园和章廷谦四人按月分担。但实际他们每人只分担了第一期第一版两千份报纸的印刷费，此后就再也不用分担了。杂志的销路出乎意料得好，第一版只几天就卖完了，汇款却源源不断。《语丝》第一期再版了七次，共印刷一万五千份。鲁迅在《我和〈语丝〉的始终》中说："当开办之际，努力确也可惊，那时做事的，伏园之外，我记得还有小峰和川岛，都是乳毛还未褪尽的青年，自跑印刷局，自去校对，自叠报纸，还自己拿到大众聚集之处去兜售，这真是青年对于老人，学生对于先生的教训，令人觉得自己只用一点思索，写几句文章，未免过于安逸，还需竭力学好了。"[5]由此可见，鲁迅对孙伏园他们几个"乳毛还未褪尽的青年"在创办《语丝》时期付出的努力很赞赏。鲁迅

第三章　运交华盖

这里说的"自叠报纸,还自己拿到大众聚集之处去兜售",当事者自己的印象也同样深刻。1925年2月2日出版的《语丝》第十二期发表了孙伏园的文章《亲送〈语丝〉记》,说的是孙伏园到虎坊桥探访一个总是收不到《语丝》的读者的事情,这也是一个和《语丝》发行有关的故事,但开头却说到《语丝》创办初期,他们三人曾经在街上兜售《语丝》的难忘经历:

> 小峰吾兄:
>
> 　"三个蹩脚洋鬼子"夹着《语丝》沿街叫卖,这是《语丝》初出时我们给读者的一个深刻的印象。现在我要告诉你"一个蹩脚洋鬼子"亲送《语丝》的故事了。
>
> 　你对我说:虎坊桥三十三号的阎进兮屡次来信责问《语丝》何以不寄到,而我们寄去的《语丝》却由邮局黏一个纸条,说三十三号查无阎进兮其人,所以原封退回;我们因为他的信上清清楚楚的写着三十三号,所以又寄去,但是又黏上纸条退回来了。我说虎坊桥是我常路过的,即使不常路过,为了《语丝》的缘故,也为了好奇心驱使的缘故,我一定要亲自送去。
>
> 　我到虎坊桥三十三号一看,原来是一家杂货铺,字号是"瑞宝信",好像与《语丝》不会发生什么干系似的。我进去探问了,也与邮政信差一样,访不着一个什么阎进兮,店伙说他们全铺中没有姓阎的。我就问他们里面有没有寄住的人,有没有老班的亲戚朋友他们可以代收的;他们果然到处去找了,结果是说,"有一个新来的学徒,的确是姓阎,现在出去了,我们可以代

收；那时让邮政局退回，是因为他新来，我们不知道他姓什么。"

现在我写这封信要告诉你的就是这几句话：我们的一个爱读者阎进兮是新进杂货铺的学徒。

伏园。[6]

对孙伏园说的"三个蹩脚洋鬼子""夹着《语丝》沿街叫卖"的故事，另一个当事人章廷谦在后来的回忆中说的更详细：

那时，北京东安门大街的真光电影院（现在的北京剧场），每逢礼拜日上午，演一场早场电影，票价一角，意在优待学生。由于《语丝》在出版前两天——每星期六已经印好，伏园、小峰和我三人，曾于《语丝》头几期刚出版时，于星期日一早，从住处赶到真光电影院门前以及东安市场一带去兜售。三个人都穿着西装，伏园那时已经留了胡子。大家手上虽拿着报纸在兜售，但既不象兜售《圣经》的救世军女教士那么样沉静、安详，也没有一般卖报者连喊带跑那样的伶俐、活泼，只是不声不响地手上托着一大叠《语丝》，装着笑嘻嘻的脸，走进去请他或她买一份，头一声招呼当然就是"喂！喂！"有人乍遇到这副神情，是要莫名其妙地吃一惊的。尤其是孙伏园，矮矮的身材，长的那么样象日本人。[7]

除了参与创办《语丝》周刊，孙伏园离开《晨报副刊》的

第三章　运交华盖

章廷谦所言"三个蹩脚洋鬼子"沿街叫卖《语丝》之处。真光电影院大楼仍存在,但今天既非真光电影院,也非北京剧场,而为中国儿童艺术剧院。此处很好找,从南河沿大街到东安门,再往东拐即至。从这里到当时的北大一院也不过一千米左右。

另一个直接影响，是促成《京报副刊》的创办。孙伏园从晨报社离职的消息很快就被传给了《京报》主编邵飘萍。邵飘萍很快便决定邀请孙伏园到《京报》创办《京报副刊》。孙伏园后来回忆说："《京报》听说我辞去了《晨报附刊》的职务，总编辑邵飘萍就来找我去办《京报副刊》。我觉得《京报》的发行数少（约三四千份，《晨报》有将近一万份），社会地位也不如《晨报》，很不想去。但鲁迅先生却竭力主张我去《京报》，他说，一定要出这口气，非把《京报副刊》办好不可。一九二四年十二月五日，《京报副刊》就出版了。"[8] 实际上，当时孙伏园和邵飘萍并不直接认识，把孙伏园辞职的消息传给邵飘萍的，是二十岁出头的荆有麟。1924年，荆有麟还是北京世界语专门学校的学生，每周二下午听一次鲁迅讲授的《苦闷的象征》。

荆有麟和北京世界语专门学校

北京世界语专门学校是1923年开始筹备创办的，1923年6月7日，鲁迅还参加了学校举办的筹款活动。9月17日，鲁迅开始到北京世界语专门学校授课，授课内容和在其他学校所授一样，都是《中国小说史》。学校教务处的陈空三、冯省三都曾是北大学生。荆有麟在回忆录中还说了一个冯省三让鲁迅修鞋的故事：

> 北大旁听生冯省三，有一天跑到鲁迅先生家里，向鲁迅先生床铺上一坐，将两脚跷起，说：
> "喂，你门口有修鞋的，把我这双破鞋，拿去修修。"
> 鲁迅先生毫不迟疑的，将冯省三的破鞋，拿去修好后，他还为他取回来，套到他的脚上。可是，冯省三连谢都没有说一句，悻悻地走掉了。9

1922年北京大学讲义费风潮后冯省三被学校开除，但冯省三

北京世界语专门学校开学典礼。

第三章　运交华盖

并不是那场风潮的主持者,他只是下课过来看热闹,被人挤到了校长办公室门口。最后他被开除,鲁迅对他很同情。1922年11月18日,鲁迅在《晨报副刊》发表了一篇很短小但含义很深刻的杂文《即小见大》,说的就是作为改革牺牲者的冯省三:

> 北京大学的反对讲义收费风潮,芒硝火焰似的起来,又芒硝火焰似的消灭了,期间就是开除了一个学生冯省三。
>
> 这事很奇特,一回风潮的起灭,竟只关于一个人。倘使诚然如此,则一个人的魄力何其太大,而许多人的魄力又何其太无呢。
>
> 现在讲义费已经取消,学生是得胜了,然而并没有听得有谁为那做了这次的牺牲者祝福。
>
> 即小见大,我于是竟悟出一件长久不解的事来,就是:三贝子花园里面,有谋刺良弼和袁世凯而死的四烈士坟,其中有三块墓碑,何以直到民国十一年还没有人去刻一字。
>
> 凡有牺牲在祭坛前沥血之后,所留给大家的,实在只有"散胙"这一件事了。[10]

鲁迅开始到北京世界语专门学校讲课后,陈空三和冯省三到砖塔胡同61号拜访鲁迅的时候是很多的。

荆有麟又名织芳、有林,山西省猗氏县人。鲁迅日记中第一次出现荆有麟的名字是1924年11月16日,也就是《语丝》出版前一天。这天鲁迅日记中有:"星期休息。午后荆有麟来。"这天晚上稍晚的时候，《语丝》的编辑章廷谦和孙伏园也来到了鲁迅家，向鲁迅报告刚刚结束的《语丝》同人在东安市场的茶话会，鲁迅交给他们十元钱，算是资助《语丝》的刊资。

荆有麟在《鲁迅回忆断片》一开始说的就是他第一次到鲁迅家的经过："有一天，我为劳动文艺研究会所出版的《火球周刊》写了一篇文章，自己不大有胆子敢于拿出去，便怀着虚心，初次拜访先生的寓所了，记得先生在听了我的来意后，不特接受了代为修改文章的请求，还鼓励着'要多看书，多写作，慢慢就会进步的'。"[11]

过了一天，也就是11月18日，星期二，鲁迅又到北京世界语专门学校讲课。就在这次课堂上，鲁迅向学生们讲到了他给晨报馆投稿《我的失恋》和由此引起的孙伏园辞职的事情。说者无意，听者有心。在课堂上听讲的荆有麟听了鲁迅的一番话，就想能不能把从晨报馆辞职的大编辑孙伏园介绍给京报馆。对这段事情的来龙去脉，荆有麟在回忆录中说：

> 我在听了先生的报道，当天晚上，就去告诉胡也频同项亦愚，因为当时，我们三个人正在编辑《劳动文艺周刊》。而劳动文艺是京报馆代为印刷，不要我们出钱的（每期印一千份）。因为同《京报》有这个关系，我们当时对于《京报》很关心，时时向《京报》主人邵飘萍先生，提供改革意见，这一次，听见孙伏园离开《晨报》了，很想要《京报》创刊一个副刊，请孙伏园做编辑，三个人谈论的结果，觉得这办法很好，但有问题的，是《京报》请不请孙伏园呢？假使《京报》愿请

孙伏园,而孙伏园又肯不肯干呢?两方面都没有把握。……但即就是有这些困难吧,我终于大胆地找邵飘萍去。

我对邵飘萍述说了孙伏园向晨报馆辞职的经过,并告诉他《京报》应该借此机会,请伏园代办一种副刊,意外地,邵飘萍马上首肯了。而且他还说:

"我想:除请孙伏园先生编副刊外,《京报》还可仿照上海《民国日报》办法,再出七种附刊,每天一种,周而复始。这样,可以供给一般学术团体,发表他们平素所研究的专门学问。"

"能这样,当然更好。"

"那么,我们就这样决定:本报副刊,就请贵友伏园先生担任编辑。另外,七种附刊,请你设法相帮找一两个,我这里也有几个团体接过头。本报也预备出一种图画周刊,大约七种附刊,不会成问题。"

这真使我一则以喜,一则以惧,喜的是:《京报》愿担负起提倡新文化的使命。但伏园,在当时不特不是"我的朋友",是连一面之缘都没有,这却不能不使我恐慌起来了。

我抱着这种矛盾的心情,走出京报馆的门,看时间,已是夜里九点钟了。想着:鲁迅先生还未到睡觉期间,还是找他商议罢。

这件事,也是出乎鲁迅先生意外的,所以在我讲完了见邵飘萍的经过,并说明我们根本不认识孙伏园时,鲁迅先生这样说:

"不要紧,我代你们介绍。我想,伏园大概没有问题罢?他现在除筹备《语丝》外,也还没有其他工作。我明天去找他来,你明天晚上到我这里吃晚饭。"

我这一次,却是抱着愉快的心情走回去。第二天,也将这经过,告诉了胡也频和项亦愚,自然在吃晚饭前,赶到了鲁迅先生家里。会我久已仰慕的孙伏园先生。

要解决的事情,鲁迅先生早已同伏园说过,所以我也不必再重复,吃饭时,伏园就首先告诉我,他已同意。我说:

"那么,我明天告诉邵飘萍,再同他约好时间,你们先见见面。"

"那又何必呢?"鲁迅先生放下酒杯,突然插言,"邵飘萍是新闻记者,一天到晚,跑来跑去的,你找他,还得找伏园。有多麻烦?我看吃完饭,你们俩去看他,一下就决定了。"

伏园看着鲁迅先生这样力成其事,他当然也不好表示异议,所以他接着说:

"这样也好,那又要烦劳你跑一趟了。"

其实,不必说跑一趟,就是跑十趟,我也是愿意的。因为事情能成功,我们就可以看到一般学者及文人的高论与出色的创作。而我们一般青年,也可以有发言的地方了。于是,一吃完饭,我就同伏园赶到了京报馆,邵飘萍刚好正在馆。

飘萍热烈地欢迎伏园进京报馆,在谈过办法,薪俸，稿费等条件后，飘萍还说：

"那么，我们现在就开始筹备吧。下星期一出版。"

过了几天，《晨报》第一版广告栏，出现了一个以二号字为标题又为正文的长条简单广告，说《京报》将于某日发刊副刊按日随报附送的小广告。到十二月八日，《京报副刊》即在孙伏园主持下与读者相见了。[12]

这件看起来很多曲折的事情，其实是在两天内完成的。从鲁迅日记可以知道，这两天是11月24日和25日，25日鲁迅日记中有："午后往世界语校讲。晚伏园来。荆有麟来。"其实，荆有麟开始走进西三条21号的这些日子，为了筹备《语丝》，孙伏园差不多每天都到鲁迅家，听取鲁迅对办刊的意见，只是荆有麟去鲁迅家总是"午后"，而孙伏园一般是"晚"和"夜"，只有25日，他们俩是在一个时间段"晚"去的鲁迅家，显然是为了鲁迅的提议，一起赶到鲁迅家里吃晚饭并商量事情。但对24日事情的经过，荆有麟在回忆录中的说法和鲁迅日记的记载并不一致。按荆有麟的说法，他在夜里九点钟出了京报馆，看时间还早，就连夜赶到了鲁迅家，告诉鲁迅他和邵飘萍谈话的结果。但鲁迅日记中，夜里去鲁迅家的不是荆有麟，倒是孙伏园："午后荆有麟来。往女师校讲。晚访衣萍不值，留字而出。夜伏园来。"这和荆有麟在上面回忆录中的说法很不一致。大概来说，这天荆有麟来过鲁迅家不只一次，鲁迅在日记中只记了第一次，而漏记了夜里的第二次。这种情况大概是有的。许钦文在《祝福书》中回忆说，他在1926年七八月鲁迅离开北京前夕，曾经有一段时间帮助鲁迅处理《彷徨》的校对和印刷事宜，有时候在鲁迅家和京华印刷厂之间一天往返两三次，而鲁迅日记中一般只写一次"钦文来"，甚至还有完全漏记的。

荆有麟这次和邵飘萍的谈话，成绩是很大的。不光是促成了孙伏园和邵飘萍的合作，还推动邵飘萍加大报纸副刊改革力度，除了孙伏园编辑的每日出版的副刊外，还推出七种特色周刊，每天出版其中的一种，其中就有每周五出版的由荆有麟、项拙（项亦愚）、胡也频（胡崇轩）等人编辑的《民众文艺周刊》。这还为几个月后鲁迅在京报社编辑出版《莽原》周刊埋下了伏笔。

11月30日，鲁迅和孙伏园设宴招待荆有麟等人，这天鲁迅日记中有："与孙伏园同邀王品青、荆有麟、王捷三在中兴楼午饭。" 王品青和王捷三这时候还分别是北大物理系和哲学系的学生，他们两人在促成鲁迅到国立西北大学讲学的过程中起到了关键作用。把他们几个人安排在一起，是因为虽然他们都是青年学生，但在事关全局的重要事情上起到了重要的推动作用。

此后，荆有麟开始频繁到鲁迅家走动。正如他自己在回忆录中所说："由十三年到十五年，在这整整两年的时光中，我常常——几乎是每天，出入于先生之门。"看过鲁迅日记就会知道，荆有麟的说法一点也没有夸张。1924年底以后，他的确是差不多每天都到鲁迅家里去。有人统计，从第一次拜访鲁迅家到1926年8月26日鲁迅离开北京去厦门为止，荆有麟和鲁迅交往次数达二百一十八次。他到鲁迅家，主要是请鲁迅修改稿件。荆有麟曾说："我无论写作或翻译，每篇都送给先生去过目。有时一个形容词不知道应该怎么表出，或者某一个字不知道该怎么写法，我便将它空起来，先生在看时，总是代为填进去。"[13]

除了修改自己的稿件，他和胡也频等人编辑的《民众文艺周

第三章 运交华盖

刊》，一度也请鲁迅校阅把关。12月5日鲁迅日记中的"有麟来交文稿"和第二天的"晚有麟来，取文稿去"的"文稿"就是指《民众文艺周刊》的稿子。《民众文艺周刊》于12月9日创刊，开始的编辑人是项拙、胡也频、江震亚、陆士钰和荆有麟五人。

但荆有麟如此频繁地到西三条21号，大概也并不是每次都有什么稿子要看，有时只是过来闲聊。其实，荆有麟有一个许多人没有在意的条件，那就是他所在的北京世界语专门学校和他住宿的地方都离鲁迅家很近。北京世界语专门学校在西城孟端胡同路南。孟端胡同和鲁迅住过的砖塔胡同一样，都是元朝就存在的胡同，位于阜成门内大街南边，西端接南顺城街，东端接锦什坊街。孟端胡同今已不存，锦什坊街现在还在，但只剩下了最北边的一段。过去进出鲁迅家所在的西三条胡同，需要经过白塔寺西边的宫门口西岔，锦什坊街就在宫门口西岔路口对面。"北京锦什坊街九十六号"是《莽原》杂志社的通讯处，也是荆有麟主编的《民众文艺周刊》的通讯处。每一期《莽原》最后一版左下角都用大号字体醒目地印着这个特殊的地名，这里不仅是《莽原》的编辑部，同时也是荆有麟的宿舍。现在锦什坊街96号已不存在，但可以想象一下，从这个地方到鲁迅家，只需顺着锦什坊街往北走，跨过阜城门内大街，进宫门口，拐进西三条胡同，整个行程估计也就十多分钟。

在荆有麟频繁进出西三条的日子里，章衣萍也多次拜访鲁迅。这和章衣萍供职的中华教育改进社就位于鲁迅家附近的历代帝王庙也大有关系。1925年3月19日，在鲁迅的热心帮助下，陶元庆的个人展览会在历代帝王庙举办。这天午后，鲁迅与陶元庆、许钦文一起从西三条21号前往历代帝王庙看展览会。下午，又同许寿裳一起再到历代帝王庙看展览。许钦文曾回忆说："当时章洪熙在这庙内的中华教育改进社工作,会场好像是通过他借用的。……帝王庙和宫门口虽然同在一条马路上,但从宫门口走到西三条也有不少的路。鲁迅先生在一个下午接连到帝王庙去观画两次,可见他对于元庆作品的重视。"[14]许钦文说的章洪熙,就是章衣萍。鲁迅一个下午去历代帝王庙看画两次,固然说明他对陶元庆的重视,但也说明这个地方离西三条21号不太远。

关于近距离居住引发的互访还可以再举一例,鲁迅在砖塔胡同61号租住时与人来往很少,但1923年冬天,郁达夫曾经几次去拜访鲁迅。在郁达夫后来写的《回忆鲁迅》中说:"和鲁迅第一次的见面,不知是在哪一年哪一月哪一日,……但地方却记得是在北平西城的砖塔儿胡同一间坐南朝北的小四合房子里。"还是在这篇文章中,郁达夫说:"那时候,我住在阜成门内巡捕厅胡同的老宅里。"[15]看一下民国时期的北京地图,巡捕厅胡同东接羊肉胡同,羊肉胡同南边就是砖塔胡同。巡捕厅胡同就是现在的民康胡同。

"长虹辈"

就在荆有麟开始获得鲁迅信任的时候,另一个来自山西的年轻人高长虹也在谋划获得鲁迅的帮助。

高长虹,山西盂县人。据其自述,当出生于1898年。1915年袁世凯搞复辟帝制活动的时候,他正在山西太原一所中学读书。当时,他拒不参加当地政界和学界组织的提灯劝进活动,并写了一首诗歌《提灯会》,痛斥山西的复辟势力。因此,原来"恭维"他的国文教员和校长开始对他另眼相看,说他"被人恭维坏了"。后来他从太原回到盂县老家。

1924年9月,高长虹在太原创办文学月刊《狂飙》,旋即至北京,11月9日在北京创办《狂飙》周刊。此前,高长虹结识孙伏园并在《晨报副刊》发表过少量作品,并从孙伏园和荆有麟处获得鲁迅对他的一些正面评价,这对他前去拜访鲁迅提供了信心。高长虹说:

> 十一二月之间吧,《京副》出世,我又见了伏园,但不过随便谈谈,因我此时已无稿可卖了。我问起关于

《狂飙》周刊的舆论。他说:"鲁迅问过长虹何人,那日请客,在座人很多,有麟也在。大家问《狂飙》如何,他说,据他看是好的。"我从此便证实我那一个推想,因鲁迅、郁达夫已都赞赏《狂飙》也。当时的《狂飙》是没有多少人看的,我们当时的无经验的心实私自欣慰,以为此两人必将给我们一些帮助,而《狂飙》亦从此可行得去也。[16]

孙伏园说的"那日请客"的"那日",大概是11月30日,当天,鲁迅和孙伏园在中兴楼请荆有麟、王品青、王捷三吃饭。"有麟也在"说明高长虹和荆有麟相识,而且孙伏园知道他们认识。

高长虹不是北京世界语专门学校的学生,但他和这个学校颇有关系。高长虹在北京的一个主要依靠对象是山西人景梅九,景梅九或与高父有交情。景梅九,1882年生,1902年冬到日本留学,比鲁迅到日本弘文学院晚半年。景梅九是老同盟会员,他比鲁迅更深地介入了实际的政治斗争,他在日本学习过世界语,是世界语的倡导者和北京世界语专门学校的支持者。景梅九在民国初年就办有《国风日报》,高长虹就是依托《国风日报》办起了他的《狂飙》周刊。除了主编《狂飙》周刊,高长虹还参与《国风日报》附属的《世界语周刊》的编辑工作。高长虹在《一点回忆》中曾说:"我有些朋友在一个世界语学校里做了鲁迅的学生,我时常听到他们谈说鲁迅。"[17]高长虹这里说的"有些朋友"就包括荆有麟,除了荆有麟,高长虹的二弟高歌也是该校学生。后来,北京世界语专门学校的吕蕴儒和向培良也加入了高长虹的

第三章 运交华盖

阵营。

在高长虹拜访鲁迅之前,荆有麟、向培良都已与鲁迅熟识。但高长虹去见鲁迅没有通过这些熟人介绍,而是依靠自己积累的文化资本和内心的骄傲。和早先拜见孙伏园一样,高长虹以自己编辑的《狂飙》和《世界语周刊》作为拜见鲁迅的敲门砖。

高长虹是12月10日晚上拜访的鲁迅。这天鲁迅日记有:"夜风。长虹来并赠《狂飙》及《世界语周刊》。"

高长虹对这次见面回忆说:"自我从伏园处得到消息,于是鲁迅之对于《狂飙》,我已确知之矣。在一个大风的晚上,我带了几份《狂飙》,初次去访鲁迅。这次鲁迅的精神特别奋发,态度特别诚恳,言谈特别坦率,虽思想不同,然使我想到亚拉籍夫与绥惠略夫会面时情形之仿佛。我走时,鲁迅谓我可常来谈谈,我问以何日何时在家而去。"[18]

亚拉籍夫和绥惠略夫,是俄国作家阿尔志跋绥夫(M. Artsybashev)的中篇小说《工人绥惠略夫》中的两个主要人物。1920年10月,鲁迅把阿尔志跋绥夫的德文版中短篇小说集《革命的故事》中的《工人绥惠略夫》翻译成汉语,最初在《小说月报》上连载,1922年列入文学研究会丛书由商务印书馆出版。《工人绥惠略夫》讲述的是革命者绥惠略夫被警察追捕的故事,追捕过程中,很多群众并不是帮助绥惠略夫躲避警察,而是帮助警察抓捕绥惠略夫。最后,愤激的绥惠略夫把捏在手里的枪对准了剧院里"兴致勃勃地瞻仰"和"如雷一般的喝彩"的普通观众。故事把现实生活中革命者、改革者和群众之间的隔膜甚至对立推向了极致。《工人绥惠略夫》对鲁迅思想和创作影响非常明显。就在翻译《工人绥惠略夫》的1920年10月,鲁迅创作了小说

鲁迅翻译的《工人绥惠略夫》书影。

《头发的故事》，这篇小说中的革命前辈N就说："我要借了阿尔志跋绥夫的话问你们，你们将黄金时代的豫约给这些人们的子孙了，但有什么给这些人们自己呢？"[19]

高长虹说他和鲁迅的会面，让他联想到《工人绥惠略夫》中亚拉籍夫和绥惠略夫会面的情形，显然，他是把自己当作了小说中的英雄、"尼采式的强者"绥惠略夫，由此可以看出，由于自视甚高，在和鲁迅的交往中，高长虹从一开始就摆错了自己的位置。

在第一次拜访鲁迅之后，12月20日，高长虹带二弟高歌和一个叫云五的人再次拜访鲁迅。12月24日，高长虹第三次拜访鲁迅，这次拜访是来向鲁迅告别，他和二弟高歌即将回老家过年，探望生病的父亲，此后一个多月没有出现在鲁迅的书房。高长虹在《棉袍里的世界》中，说到了生病的父亲和困窘的家境：

> 父亲叫我暑假后做点事情养家，他病了半年多，不愿意再混事了。我如何能够不听从呢？我从前反对的是有钱而专制的父亲，现在帮助的是有病而不能负责的父亲。他问我投稿能够维持生活吗？我说，能够的。但是，如何能够呢？一个月赚下六七元钱，北京的房饭没有这样的便宜，我的肚子也没有这样小，编辑先生一翻脸，我便要站在悬崖上了，况且我总是这样倔强！[20]

一个多月后，高长虹回到北京。2月8日，农历正月十五，高长虹偕孙伏园的弟弟孙福熙和山西同乡阎宗临拜访鲁迅。此后一两个月，高长虹一边编辑《狂飙》周刊，一边频繁造访鲁迅。高长虹去鲁迅家，大多是独自前往，有时也与高歌、向培良、吕蕴儒、荆有麟等人结伴同行。向培良、吕蕴儒与鲁迅的交往很早，那时候鲁迅还住在砖塔胡同。1925年春节过后，因为高长虹和《狂飙》周刊的关系，他们形成了一个密切的团体——狂飙社。

鲁迅和高长虹的深度交往始于创办《莽原》的一场家宴。当天鲁迅日记中说："夜买酒并邀长虹、培良、有麟共饮，大醉。"5月4日，鲁迅在一篇《启示》中说"这四位都是我所相信的诚实的朋友"，这里的"四位朋友"即向培良（向君），高长虹、尚钺（两位C君），荆有麟（Y君）。《莽原》周刊创刊后，高歌、向培良和吕蕴儒等北京世界语专门学校的学生到河南开封创办《豫报副刊》，高长虹又为《莽原》罗致尚钺、黄鹏基等重要的小说作者。尚钺（1902-1982），河南罗山人，北京大学学生，曾听鲁迅讲授《中国小说史略》和《苦闷的象征》。1925年4月28日，尚钺随高长虹拜访鲁迅，其时《莽原》刚刚创刊。尚钺曾回忆这次见面说：

> 在先生决定办《莽原》周刊的时候，一日夜，我便和长虹一块到先生家中去了。在我的计划中，见了先生似乎有许多话要说，可是到了他家中，在他的《秋夜》散文诗中所描写的小书斋中坐下来后，我却一句话也想不起来了。这小书斋是客堂的后进，一间突出的小房间。右首靠壁是两个长条桌接成的长书案，书案的两头都整齐地堆着杂志和书籍。房间的后面和左面，上面整个都是玻璃窗。后面玻璃窗底下是一只床，床上放着一

床蓝色小白花被,左首窗下是两个茶几,和两把椅子间开放着。我们走进门时,先生正坐在书案前的藤椅上,转身向外看。大概是听着脚步响,要看看是谁来打扰了。我们走进了小房间,他便站起身来,让我们坐。于是他便和长虹谈起办《莽原》周刊的问题来。我一面嚼着娘姨送进来的咸花生仁,一面透过窗上的玻璃看着后园的夜风摇动着的枣树的依稀身影。[21]

《莽原》创刊后,高长虹等在鲁迅家饮酒聚会渐多。高长虹在散文《土仪》中写到他和向培良对喝酒的嗜好:

> 我到了我的朋友培良的屋里,他在围着被窝读《拿破仑本纪》。
> ……
> 培良今天很高兴,他把大氅当了五元钱,给了公寓四元,剩一元可以喝酒了。但他找不见那一元钱。
> "你破产了!"我说。"《闪光》收回的钱还有,我们索性都喝了酒吧!"
> 培良每天想喝酒,他想把他埋在酒里边。我吗?我今天同一个朋友在别一个朋友家里吃晚饭,我本想要喝酒,但终于没有要出口来。找了半天朋友,只找见一个,而且还同小书店生了好多气,还不喝酒待甚?[22]

从向培良的作品中,也总能看到他纵情烟酒的姿态,他的散文、小说中经常能看到"我们喝酒去"这句话。如小说《迷罔》

中的一段对话：

"这真是一件很难受的事！你预备怎么样办？"
"没有办法。"
经过了很久的沉默以后，武辑又说：
"你带着钱没有？"
"有的。"
"那么我们喝酒去。"
"我们出前门，打磨厂的山西馆子，有汾酒，很可以喝一下。好吗？"
武辑点点头，便起来穿好衣服。[23]

从《莽原》半月刊第二期刊载向培良的散文《无题》中一节，更能看出向培良颓废青年的形象：

第八段　我觉得非常疲倦
我觉得非常疲倦。
一位朋友从河南来了，他非常失意；但是，他袋子里还剩有四元钱。
去罢，我们喝酒——我说。
于是，我们走了，到了一个地方，现在是人们所不高兴去的。我们坐下，白的酒一杯两杯，渐渐的向我腹中灌了。
喝酒到底比恋爱好——我说，我的朋友笑了。
我需要陶醉，在爱情里或者在酒里。

> 我觉得非常疲倦我想休息。
> 然而,自然母亲说:你工作,工作,工作,工作。
> 于是我便要求忘却。于是,我便选择了恋爱同喝酒。
> 女人们不爱我,还有什么办法呢?而且我也不爱她们,虽然我心里竭力想爱。
> 她们虚伪,矫饰,竭力将好的面孔给人家看。
> 只有酒,永远是我忠实的朋友。我觉得非常疲倦。[24]

高长虹等人,表现了不大讲究小节的文学青年形象,热衷于抽烟、喝酒的颓废生活。许钦文在《老虎尾巴》里回忆了一段在鲁迅家遇到的情形:

> 在《孤独者》上,有着这样的一段描写:"使人不耐的倒是他的有些来客,大抵是读过《沉沦》的罢,时常自命为'不幸的青年'或是'零余者',螃蟹一般懒散而骄傲地堆在大椅子上,一面唉声叹气,一面皱着眉头吸烟。"这些文字,我当初读着,就觉得似乎并不生疏。后来记起来了,有一天晚上,我吃过晚饭到西三条胡同去看鲁迅先生。走进吃饭间,就听到嘻嘻哈哈的鼎沸的人声。打开风门一看,老虎尾巴里已经挤满了人,其中有一对是新婚的夫妇。在烟雾腾腾中,好些人指手划脚地都有着轻浮的表现,形成了一种不太严肃的空气。[25]

鲁迅的《孤独者》和许钦文的《老虎尾巴》，都没有明说那些在鲁迅书房里"螃蟹一般懒散而骄傲地堆在大椅子上"的人是谁，但多半是狂飙社那些不拘小节的所谓文学青年。据说，被鲁迅称作"吾家彦弟"的鲁彦，就曾被人看见在老虎尾巴里把腿高放在桌子上。

鲁迅的绍兴同乡陈学昭，从1925年秋天开始和鲁迅来往，她对那个时期和鲁迅来往的青年人有过敏锐的观察。她在《鲁迅先生回忆》中说："鲁迅先生是个神经质而怕羞的人，因此，我觉得大胆而会说话的人，对于鲁迅先生是特别能够接近的，象对于所有怕羞的人一样。长虹的事情就是一个证明，或种大胆而投机的青年，利用了鲁迅先生的个性而爬上了文坛也不止一、二个人。"

陈学昭在鲁迅家见到高长虹的时候，高长虹正是鲁迅麾下最得力的干将。在这篇文章中，陈学昭说到她在鲁迅家看到的高长虹：

> 记得有一次，我正在鲁迅先生家里，一个穿着布长衫的矮小个子的男子，来访鲁迅先生，这人的头发式样，走路姿势，说话神气，学得都那么地象鲁迅先生，使我十分吃惊。不知的人还要以为那是他的弟弟了。鲁迅先生马上立起来去招待这个贵客。后来，人家告诉我这个人就是长虹。[26]

第三章　运交华盖

"安徽帮"和未名社

除了荆有麟，还有一个鲁迅在北京世界语专门学校的学生也是鲁迅家的常客，这就是安徽人张目寒。张目寒（1900－1980），安徽霍邱人，他第一次拜访鲁迅是在1924年8月30日。张目寒有可能在这次拜访鲁迅的时候，送给鲁迅一本章廷谦的《月夜》，因为9月16日鲁迅日记中有："午后以《月夜》寄还张目寒。"1924年8月，章廷谦刚在北大新潮社出版了散文集《月夜》。在张目寒拜访鲁迅后的第三天，即9月1日，章廷谦拜访鲁迅并送给鲁迅一本他的《月夜》。但也有可能这里的《月夜》是张目寒自己的一篇习作。两个月后，荆有麟也是以请老师修改习作的名义接近鲁迅的。和荆有麟一样，张目寒的写作水平也并不高，但他们两人都善于人际交往。

张目寒的主要贡献，是把他的一些勤奋刻苦的小学同学陆续介绍给鲁迅，这些人包括韦素园（1902－1932）、韦丛芜（1905－1978）、台静农（1902－1990）、李霁野（1904－1997）等，他们和张目寒都来自安徽霍邱的同一个村子叶集镇，都是叶集镇明强小学的同班同学；韦素园、韦丛芜还是亲兄弟，他们数人的关系很亲密。

首先跟张目寒走进西三条鲁迅家的是李霁野，李霁野不止一次回忆过第一次走进鲁迅家的详细经过：

> 一九二四年冬天的一个下午，小学同学张目寒领我到北京阜成门内西三条二十一号。这就是鲁迅先生的住处。在门外可以看到高耸的白塔，走不远并可看到古老的城垣，使人觉得这地方特别清幽。一叩门，我们便被让进去，因为来访是事先约定的。不大的四合院里种着几棵小小的树，一点声音没有，静寂得有如古寺。上边居中的一间屋分成两段，外间生着炉火，我们走进靠里的一间小屋。一位留着短短的胡须，上身穿着灰色毛线衣，裤脚仿佛还扎着腿带的人从书桌跟前站起来。不用介绍，从额角和那炯炯有光的眼，我便知道这就是我所景仰的鲁迅先生了。[27]

根据鲁迅日记，这里的"一九二四年冬天的一个下午"应该是这年的11月9日，这天鲁迅日记有："下午张目寒来。"此前的9月20日，张目寒把李霁野翻译的安特列夫的长篇小说《往星中》拿给鲁迅看，鲁迅日记中有："上午张目寒来并持示《往星中》译本全部。"

1924年，李霁野和韦丛芜还是北京教会学校崇实中学的高中生，他们是前一年来到这个著名学校学习的。为了凑集学费，李霁野和韦丛芜都在上学时就开始练习翻译，希望能够靠稿费谋生。李霁野翻译《往星中》时，十九岁的韦丛芜也开始翻译陀思

第三章 运交华盖

妥耶夫斯基的长篇小说《穷人》。

鲁迅一向鼓励年轻人动手创作和翻译。张目寒不止一次听鲁迅说起太少见到年轻人的译作，于是他把李霁野翻译的《往星中》拿给鲁迅看。1925年3月26日，拜访过鲁迅两次的李霁野，也把韦丛芜翻译的短篇小说《校长》寄给了鲁迅。3月28日，鲁迅把韦丛芜的翻译稿寄给郑振铎。不久，韦丛芜的这篇翻译稿就发表于《小说月报》，这给了韦丛芜很大激励。4月21日鲁迅日记中有："目寒来并交译稿二篇。"张目寒给鲁迅交来的两篇译稿，或许就是《莽原》第一期中李霁野翻译的《马赛曲》和韦素园翻译的《门槛》。因为张目寒送稿给鲁迅的第二天，鲁迅就开始编辑《莽原》第一期稿。5月1日，《莽原》第二期刊出了韦丛芜翻译的《阿列伊》。译者在文后《附记》说："此文选译自Mrs.Constance Garnett英译的陀思妥夫斯奇的名著《死人之家》（*The House of the Dead*）第一部第四章《最初的印象》（*First impression*）中，一九二五年，四，二十六。"但鲁迅此时未必见过韦素园和韦丛芜。5月9日，张目寒才第一次带韦丛芜到西三条鲁迅家；5月17日，韦素园才在李霁野、台静农陪同下第一次来到鲁迅家。

韦素园是这些人中的主要核心。韦素园小学毕业后的求学经历非常复杂，他在阜阳、长沙、安庆等地都上过学，后来又到苏联莫斯科东方劳动大学学习，1922年回到北京，考入北京俄文法政专门学校学习，韦丛芜、台静农、李霁野都是在他的引领下才来到北京的。同样来自安徽霍邱叶集镇的王冶秋（1909–1987）在回忆韦素园和鲁迅交往前后的情况时说：

约在一九二五年，北京东城贡院附近一所破旧民房里，住着一群穷学生：当时有钱的学生，是住着所谓"公寓"的，那里常常"麻将"声不断，门口有带着水电灯的"包月车"，拉那些阔学生到"城南游艺园"看戏，八大胡同吃花酒……而一些真正用功的穷学生，大多住在学校附近的"民房"里，过着八个铜子到一二十个铜子一天的生活，韦素园就是其中的一个。

记得韦素园住的这所小院子就是南北两排房间，在东面有两间厨房厕所之类的小灰棚。……这时，他算是在北京安居下来了，苦苦地、认真地在译书。他是附近总布胡同俄文法政学校的学生，仿佛又是这学校的教员，因为他没有当教员的"资历"，也就没有什么报酬。

就在这时吧，他认识了鲁迅先生，对他来说，这是一个极大的鼓舞。记得常常在晚饭后，他就带着稿子，徒步向西三条走着——这是一段几乎是东城根到西城根的很远的路程。他从来没有坐过车，总是走到沙滩附近，约上同去的朋友，然后一边走一边谈着：向鲁迅先生请问译书中的困难；或者是想把一篇散文、小说的"腹稿"，向他谈出来，征求他的意见；或者是打算办个"同人"的小刊物，由此发展起来，成为一个认真介绍一些东西给读者的出版社，甚至谈到第一本书的印行，封面的设计，什么纸张，……谈着谈着，仿佛已经在惨淡经营起来的出版社的编辑室中了。也就是在这样充满希望的心情中，他们走完了这长长的路程。

第三章　运交华盖

当时西三条胡同晚上几乎是没有灯光的，道路也很不平，他们摸到了二十一号，轻轻地拍着门上的铜片。女工出来开门的时候，鲁迅先生已经从北房拿着油灯站在院里等着了，然后引导着他们在南房里或者"老虎尾巴"中坐下。最初还有点拘谨，越谈就越在"师、友"之间了。素园确实如鲁迅先生所说，给人的印象是"笑影少"。但是遇见熟朋友，那种忠厚诚挚的笑容是最让人愉快的：他把鲁迅先生当作师长来尊敬，然而他们也是最好的朋友。[28]

韦素园曾经读书的俄文法政学校现已不存，但东总布胡同还在。从这里走到鲁迅家，确实是一段很远的路程。按王冶秋的说法，韦素园是在1925年秋季搬家到北大红楼对面新开路5号，这时候，他们几个人和鲁迅一起成立了未名社。起初，韦素园并不是像王冶秋说的"常常"在晚饭后去鲁迅家，在8月30日夜鲁迅发起成立未名社之前，韦素园去鲁迅家不过六七次，但在未名社成立后韦素园等人去鲁迅家的次数明显多起来。这当然和未名社的成立有关，但从北大沙滩去鲁迅家比从东总布胡同去鲁迅家要近得多，这也是一个原因。

和鲁迅一起操持《莽原》出版事务后，为了方便工作，高长虹也从原来住的南柳巷盂县会馆搬到了北大红楼附近的中老胡同。

在韦素园、韦丛芜、李霁野、台静农他们经常到鲁迅家探讨翻译写作中的各种问题时，王冶秋才十六岁。他曾经在1925年秋天的某个夜晚，和韦素园、李霁野、台静农一起去西三条拜访鲁迅。后来，王冶秋在《怀想鲁迅先生》中，细腻入微地回顾了那

次访问鲁迅的经历:

　　北平的秋天,真是不可思议的爽朗,同时也带着不可探测的凄凉。——尤其是夜晚,马路两旁的飒飒的落叶,天黑得不久,宽大的路上已经只有疏落的人迹。这样的夜,是如何的激动着初离了故乡的孩子的哀愁。哥哥丢下我回了家,公寓里怎样也呆不下去。——就在这样情形的一晚,素园约着我去访鲁迅先生。

　　……

　　在马神庙那一块,找到了霁野、静农,便向西城走去。一个黑暗的小胡同里,我们在一家门前站住了,我的心通通地跳,我想鲁迅先生一定屋里挤满了客人,而且都将是穿着洋服,吸着烟斗的看不起人的一群,我进去以后,坐在哪里呢?谈些什么话呢?假若问我什么答不上来怎么办呢?……我希望他们敲开门,里面的人说鲁迅先生出门了才好。

　　偏偏里面的回答是"在家",而且接着有一个个子不大的人走出,殷殷地召进了所有的人。

　　到了室中,并没有客人,连灯记得也是从对面的屋子里拿出的。室中的陈设很简单,可是很洁净。

　　只是一个平凡的头发略长,脸上露着胡须,干瘦而神采奕奕的人。

　　想象间的客套,一点也没有:——既没有问贵姓,也没有请教台甫,他们为我一介绍,就坐在桌旁了。

　　一位胖大小脚的女人,端来盖碗茶。他又跑到对面的房里，拿来一只洋铁筒，抓出来花生糖之类的东西，每个人的面前放上一把。

……

他的胡须，是浓浓的一抹，同他的眉毛，成为瘦狭脸上的刚毅的表征。——"横眉冷对千夫指"，我想若是没有看过他的眉毛，好像还不能领略这"横眉"的气魄。

他的眼睛，似乎蓝天中的一颗寒星，有人把它比作医师的眼，我觉得在医师上面应该加上"高明"两个字的。

……

谈话的时候，常常环顾一扫，像暴风雨中电光的一闪，照彻每个人的心胸。

他的下眼角（好像是左眼）那里有两三条细小的皱纹，在眼一映又放开的时候，仿佛有根筋还扯着那几条皱纹不放松，——在这时候，充分地看出，他蔑视敌人，决心扫荡的神采。[29]

和大名鼎鼎如鲁迅这样的人物见面，大多数年轻人都会产生莫名的紧张和压力。自卑情结让大多数人都会觉得自己非常渺小。只有极少数人像高长虹一样，有时候会产生或许自己也是天才的幻觉。即使是听鲁迅在北京大学、北京师范大学、北京世界语专门学校授课的学生，能够近距离和鲁迅说话，甚至到鲁迅家里拜访的，也是极少数如陈学昭所说的"胆大而会说话的人"。如北大学生、著名诗人冯至，当年就很怕和鲁迅多说话，他说：

"我想去拜访他,但由于自己感到渺小,怕干扰他的工作,几次都欲行又止。只是把几个朋友合办的文艺刊物按期送给他,有时邮寄,有时在听讲后面交,面交时也不曾说出自己的名姓。直到一九二六年四月,鲁迅发表了《野草》最后一篇《一觉》,对我们的刊物给以很大的鼓励,我十分激动地读了这篇散文,同时也增强了访问的决心。"[30]

别说是才十六岁的王冶秋,即使是大几岁的李霁野,对于有一天能够拜访鲁迅,也感觉是可望不可即的事,他说:"一九二三年到北京读书时,鲁迅先生的文学活动正蓬蓬勃勃,我的要瞻仰瞻仰先生风采的心倒冷却一些了。我是从乡间初来的人,深怕一种叫做'架子'的怪物,听说城里人多半都有这样一条守门狗,我想鲁迅先生大概也是不能例外的了。"[31]别说是来自外省的李霁野,即使是鲁迅的同乡许钦文,虽有同乡孙伏园和妹妹许羡苏的关系,第一次见鲁迅也经过了艰难的心理斗争。在此之前,许钦文在孙伏园的《晨报副刊》上发表的小说已经引起了鲁迅的关注,鲁迅也经常把自己对许钦文小说的意见通过孙伏园转告许钦文,但许钦文并没有像高长虹那样,在得到鲁迅肯定自己的信息后就"私自欣慰",满怀自信地去拜访鲁迅,而是一再延迟甚至躲避和鲁迅的见面:

> 如果我到鲁迅先生的家里去当面求教,我可以得到更大的教益。我曾几次这样想,可是没有实行。在帮助鲁迅搬家到砖塔胡同六十一号居住后,我想我和鲁迅先生又多了一种关系,又方便,可以当即去看他一次。但只这样想了几回,没有实行。为什么?我"呆了"。这

第三章 运交华盖

呆是包括着心理变态的。[32]

当然，许钦文最后还是跟着孙伏园去见了鲁迅，去的地方是砖塔胡同，这个地方还是许钦文帮鲁迅联系的。

幸而有孙伏园、荆有麟、张目寒等人，他们充当了很多有才却胆怯的人和鲁迅联系的桥梁。

和王冶秋一样，和大作家鲁迅当面说话时，大多数人见面前的紧张感就会一下子放松下来。李霁野第一次在老虎尾巴里和鲁迅谈话时，感到了鲁迅的"朴实味"："这屋里的一切和先生的衣服、被，都有一种乡里的朴实味，谈话又毫无虚套的立刻开始，我心里很泰然，觉得和我对谈的是一个诚诚恳恳的人，绝不是有一点架子的作家。"[33]有不少听过鲁迅小说史课的人回忆，鲁迅上课时也总是"毫无虚套的立刻开始"。

当然，从看作品时想象的鲁迅，一下子掉落到眼前"平凡的"鲁迅，也让有些年轻人产生某种失望的感觉。陈学昭说："我第一次见到鲁迅先生是在北平，十四年的秋天，是他的一个熟友领我去的。我觉得没有什么可说的印象，在那时我早已读过了他的《阿Q正传》等，见了他之后，我好似感到有点失望，因为在当时我年轻而幼稚的脑子里缺少现实的人生而只有怪诞的思想。可是我所见到的鲁迅先生如平常的上等人一样，很有礼貌，说话很客气，一点也没有什么可怕与古怪的地方。如果人家不早在文字上说到他的头发如何长，我也不会觉得他的头发有什么特别。"[34]当时还是孔德学校学生的马珏，第一次见鲁迅后的印象和原来对鲁迅的想象区别更大，因而产生一种"很奇怪"的感觉："父亲在旁边说：'这就是你平常说的鲁迅先生。'这时鲁迅先生也点了点头,看他穿了一件灰青长衫,一双破皮鞋,又老又呆板,并不同小孩一样,我觉得很奇怪。鲁迅先生我倒想不到是这么一个不爱收拾的人!"35

王冶秋对鲁迅的观察很准。郁达夫在回忆鲁迅的时候也说到了鲁迅眼角的几条小皱纹:"他的绍兴口音,比一般绍兴人所发的来得柔和,笑声非常之清脆,而笑时眼角上的几条小皱纹,却很是可爱。"36

和高长虹等人相比,韦素园他们则对鲁迅"执礼甚恭"甚至显得很拘谨。这样的性格在和"神经质而怕羞"的鲁迅交往时会产生某种障碍。在《忆韦素园君》中,鲁迅说到对韦素园的最初印象:

> 我最初的记忆是在这破寨里看见了素园,一个瘦小,精明,正经的青年,窗前的几排破旧外国书,在证明他穷着也还是钉住着文学。然而,我同时又有了一种坏印象,觉得和他是很难交往的,因为他笑影少。"笑影少"原是未名社同人的一种特色,不过素园显得最分明,一下子就能够令人感得。但到后来,我知道我的判断是错误了,和他也并不难于交往。他的不很笑,大约是因为年龄的不同,对我的一种特别态度罢,可惜我不能化为青年,使大家忘掉彼我,得到确证了。这真相,我想,霁野他们是知道的。37

和高长虹、向培良等狂飙社诸人相比,李霁野等人的创作力差了一些,李霁野说,鲁迅翻译《出了象牙之塔》时,曾经让他

上图：李霁野在北京西老胡同1号未名社院中。
下图：未名社大门旧影。

多读点厨川白村所说的Essay，但李霁野在读过较多这种文章后，觉得自己毫无写作这种文章的才力。但他们的优势在于外语和翻译。当年在日本东京时，鲁迅的文学活动就是从翻译《域外小说集》开始的。鲁迅非常重视翻译工作，《未有天才之前》是鲁迅1924年1月17日在北师大附中的一次演讲，在这个演讲中，鲁迅举出几样阻止天才产生的思想，其一就是所谓"崇拜创作"："从表面上看来，似乎这和要求天才的步调很相合，其实不然。那精神中，很含有排斥外来思想，异域情调的分子，所以也就是可以使中国和世界潮流隔绝的。许多人对于托尔斯泰，都介涅夫、陀思妥夫斯奇的名字，已经厌听了，然而他们的著作，有什么译到中国来？"鲁迅在演讲快结束时说："又要不怕做小事业，就是能创作的自然是创作，否则翻译，介绍，欣赏，读，看，消闲都可以。"[38]

1956年2月26日，章廷谦在《大师与园丁》一文中，说到鲁迅几十年前对住在沙滩的几个爱好俄国文学的青年的帮助及未名社的产生，他说的两个青年，就是李霁野和韦丛芜：

> 在一九二四年下半年，有几个穷学生住在沙滩北京大学附近的公寓里，翻译了两部俄国小说，没有地方替他们出版，搁在书架上有半年多。鲁迅先生知道了这件事，托人去把这两部稿子拿来，看了一遍，以为"在这个时候，青年中竟有爱好俄国文学的人，而且下了这么大的功夫译成中文，很是难得"。就约他们来谈，答应出资给他们印出来；因为鲁迅先生刚得到一笔版税，可以替他们付印刷费，但只够印出一本的，只好等卖完了

再印第二本。并且为他们计划,要他们直接交给印刷局去印,自己校对;印好了,自己卖。鲁迅先生且为译书作了序——这就是"未名社"的形成与产生。

……

所翻译的两部俄国小说:一部是韦丛芜译的陀思托也夫斯基的《穷人》。一部是李霁野译的安得列也夫的《往星中》。没有多少天以前,我在北京遇见了李霁野先生,他的头发已经全白了,却使我想起了这故事,还如在目前一样。[39]

"杨树达"君的袭来

  在鲁迅1923年秋天开始到北京世界语专门学校和北京女子师范大学讲课之前,和他接触的年轻学生,大多数来自北京大学,其中很大一部分,是经由孙伏园这个鲁迅在绍兴的旧学生介绍过来的。值得注意的是,鲁迅开始在北师大讲课的时间,和在北大一样早,但北师大学生和鲁迅来往的要少得多。这和北师大的地理位置相对偏远或有关系。那时,北师大在南城琉璃厂一带,要到宫门口西三条鲁迅家,就得绕道宣武门进入内城,然后再一路向北到西单西四,这对于没钱坐人力车的穷学生来说,可不是件容易的事。

  但有一个北师大的学生,曾经在1924年11月13日到西三条拜访鲁迅,并给鲁迅一家留下深刻印象,这个学生叫杨鄂生,那天他去鲁迅家,却对鲁迅家的女工谎称自己是他们学校的著名教授杨树达。

  11月13日,即荆有麟第一次去鲁迅家的前三天,北师大学生杨鄂生因患神经错乱,托名国文系教授杨树达到西三条拜访鲁迅,鲁迅误以为这个年轻学生是装疯卖傻,鲁迅日记中对这件事情的记录比较详细:"晴。上午有一少年约二十岁余,操山东音,托名闯入索钱,似狂似犷,意似在侮辱恫吓,使我不敢作文,良久察出其狂乃伪作,遂去,时约十时半。"当晚鲁迅写下《记"杨树达"君的袭来》,详细描述了该生在鲁迅家的"疯言疯语"。后来,鲁迅知道是自己误会了杨鄂生,因杨鄂生当天的确是精神病发作,就又写了《关于杨君袭来事件的辩正》,说:

> 今天有几位同学极诚实地告诉我,说十三日访我的那一位学生确是神经错乱的,十三日是发病的一天,此后就加重起来了。我相信这是真实情形,因为我对于神经患者的初发状态没有实见和注意研究过,所以很容易有看错的时候。
> 现在我对于我那记事后半篇中神经过敏的推断这几段,应该注销。但以为那记事却还可以存在:这是意外地发露了人对人——至少是他对我和我对他——互相猜疑的真面目了。

《记"杨树达"君的袭来》是一篇很有意思的文章。即使不算鲁迅说的对人和人之间互相猜疑的真面目的发露,这篇文章还是无意识地"发露"、显现了当年鲁迅日常生活的某些过程和生活场景的某些特征,如我们从下面的描述可以知道当年鲁迅家接待访客的过程:

> 今天早晨,其实时候是大约已经不早了。我还睡着,女工将我叫了醒来,说,"有一个师范大学的杨先

生,杨树达,要来见你。"我虽然还不大清醒,但立刻知道是杨遇夫君,他名树达,曾经因为邀我讲书的事,访过我一次的。我一面起来,一面对女工说:"略等一等,就请吧。"

送走"杨树达"君后,鲁迅写道:

> 我回进来,才向女工问他进来时候的情形。
> "他说了名字之后,我问他要名片,他在衣袋里掏了一会,说道,'阿,名片忘了,还是你去说一声罢。'笑嘻嘻,一点不像疯的。"女工说。

从这些段落的描述,我们可以推想出当年鲁迅家女工的作用,如果是一个生面孔,想要进入鲁迅家的大门是怎样的流程。另外,鲁迅在文章中通过"杨树达"君在卧房里发生的行为,把西三条住房的某些结构特征显示了出来:

> "我朝南。"他又忽而站起来,向后窗立着说。
> 我想:这不知道是什么意思。
> 他忽而在我的床上躺下了。我拉开窗幔,使我的佳客的脸显得清楚些,以便格外看见他的笑貌。
> ……
> ……他的意思不过是装疯,以热茶为冷,以北为南的话,也不过是装疯。
> ……

> 他忽而起来，走出房外去，两面一看，极灵敏地找着了厕所，小解了。我跟在他后面，也陪着他小解了。

"我朝南"这句，和实际正相反的"杨树达"君的"疯话"，却凸显出了"老虎尾巴"的位置和方向。鲁迅陪"杨树达"君一起到屋子外面小解的情节，也把鲁迅家后院不显眼的厕所显现了出来。在对西三条21号的所有描述中，这可能是唯一一段对后院的厕所这个特殊空间有所揭示的文字。

虽然事情的性质很快弄清楚了，但"杨树达"的"袭来"还是给鲁迅和家人带来不小的冲击和影响。此后，再有生客来访，就改为在南屋客厅招待了。几个月后，二十多岁的狂飙社诗人柯仲平来西三条拜访鲁迅并高声朗诵诗歌，竟让鲁迅母亲大为吃惊。当时在场的荆有麟回忆说：

> 曾记诗人柯仲平第一次访先生时，带着大批诗稿，先生因其系初访的生人，便接待于客厅（此间南屋，实系书屋，三面墙都摆满了书架。不过先生从不在此房工作，若有生客，即接谈于此，故暂名客厅）。略谈一会之后，仲平便拿出他的诗稿，向先生朗诵了，声音大而嘹亮，竟使周老太太——先生的母亲，大为吃惊，以为又是什么人来吵闹了。[40]

"四十岁的时候"与"华盖运"

高长虹离开北京回山西探亲那段时间,鲁迅正在加紧翻译厨川白村的《出了象牙之塔》。

在《出了象牙之塔》中,厨川白村用了较多篇幅论述英国十九世纪著名作家约翰·罗斯金和威廉·摩理思的个人历史,把他们作为作家知识分子走出象牙之塔、参与社会改造的典型人物。在翻译完《出了象牙之塔》后,鲁迅的战斗姿态越来越显明。虽然仍是改造国民性的主题,但鲁迅这次努力的重点,是作为启蒙者的知识分子自身角色的转换,他认为,知识分子应该从"学者""文学家"这些束缚人的称号即"象牙之塔"中走出来,走向十字街头,"乐则大笑,悲则大叫,愤则大骂"。这个转变的发生,和厨川白村著作的翻译有明显关系。

在《出了象牙之塔》第十四节"改造与国民性"中,厨川白村评论说:

> 追忆起来,千八百六十年之春,约翰洛斯庚(John

第三章 运交华盖

Ruskin）搁了他那不朽的大著《近代画家论》（*Modern Painters*）之笔了。……这是洛斯庚四十岁的时候。

他突然转了眼光。他暂时离开"艺术之宫"，出了"象牙之塔"，谈起社会问题和经济问题来了。[41]

在《从艺术到社会改造——威廉摩理思的研究》中，厨川白村在论说摩理思从装饰美术家、诗人转变为基尔特社会主义者的根源时，说到了四十岁这个年龄段的特殊性：

从青春的时代，经过了壮年期，一到四十岁的处所，人的一生，便与"一大转机"（grand clinuacteric）相际会。在日本，俗间也说四十二岁是男子的厄年。其实，到这时候，无论在生理上，在精神上，人们都正到了自己的生活的改造期了。……这时候，无论对于思想生活，实际生活，决了心施行自己革命的人们，历来就很不少。举些近便的例，则有故夏目漱石氏，弃学者生活如敝屣，决意以创作家入世的时候，就在这年纪。还有岛村抱月氏的撇了讲坛，投身剧界，绝不睬众愚的毁誉褒贬，而取了要将自己的生活艺术化的雄赳赳的态度，不也是正在这年纪么？……
　　……
在近代英国的文艺史上，看见最超拔的两个思想家，都在四十岁之际，向着相同的方面，施行了生活的转换：乃是很有兴味的事实。这就是以社会改造论者与世间战斗的洛思庚和摩理思。

对于自己和自己的周围，这样的思想家和艺术家射出锐利的批评的眼光的时候，而且遇到了生活的根本底改造的难问题的时候，他们究竟用怎样的态度呢？离开诗美之乡，出了"象牙之塔"的美的世界，和众愚，和俗众，去携手乱舞的事，是他们所断然不欲为，也所不忍为的。于是他们所取的态度，就是向着超越逃避了俗众的超然的高蹈底生活去；否则，便向了俗众和社会，取那激烈的挑战底态度：只有这两途而已。遁入"低徊趣味"中的漱石氏，倒和前者的消极底态度相近。和女伶松井氏同入剧坛，而反抗因袭道德的抱月氏，却是断然取了积极底的战斗者（fighter）的态度的罢。洛思庚和摩理思弃了艺术的批评和创作，年四十而与世战，不消说，是出于后者的积极底态度的。两人的态度都绚烂，辉煌，并且也凛然而英勇……[42]

这些关于人在"四十岁的处所"往往从思想上、生活上发生"自己革命"、产生"一大转机"的论述，对于正处在"四十岁的处所"的鲁迅内心产生了什么样的触动我们并不知道，但从表面现象看，鲁迅的确是在1923年四十二岁这个厨川白村所说的"男子的厄年"，结束了和周作人几十年的兄弟情谊，从此搬出了八道湾。而更重要的是，进入1925年的鲁迅，的确是在"思想上"和"生活上"都发生了"一大转机"。从这年开始，鲁迅就"离开诗美之乡，出了'象牙之塔'"，在《京报副刊》这片孙伏园开辟的战场上，投入到一场又一场和"众愚""俗众"的"战斗"。在写于这年最后一天晚上的《〈华盖集〉题记》中，

第三章　运交华盖

鲁迅总结说，自己在这年遇到了"华盖运"：

> 我平生没有学过算命，不过听老年人说，人是有时要交"华盖运"的。这"华盖"在他们口头上大概已经讹作"镬盖"了，现在加以订正。所以，这运，在和尚是好运：顶有华盖，自然是成佛作祖之兆。但俗人可不行，华盖在上，就要给罩住了，只好碰钉子。我今年开手作杂感时，就碰了两个大钉子：一是为了《咬文嚼字》，一是为了《青年必读书》。署名和匿名的豪杰之士的骂信，收了一大捆，至今还塞在书架下……[43]

《咬文嚼字》是鲁迅所写一系列和文字有关的杂感，通过揭示词汇的生产过程，暴露隐藏在各种名词背后隐秘的国民性。如《咬文嚼字（一）》说的是外国人姓名翻译过程中的两个怪现象，一个是"用轻靓艳丽字样来译外国女人的姓氏"，把外国女性的姓氏弄成女性化的"思黛儿""雪琳娜"；一个是"使外国人姓中国姓"，如让王尔德（Wilde）姓王，让高尔基（Gorky）姓高。《咬文嚼字（二）》说的是北京地名的文雅化："在北京常看见各样好地名：辟才胡同，乃兹府，丞相胡同，协资庙，高义伯胡同，贵人关。但探起底细来，据说原是劈柴胡同，奶子府，绳匠胡同，蝎子庙，狗尾巴胡同，鬼门关。字面虽然改了，涵义还依旧。"[44]给鲁迅带来麻烦的是《咬文嚼字（一）》。《京报副刊》上发表了"两位'潜'字辈"先生给编辑孙伏园的来信，其中一位廖仲潜在信中说："前天的副刊上载有鲁迅先生的《咬文嚼字》一文，亦是最无聊的一种，亦无登载的必要！"

另一位署名"潜源"者在来信中说:"鲁迅先生《咬文嚼字》一文,在我看来,实在毫无意义。"在对"两位'潜'字辈"来信的回复中,孙伏园极力维护鲁迅的意见,但也仅仅从翻译角度说事,结果反而招来更多废话。这些来信显然是仅从字面理解鲁迅的文章,而没有理解其中蕴含的反传统思想的内涵,结果看起来很像是俗话说的"秀才遇到兵,有理说不清"。

征求"青年必读书"十部书目是《京报副刊》1925年1月4日推出的两大征求活动之一。鲁迅在2月10日回复报社的征求表格中却说:"从来没有留心过,所以现在说不出。"争论激烈的是鲁迅在下面"附注"栏中的话:

  但我要趁这机会,略说自己的经验,以供若干读者的参考——

  我看中国书时,总觉得就沉静下去,与实人生离开;读外国书——但除了印度——时,往往就与人生接触,想做点事。

  中国书虽有劝人入世的话,也多是僵尸的乐观;外国书即使是颓唐和厌世的,但却是活人的颓唐和厌世。

  我以为要少——或者竟不——看中国书,多看外国书。

  少看中国书,其结果不过不能作文而已。但现在的青年最要紧的是"行",不是"言"。只要是活人,不能作文算什么大不了的事。[45]

鲁迅这段关于读书的说法,对当时和后代中国人的影响都很大，尤其"要少——或者竟不——看中国书，多看外国书"成为很多人做学问的基本方法。跟高长虹一起拜访过鲁迅的狂飙社成员阎宗临，就是在鲁迅家聆听了鲁迅对"青年必读书"的意见后，产生了旅欧留学的志愿。阎宗临后来回忆自己1925年冬天辞别鲁迅到法国留学时说，这一决定"很大程度上是受先生思想影响的""读洋书就成了我青年时代的理想"。[46]但在当时，鲁迅的这个不无偏激的观点，也让很多人"百思不得其解"，直到3月底，还有一读者在给孙伏园的来信中报告说，他曾听说一位学者对学生发议论说："他们弟兄（自然连周二先生也在内了）读得中国书非常的多。……如今他们偏不让人家读，而自家读得那么多，这是什么意思呢！"

除了孙伏园，也有读者为鲁迅辩解。4月8日，《京报副刊》发表的王铸的《鲁迅先生被人误解的原因》说："前几天里，《京报副刊》里，载了些鲁迅先生指摘自己国度的文字，一面就有许多人起来和他辩难，还有攻击他的。……其实和他辩难的人，也太有些误解他了。"王铸说明鲁迅为人误解的原因，角度主要是厨川白村在《苦闷的象征》中所说的"生命力"："鲁迅先生，是个生命力极强的人，他爱自己的国度，比什么人都还甚；但现实的周围的一切，又都不免使他失望，而他又是一个入世感最迫切的人。这两种力，在内心里相迫击所迸出来的呼声，就是使他的文字所以多感伤的分子的理由了。"[47]

还是"思想革命",除此没有别的法

3月6日,北大教授徐旭生和李玄伯主编的《猛进》周刊创刊了。《猛进》第三期和第五期,分别发表了鲁迅和徐旭生之间的《通讯一》和《通讯二》。这两篇通讯很重要,从中可以看出鲁迅在《莽原》出版前的思想状态。《通讯一》写道:

旭生先生:
　　前天收到《猛进》第一期,我想是先生寄来的,或者是玄伯先生寄来的。无论是谁寄的,总之:我谢谢。
　　那一期里有论市政的话,使我忽然想起一件不相干的事来。我现在住在一条小胡同里,这里有所谓土车者,每月收几吊钱,将煤灰之类搬出去。搬出去怎么办呢?就堆在街道上,这街就每日增高。有几所老房子,只有一半露出在街上的,就正在豫告着别的房屋的将来。我不知道什么缘故,见了这些人家,就像看见了中国人的历史。

第三章　运交华盖

　　姓名我忘记了,总之是一个明末的遗民,他曾将自己的书斋题作"活埋庵"。谁料现在的北京的人家,都在建造"活埋庵",还要自己拿出建造费。看看报章上的论坛,"反改革"的空气浓厚透顶了,满车的"祖传","老例","国粹"等等,都想来堆在道路上,将所有的人家完全活埋下去,"强聒不舍",也许是一个药方罢,但据我所见,则有些人们——甚至于竟是青年——的论调,简直和"戊戌政变"时候的反对改革者的论调一模一样。你想,二十七年了,还是这样,岂不可怕。大约国民如此,是决不会有好的政府的,好的政府,或者反而容易倒。也不会有好议员的;现在常有人骂议员,说他们收贿,无特操,趋炎附势,自私自利,但大多数的国民,岂非正是如此的么?这类的议员,其实确是国民的代表。

　　我想,现在的办法,首先还得用那几年以前《新青年》上已经说过的"思想革命"。还是这一句话,虽然未免可悲,但我以为除此没有别的法。而且还是准备"思想革命"的战士,和目下的社会无关。待到战士养成了,于是再决胜负。我这种迂远而且渺茫的意见,自己也觉得是可叹的,但我希望于《猛进》的,也终于还是"思想革命"。

　　　　　　　　　　　　　鲁迅。三月十二日。

鲁迅先生:

　　你所说底"二十七年了,还是这样,"诚哉是一件极"可怕"的事情。人类思想里面，本来有一种惰性的东西，我们中国人的惰性更深。惰性表现的形式不一，而最普通的，第一就是听天任命，第二就是中庸。听天任命和中庸的空气不打破，我国人的思想，永远没有进步的希望。

你所说底"讲话和写文章，似乎都是失败者的征象。正在和运命恶战的人，顾不到这些。"实在是最痛心的话。但是我觉得从另外一方面看，还有许多人讲话和写文章，还可以证明人心的没有全死。可是这里需要有分别，必需要是一种不平的呼声，不管是冷嘲或热骂，才是人心未全死的证验。如果不是这样，换句话说，如果他的文章里面，不用很多的"！"，不管他说的写的怎么样好听，那人心已经全死，亡国不亡国，倒是第二个问题。

"思想革命"，诚哉是现在最重要不过的事情，但是我总觉得《语丝》，《现代评论》和我们的《猛进》，就是合起来，还负不起这样的使命。我有两种希望：第一希望大家集合起来，办一个专讲文学思想的月刊。里面的内容，水平线并无庸过高，破坏者居其六七，介绍新者居其三四。这样一来，大学或中学的学生有一种消闲的良友，与思想的进步上，总有很大的裨益。我今天给适之先生略谈几句，他说现在我们办月刊很难，大约每月出八万字，还属可能，如若想出十一二万字，就几乎不可能。我说你又何必拘定十一二万字才出，有七八万就出七八万，即使再少一点，也未尝不可，要之有它总比没有它好的多。这是我第一个希望。第二我希望有一种通俗的小日报。现在的《第一小报》，似乎就是这一类的。这个报我只看见三两期，当然无从批评起，但是我们的印象：第一，是篇幅太小，至少总要再加一半才敷用；第二，这种小报总要记清是为民众和小学校的学生看的。所以思想虽需要极新，话却要写得极浅显。所有专门术语和新名词，能躲避到什么步田地躲到什么步田地。《第一小报》对于这一点，似还不很注意。这样良好的通俗小日报，是我第二种的希望。拉拉杂杂写来，漫无伦叙。你的意思以为何如？

徐炳昶。三月十六日。

鲁迅在《通讯一》一开始，说自己目前的生活环境"小胡同"和胡同生活中的一种特殊设施"土车"。土车是一种市政设施，负责收集各家各户的煤灰之类的垃圾，但收集的垃圾并不是运送到合适的地方进行处理，而是就近倾倒在街道上了事。这看起来是在说一件市政管理的事情，但紧接着一转，鲁迅说到报纸和刊物上发布出来的老传统、老思想、老观念，鲁迅把这些人们头脑中庸俗不堪的东西，比作这些土车里的垃圾。

改造国民性，就是和"大多数的国民"战斗，官僚、议员只不过是这样的国民代表。完成这样的任务，没有捷径，只有"思想革命"，而且要有一支队伍、一批战士。由此可知为什么鲁迅在第一次见高长虹时"精神特别奋发，态度特别诚恳，言谈特别坦率"，如果忽略个性上的特点和缺陷，高长虹算是一个鲁迅正在期待和寻找的"思想革命"的战士。

《通讯二》写道：

旭生先生：

给我的信早看见了，但因为琐琐的事情太多，所以到现在才能作答。

有一个专讲文学思想的月刊，确是极好的事，字数的多少，倒不算什么问题。第一为难的却是撰人，假使还是这几个人，结果即还是一种增大的某周刊或者合订的各周刊之类。况且撰人一多，则因为希图保持内容的较为一致起见，即不免有互相牵就之处，就容易变为和平中正，吞吞吐吐的东西，而无聊之状于是乎可掬。现在的各种小周刊，虽然量少力微，却是小集团或单身的短兵战，在黑暗中，时见匕首的闪光，使同类者知道也还有谁还在袭击古老坚固的堡垒，较之看见浩大而灰色的军容，或者反可以会心一笑。在现在，我倒只希望这类的小刊物增加，只要所向的目标小异大同，将来就自然而然的成了联合战线，效力或者也不见得小。但目下倘有我所未知的新的作家起来，那当然又作别论。

通俗的小日报，自然也紧要的；但此事看去似易，做起来却难。我们只要将《第一小报》与《群强报》之类一比，即知道实与民意相去太远，要收获失败无疑。民众要看皇帝何在，太妃安否，而《第一小报》却向他们去讲"常识"，岂非悖谬。教书一久，即与一般社会暌离，无论怎样热心，做起事来总要失败。假如一定要

第三章　运交华盖

做，就得存学者的良心，有市侩的手段，但这类人才，怕教员中间是未必会有的。我想，现在没奈何，也只好从智识阶级——其实中国并没有俄国之所谓智识阶级，此事说起来话太长，姑且从众这样说——一面先行设法，民众俟将来再谈。而且他们也不是区区文字所能改革的，历史通知过我们，清兵入关，禁缠足，要垂辫，前一事只用文告，到现在还是放不掉，后一事用了别的法，到现在还在拖下来。

单为在校的青年计，可看的书报实在太缺乏了，我觉得至少还该有一种通俗的科学杂志，要浅显而且有趣的。可惜中国现在的科学家不大做文章，有做的，也过于高深，于是就很枯燥。现在要Brehm的讲动物生活，Fabre的讲昆虫故事似的有趣，并且插许多图画的；但这非有一个大书店担任即不能印。至于作文者，我以为只要科学家肯放低手眼，再看看文艺书，就够了。

前三四年有一派思潮，毁了事情颇不少。学者多劝人踱进研究室，文人说最好是搬入艺术之宫，直到现在都还不大出来，不知道他们在那里面情形怎样。这虽然是自己愿意，但一大半也因新思想而仍中了"老法子"的计。我新近才看出这圈套，就是从"青年必读书"事件以来，很收些赞同和嘲骂的信，凡赞同者，都很坦白，并无什么恭维。如果开首称我为什么"学者""文学家"的，则下面一定是谩骂。我才明白这等称号，乃是他们所公设的巧计，是精神的枷锁，故意将你定为"与众不同"，又借此来束缚你的言动，使你于他们的老生活上失去危险性的。不料有许多人，却自囚在什么室什么官里，岂不可惜。只要掷去了这种尊号，摇身一变，化为泼皮，相骂相打（舆论是以为学者只应该拱手讲讲义的），则世风就会日上，而月刊也办成了。

　　先生信上说：惰性表现的形式不一，而最普通的，第一就是听天任命，第二就是中庸。我以为这两种态度的根柢，怕不可仅以惰性了之，其实乃是卑怯。遇见强者，不敢反抗，便以"中庸"这些话来粉饰，聊以自慰。所以中国人倘有权力，看见别人奈何他不得，或者有"多数"作他护符的时候，多是凶残横恣，宛然一个暴君，做事并不中庸；待到满口"中庸"时，乃是势力已失，早非"中庸"不可的时候了。一到全败，则又有"命运"来做话柄，纵为奴隶，也处之泰然，但又无往而不合于圣道。这些现象，实在可以使中国人败亡，无论有没有外敌。要救正这些，也只好先行发露各样的劣点，撕下那好看的假面具来。

　　　　　　　　　　鲁迅。三月二十九日。

鲁迅先生：

　　你看出什么"踱进研究室"，什么"搬入艺术之宫"，全是"一种圈套"，真是一件重要的发现。我实在告诉你说：我近来看见自命gentleman的人就怕极了。看见玄同先生挖苦gentleman的话（见《语丝》第二十期），好像大热时候，吃一盘冰激零，不晓得有多么痛快。总之这些字全是一种圈套，大家总要相戒，不要上

> 他们的当才好。
>
> 我好像觉得通俗的科学杂志并不是那样容易的,但是我对于这个问题完全没有想,所以对于它觉暂且无论什么全不能说。
>
> 我对于通俗的小日报有许多的话要说,但因为限于篇幅,止好暂且不说。等到下一期,我要做一篇小东西,专论这件事,到那时候,还要请你指教才好。
>
> 徐炳昶。三月三十一日。[48]

相对于徐旭生说的办一个专讲文学思想的月刊,鲁迅更看好当时的各种小周刊,而且"希望这类的小刊物增加"。这种"小刊物"就是林语堂说的"一大张八页的刊物",说是刊物,因为页码太少就不需要装订,所以又像是小型的报纸。鲁迅支持的《语丝》就是这样的小周刊,自上年11月17日创刊后,已经取得了很大的成功。

《语丝》创刊不到一个月,12月13日,由王世杰和一批"大学名教授"创办了另一份周刊《现代评论》。《现代评论》的作者,大都是曾经留学英美的大学教授,如胡适、陈源、高一涵等。《语丝》《现代评论》《猛进》这三种由北大穷教授们编辑的小刊物,差不多同时出现在中国读书界,带来很大影响。当时曾有人评论说:"这年来自《语丝》《现代评论》《猛进》三刊出后,国内短期出版物骤然风起云涌,热闹不可一世。"[49]除了《语丝》《猛进》这种独立出版的周刊,还有依附报纸副刊出版的"副副刊"。《京报副刊》创办后,《京报》主编邵飘萍又进一步推出系列小周刊,其中包括荆有麟等人编辑的《民众文艺周刊》，从第一期开始，鲁迅一直深度参与《民众文艺周刊》的编辑，帮助校阅荆有麟编过的稿子。高长虹的《狂飙》周刊也是依附报纸的副刊，它的创刊甚至比《语丝》还要早一个星期。但在鲁迅和徐旭生通讯的时候，高长虹的《狂飙》正因为经费问题出现停刊危机。

对徐旭生说的《第一小报》一类的通俗小报，鲁迅觉得不像看起来那么容易。这大概和他一段时间以来编辑《民众文艺周刊》取得的经验有关。在《一个"罪犯"的自述》中，鲁迅说："《民众文艺》虽说是民众文艺，但到现在印行的为止，却没有真的民众的作品，执笔的都还是所谓'读书人'。民众不识字的多，怎会有作品。"[50]如果是不识字的民众，不管是什么样的"民众文艺"，读者都还是识字的知识分子。所以鲁迅认为，通过文字进行启蒙，下手的对象只能是读书识字的"智识分子"，民众则是以后的事情。

当然，这里更重要的，是鲁迅说出了他最近在"青年必读书"事件中的"一件重要的发现"，那就是"学者""文学家"这些尊号，都是"精神的枷锁"，好"束缚你的言动"。鲁迅的办法，是"掷去了这种尊号，摇身一变，化为泼皮，相骂相打"。这是一种决心"走出象牙之塔"、走向十字街头的姿态。1925年底，《语丝》的开创者们讨论起《语丝》的文体，林语堂在说到"我们应否骂人"时，说到了骂人的神圣和鲁迅的骂人："所以骂与不骂全在其人，愈有锐敏的思想的人，他以为该骂的对象愈多，有感到骂人的神感的人，自然也同时感到骂人的神圣。自有史以来，有重要影响于思想界的人都有骂人的本能及感觉其神圣。……所以尼采不得不骂德人，萧伯纳不得不骂英人，鲁迅不得不骂东方文明。"[51]

《莽原》周刊

虽然鲁迅做好了"走出象牙之塔"的思想准备,但《莽原》周刊的创办是件偶然的事。和介绍孙伏园办《京报副刊》一样,穿针引线的人还是荆有麟。荆有麟回忆说:

> 当时的《京报》,以消息灵通见长。故在政界上很有势力,但因编辑方法呆板,又少学术空气,所以在青年界,没有引起注意,可是伏园一进去,情景便大不同了。当时报纸的销路增加,连邵飘萍本人,都为之吃惊,他看出了文化的力量。便约我去为他计划七种附刊。——即副刊之外,每天有一种周刊,一星期周而复始,这办法,在上海《民国日报》实行过,但在北方,还系创举。——他当时共出了文学、妇女、图画、戏剧、民众文艺等等。俟后,因思想关系,我们很反对专捧女戏子的戏剧周刊,飘萍很痛快地将戏剧周刊停刊,要我约鲁迅先生,他很赞成,他当时说:
>
> "我们还应该扩大起来。你看,《现代评论》有多

猖狂，现在固然有《语丝》，但《语丝》态度还太暗。不能满足青年人要求，稿子是岂明他们看的，我又不大管，徐旭生先生的《猛进》，倒很好，单枪匹马在战斗，我们为他作声援罢，你去同飘萍商议条件，我就写信约人写文章。"

第二天晚上，我们便聚集在鲁迅先生家里吃晚饭，当时到场的，我记得有：许钦文、章衣萍、高长虹、向培良、韦素园，等等。在我报告了同飘萍接洽经过之后，当时便想到刊物的名称。最后还是培良，在字典上翻出"莽原"二字，报头是我找一个八岁小孩写的，鲁迅先生也很高兴那种虽然幼稚而却天真的笔迹，次一个星期五，《莽原》第一期，就在京发刊了，除随《京报》附送外，另外，还由《京报》赠印三千份，作为写文章人的报酬，这被赠送的三千份，是交由北新书局李小峰发卖的。[52]

但事件的另一个重要当事人高长虹的说法是：

> 当时有一个朋友愿意介绍《狂飙》到《京报》做一附属物，条件却是要他加入狂飙社。培良是偏于主张这样办的。听说那时鲁迅也赞成这样。我同高歌是反对这样办法。因为这个朋友，我们知道是不能合得来的，再则我们吃尽了附属的苦，而且连自己的朋友都隔膜太多。《狂飙》遂不得再出。过了几天，我便听说鲁迅要编一个周刊了。最先提议的，大概是鲁迅，有麟，培良

吧。我也被邀入伙，又加了衣萍，这便组成了那一次五人吃酒。这便是《莽原》的来历。[53]

高长虹在这里说的"一个朋友"应该就是荆有麟。按高长虹的说法，由鲁迅来主编一个周刊，只是他们几个人的第二方案，而第一方案倒是把《狂飙》推荐给邵飘萍，在《京报》继续出版。《狂飙》在3月22日出版到第十七期以后停刊。对停刊的原因，高长虹说："这时，狂飙社内部发生问题。这时，《狂飙》的销路逐期递降。这时，办日报的老朋友也走了，印刷方面也发生问题。终于，《狂飙》周刊到十七期受了报馆的压迫便停刊了。"[54]《莽原》的创办和《狂飙》的停刊或有显然的关系。大概《狂飙》在《国风日报》停刊后，荆有麟曾试图把《狂飙》推荐到《京报》继续出版，在高长虹不同意加入《京报》后，才改为邀请鲁迅主编一个新周刊。

荆有麟说的"聚集在鲁迅先生家里吃晚饭"和高长虹说的"五人吃酒"，是在4月11日。这天鲁迅日记中有："上午得赵其文信，午复。寄三弟信。钦文来。午后俞芬、吴曙天、章衣萍来，下午同母亲游阜成门外钓鱼台。夜买酒并邀长虹、培良、有麟共饮，大醉。"荆有麟和高长虹对于这次吃酒参与者的说法并不一致，鲁迅家在4月11日这天前后来过几批人，但这些人来不一定都和创办周刊有关。

今天，通常把高长虹说的包括鲁迅在内的五个人作为莽原社的发起人。4月17日，鲁迅在《京报副刊》刊发一则《鲁迅启事》：

《民众文艺》稿件，有一部份经我看过，已在第十四期声明。现因自己事繁,无暇细读,并将这一部份的"校阅",亦已停止,自第十七期起,即不负任何责任。

四月十四日。

鲁迅所说的在《民众文艺周刊》第十四期的"声明"是:

> 本刊虽说经我"校阅",但历来仅于听讲的同学和熟识的友人们的作品,时有商酌之处,余者但就笔误或别种原因,间或改换一二字而已。现又觉此种举动,亦属多事,所以不再通读,亦不更负"校阅"全部责任。特此声明![55]

鲁迅发表这个"声明"是在3月22日,这一天正是《狂飙》停刊的日子。

《莽原》于4月24日正式创刊。此前21日,《京报》发布一则"《莽原》出版预告"的广告,由鲁迅亲自拟定:

> 本报原有之《图画周刊》(第五种),现在团体解散,不能继续出版,故另刊一种,是为《莽原》。闻其内容大概是思想及文艺之类,文字则或撰述,或翻译,或稗贩,或窃取,来日之事,无从预知。但总期率性而言,凭心立论,忠于现世,望彼将来云。由鲁迅先生编辑,于本星期五出版。以后每星期五随《京报》附送一张,即为《京报》第五种周刊。[56]

第三章 运交华盖

《莽原》周刊第一期第一版。

4月11日,"五人吃酒"时阵容看起来还算壮大,但等刊物真的办起来,奔走忙碌的人,就只剩下了高长虹、荆有麟和鲁迅三个人。"吃酒"过后没几天,向培良和高歌、吕蕴如等北京世界语专门学校的同学,到河南开封办《豫报副刊》。4月23日,《莽原》出版前一天,鲁迅给他们三人分别写了回信。鲁迅在给向培良的信中说:"我们的《莽原》于明天出版,统观全稿,殊觉未能满足。但我也不知道是真不佳呢,还是我的希望太奢。"[57]

编辑《莽原》是鲁迅第一次自己做编辑,他很快体会到了做编辑的不易。在编了两期《莽原》之后,5月3日,鲁迅给许广平写信说:"然而咱们的《莽原》也很窘,寄来的多是小说与诗,评论很少,倘不小心,也容易变成文艺杂志的。我虽然被称为'编辑先生',非常骄气,但每星期被逼作文,却很感痛苦,因为这就像先前学校中的星期考试。"[58]前两期《莽原》,分别刊登了鲁迅自己的长篇随笔《春末闲谈》和《灯下漫笔》,这是两篇内容深厚的作品,对中国历史上的统治术进行了深刻揭露和辛辣讽刺。除了鲁迅的作品,更突出的是李霁野、韦素园和韦丛芜翻译的外国小说,这大概就是许广平在信中说的感觉到"稳重"的原因。

第三期的出版日期是5月8日,这一天正是国耻纪念日的第二天。除了冯文炳的小说《河上柳》和台静农的小说《死者》,还发表了包括鲁迅、许寿裳、许广平等人在内的六篇"议论"。鲁迅这次发表的是《杂感》,对爱国运动中无用的肤浅的热闹评论说:"无论爱什么,——饭,异性,国,民族,人类等等,——只有纠缠如毒蛇,执着如怨鬼,二六时中,没有已时者有望。但太觉疲劳时,也无妨休息一会罢;但休息之后,就再来一回罢,

第三章　运交华盖

而且两回，三回……。血书，章程，请愿，讲学，哭，电报，开会，挽联，演说，神经衰弱，则一切无用。"这里的说法，让人们很容易想到厨川白村《出了象牙之塔》中的某些说法。

上海五卅惨案发生后，从第八期开始，《莽原》周刊开始变得活跃起来。包括李遇安、高长虹这些过去写诗歌小说的人，也都开始做关于实际运动的议论。这的确如高长虹在《弦上·二 救国声中》所说："沪案的发生，至少也给大家以一个做文章的好题目。"[59]《弦上》是高长虹在《莽原》第九期推出的系列随笔。其中的《一 病中呓语》《二 救国声中》《三 给反抗者》就都是针对五卅事件的。惨案发生后，鲁迅也写了不少和该事件有关的杂文，但并不一定都发表在《莽原》上，比如，《忽然想到（十至十一）》就登在了荆有麟的《民众文艺周刊》上。

《莽原》第十二期发表了鲁迅的《补白（三）》，对社会上的各种"聪明人"对学生爱国运动所说的"风凉话"进行了尖锐抨击。他说："离五卅事件的发生已有四十天，北京的情形就像五月二十九日一样。聪明的批评家大概快要提出照例的'五分钟热度'说来了罢，虽然也有过例外：曾将汤尔和先生的大门'打得摇鼓一般，足有十五分钟之久'。（见六月二十三日《晨报》）有些学生们也常常引这'五分热'说自诫，仿佛早经觉到了似的。"[60]鲁迅的《聪明人和傻子和奴才》非常有名，这是鲁迅在1925年底写给《语丝》的。实际上，除了鲁迅，高长虹在《弦上》、向培良在《槟榔集》中都说到了"聪明人"。高长虹说的是"聪明人"中的一种类型"识时务者"。

7月24日第十四期《莽原》发表高长虹的《弦上·九 识时务者》。高长虹把古代一个同时依靠五个男人的妓女作为没有节操的"识时务者"的集大成者：

> 我们的古人说过，识时务者，是为俊杰。现代呢，我们已苦于俊杰太多了。
>
> 外国有一种叫做潮流的东西，一流入中国，便变形而于时务，一时趋之者若鹜，因为我们的俊杰太多了。
>
> 我们的俊杰实在太灵巧，可以随所遇之不同而化为种种形式。从前民党得势时，虾蟆蝌蚪，没一个不隶身党籍，及至倒霉之后，俊杰们便又相率而赶在袁皇帝的屁股后头去劝进了。但那时，也有看出皇帝的破绽，先时而高揭倒袁之旗帜者，是又俊中之俊，杰中之杰矣。
>
> ……
>
> 从前出现过一种报纸，便叫做《时务报》，一时很受人欢迎，现在流传得越发广了。这报，也许会有一天普遍至全国，使我们恪遵古训以与国而偕亡。
>
> …………
>
> 投机，骑墙，三花脸……种种方式都有了。[61]

向培良的《槟榔集·第六 聪明与天才》发表在11月13日《莽原》第三十期：

> 聪明人是很多的，但是缺乏天才。
>
> 聪明人是很多很多，多过于我们所能容纳的，但是我们却需要天才。
>
> 已经很有几年了，我还在中学的时候，遇着一次年

考。这回物理的一科，用的是英文本，而又教的很多，所以同学大半起了恐慌，我也是其中的一个。正当我拼命一面查字典一面演题目的时候，却看见我的邻座的某君正在悠然自得地看小说。我知道他的程度并不比我怎么样好，那么他怎么样这么闲暇呢。"你已经预备好了你的物理么？"我问。

"明天看去吧，时候多着呢。"

"恐怕不能够罢。"

"你怎么这样笨！物理教员的性子？那能够不知道。他向来出题目有一定的，那么我只消猜一猜那几段他会要出题的，明天看看就很够了。"

我虽然很羡慕他的办法，但究竟不敢冒这种险，只得仍然念下去。

考试结果发表了，他所得的成绩比我好。

而这样的聪明人是很多很多的。[62]

向培良的写作方式不像高长虹那样直来直去，而是通过讲故事的方法来讲明道理。他讲的那个投机取巧的考试者，不禁让人想到厨川白村在《出了象牙之塔·七 聪明人》中给我们讲的那个"聪明人"在火车上用草帽占座位的故事：

我所趁着的火车，拥挤得很厉害，因为几个不懂事的车客没有让出坐位来的意思，遂有了站着的人了。这是炎热的八月的正午。

我的邻席上是刚从避暑地回来似的两个品格很好

的老夫妇。火车到了一个大站,老人要在这里下车去,便取了颇重的皮包,站立起来。看车窗外面,则有一班不成样子的群众互相推排,竞奔车门,要到这车子里来乘坐。

老人将皮包搁在窗框上,正要呼唤搬运夫的时候,本在竞奔车门的群众后面的一个三十岁上下的洋装的男人,便橐橐地走近车窗下,要从老人的手里来接皮包。我刚以为该是迎接的人了,而老人却有些踌躇,仿佛不愿意将行李交给漠不相识的这男子似的。忽然,那洋装男人就用左手一招呼那边望得见的搬运夫,用右手除下自己戴着的草帽来,轻舒猿臂,将这放在老人原先所坐的位置上。老人对着代叫搬运夫的这男子道了谢,夫妇于是下车去了。

车里面,现在是因为争先恐后地拥挤进来的许多车客之故,正在扰攘和混乱,但坐位总是不够,下车的人不过五六个,但上来的却有二三十人罢。

于是,那洋服的三十岁的男人,随后悠悠然进来了。我的隔邻而原是老人的坐位上,本来早已堂堂乎放着一顶草帽的,所以即使怎样混杂,大家也对于那草帽表着敬意,只有这一处还是空位。三十岁男人便不慌不忙将草帽搁在自己的头上。[63]

厨川白村在《出了象牙之塔》里对"聪明人"的批判,对中国读者的影响很大,不过,第一次看厨川白村写的这个故事,有可能看不太懂,因为这种作者"强烈反感"的人和事,在我们的

第三章 运交华盖

日常生活中比比皆是，以至于我们可能意识不到，这还是一种值得反感和批判的现象。

注　释

1　周作人，《知堂回想录》下，北京十月文艺出版社，第 562 页。

2　《周作人日记》（1923、1924），《鲁迅研究资料》19，中国文联出版公司，第 111 页。

3　《周作人日记》（1923、1924），《鲁迅研究资料》19，中国文联出版公司，第 112 页。

4　《鲁迅全集》第十五卷，人民文学出版社，2005 年版，第 535 页。

5　《鲁迅全集》4，人民文学出版社，1981 年版，第 167 页。

6　商金林编，《孙伏园散文选》，百花文艺出版社，2004 年版，第 207 页。

7　川岛，《和鲁迅相处的日子》，人民文学出版社，1958 年版，第 22 页。

8　孙伏园，《鲁迅和当年北京的几个副刊》，《孙氏兄弟谈鲁迅》，新星出版社，2006 年版，第 64 页。

9　荆有麟，《鲁迅回忆断片》，鲁迅博物馆等选编《鲁迅回忆录》专著（上册），北京出版社，1999 年版，第 202 页。

10　《鲁迅全集》1，人民文学出版社，1981 年版，第 407 页。

11　荆有麟，《鲁迅回忆断片》，鲁迅博物馆等选编《鲁迅回忆录》专著（上册），北京出版社，1999 年版，第 119 页。

12　荆有麟，《鲁迅回忆断片》，鲁迅博物馆等选编《鲁迅回忆录》专著（上册），北京出版社，1999 年版，第 184 页。

13　荆有麟，《鲁迅回忆断片》，鲁迅博物馆等选编《鲁迅回忆录》专著（上册），北京出版社，1999 年版，第 119 页。

14　钦文，《〈鲁迅日记〉中的我》，浙江人民出版社，1982 年版，第 88 页。

15　鲁迅博物馆等选编，《鲁迅回忆录》散篇（上册），北京出版社，第 149 页。

16　高长虹，《一九二五，北京出版界形势指掌图（节录）》，国家出版事业管理局版本图书馆研究室编《鲁迅思想研究资料》下册，第 404 页。

17　鲁迅博物馆等选编，《鲁迅回忆录》散篇（上册），北京出版社，第 179 页。

18　高长虹，《一九二五，北京出版界形势指掌图（节录）》，国家出版事业管理局版本图书馆研究室编《鲁迅思想研究资料》下册，第 405 页。

19 《鲁迅全集》1，人民文学出版社，1981年版，第465页。

20 长虹，《棉袍里的世界》，《莽原》周刊第一期。

21 尚钺，《我的一段学习生活——纪念鲁迅先生逝世四周年而作》，《1913–1983鲁迅研究学术论著资料汇编》第三卷，中国文联出版公司，第194页。

22 《高长虹精选集》，山西人民出版社，第200页。

23 向培良，《飘渺的梦》，海豚出版社，2014年版，第133页。

24 向培良，《无题》，《莽原》第一卷合订本，上海书店影印，第70页。

25 钦文，《〈鲁迅日记〉中的我》，浙江人民出版社，第52页。

26 陈学昭，《鲁迅先生回忆》，《1913–1983鲁迅研究学术论著资料汇编》第二卷，中国文联出版公司，第834页。

27 李霁野，《鲁迅先生与未名社》，人民文学出版社，第200页。

28 王冶秋，《鲁迅和韦素园》，孙郁 黄乔生主编《回望鲁迅：高山仰止——社会名流忆鲁迅》，河北教育出版社，第112页。

29 王冶秋，《怀想鲁迅先生》，孙郁 黄乔生主编《回望鲁迅：高山仰止——社会名流忆鲁迅》，河北教育出版社，第105页。

30 冯至，《笑谈虎尾记犹新》，鲁迅博物馆等选编《鲁迅回忆录》散篇（上册），北京出版社，1999年版，第332页。

31 李霁野，《鲁迅先生与未名社》，人民文学出版社，第173页。

32 钦文，《〈鲁迅日记〉中的我》，浙江人民出版社，第16页。

33 李霁野，《鲁迅先生与未名社》，人民文学出版社，第174页。

34 陈学昭，《鲁迅先生回忆》，《1913–1983鲁迅研究学术论著资料汇编》第二卷，中国文联出版公司，第834页。

35 马珏，《初次见鲁迅先生》，《1913–1983鲁迅研究学术论著资料汇编》第一卷，中国文联出版公司，第158页。

36 郁达夫，《回忆鲁迅》，鲁迅博物馆等选编《鲁迅回忆录》散篇（上册），北京出版社，第149页。

37 《鲁迅全集》6，人民文学出版社，1981年版，第64页。

38 《鲁迅全集》1，人民文学出版社，1981年版，第167页。

39 川岛，《和鲁迅相处的日子》，人民文学出版社，第3页。

40 荆有麟，《鲁迅回忆断片》，鲁迅博物馆等选编《鲁迅回忆录》专著（上册），北京出版社，1999年版，第122页。

第三章 运交华盖

41 ［日］厨川白村著，鲁迅译，《出了象牙之塔》，中央编译出版社，第57页。
42 ［日］厨川白村著，鲁迅译，《出了象牙之塔》，中央编译出版社，第202页。
43 《鲁迅全集》3，人民文学出版社，1981年版，第4页。
44 《鲁迅全集》3，人民文学出版社，1981年版，第10页。
45 《鲁迅全集》3，人民文学出版社，1981年版，第12页。
46 阎宗临，《回忆罗曼罗兰谈鲁迅》，《晋阳学刊》1981年第5期。
47 《1913–1983鲁迅研究学术论著资料汇编》第一卷，中国文联出版公司，第90页。
48 《鲁迅全集》3，人民文学出版社，1981年版，第25页。
49 《1913–1983鲁迅研究学术论述资料汇编》第一卷，中国文联出版公司，第119页。
50 《编年体鲁迅著作全集》贰，福建教育出版社，2006年版，第254页。
51 《1913–1983鲁迅研究学术论述资料汇编》第一卷，中国文联出版公司，第111页。
52 鲁迅博物馆等选编，《鲁迅回忆录》专著（上册），北京出版社，第200页。
53 《1913–1983鲁迅研究学术论著资料汇编》第一卷，中国文联出版公司，第202页。
54 《1913–1983鲁迅研究学术论著资料汇编》第一卷，中国文联出版公司，第201页。
55 《鲁迅全集》8，人民文学出版社，1981年版，第423页。
56 《鲁迅全集》8，人民文学出版社，1981年版，第424页。
57 《鲁迅全集》7，人民文学出版社，1981年版，第272页。
58 《鲁迅全集》11，人民文学出版社，1981年版，第69页。
59 《高长虹精选集》，山西人民出版社，第205页。
60 《鲁迅全集》3，人民文学出版社，1981年版，第105页。
61 《莽原》周刊第十四期，第六版。
62 《莽原》周刊第三十期。
63 ［日］厨川白村著，鲁迅译，《出了象牙之塔》，中央编译出版社，第28页。

后院的黄刺梅。这丛黄刺梅和前院的丁香是同时种植的,当时鲁迅还在后院栽种了白杨树、花椒树和榆叶梅。

(摄影 杨树田)

第四章 我可以爱

> 我先前偶一想到爱,总立刻自己惭愧,怕不配,因而也不敢爱某一个人,但看清了他们的言行思想的内幕,便使我自信我决不是必须自己贬抑到那么样的人了,我可以爱!
>
> ——鲁迅《两地书》

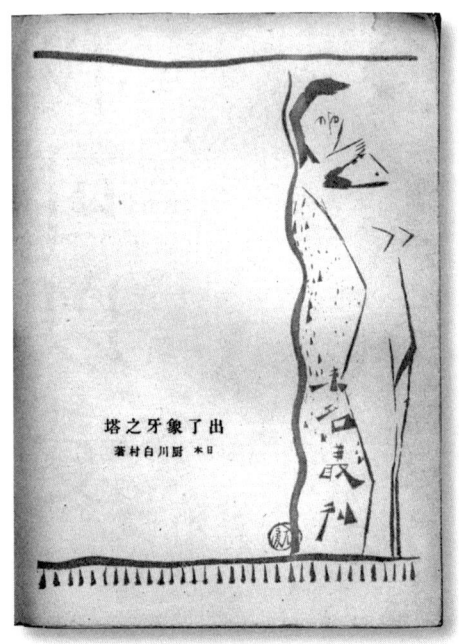

1925年底,鲁迅翻译的厨川白村的第二本书《出了象牙之塔》出版了。《出了象牙之塔》是厨川白村的一本文艺随笔集,由若干篇长文组成。鲁迅是1925年1月24日开始翻译《出了象牙之塔》的,这天正是中国农历的春节。在翻译完大多数篇章后,《出了象牙之塔》从2月14日开始在《京报副刊》陆续发表。《出了象牙之塔》最主要的前三篇的主旨是对日本人的国民性进行"痛切的攻难"。鲁迅说,厨川白村对现代日本人的痛骂"有'快刀斩乱麻'似的爽利,至于禁不住称快"。但鲁迅又说"我译这书,也并非想揭邻人的缺失,来聊博国人的快意"。因为,鲁迅认为,厨川白村所攻击的日本人国民性的各种缺失也正是从中国人身上总能看到的。《出了象牙之塔》启发鲁迅创办《莽原》周刊,对中国社会、中国文明进行毫无忌惮的批评。

第四章 我可以爱

女师大风潮

鲁迅是1923年10月13日开始到北京女子高等师范学校讲课的,那时候女高师的校长还是鲁迅的好友许寿裳。鲁迅在女高师的聘期是从1923年9月到1924年6月,担任的授课课程是国文系小说史,每周一小时,月薪十三元五角。但鲁迅的聘期还没结束,许寿裳却被人从校长的位子挤了下来,许寿裳举荐刚从美国留学回国、在女高师担任英语级任教师的杨荫榆担任校长。女高师不久也改称"国立北京女子师范大学"。

杨荫榆是女高师毕业的学生,后到日本留学,回国后担任女高师学监。据当时在校学生程俊英回忆,那时候学校制定了极为严格的校规,如学生必须住校,周末回家必须由家长来接等,违者记过,记过三次者开除。这些规章都是杨荫榆和当时的校长方还制定的。后来,杨荫榆又到美国哥伦比亚大学学习。大家觉得,杨荫榆本来就是女高师毕业的学生,毕业后又在母校工作过,现在当校长,算是"女人掌女校",可谓"人地两宜"。但没想到杨荫榆虽在美国留过学,思想却很守旧,做事又独断,没有章法。很快,反对校长的风潮爆发。风潮初起时,反对校长

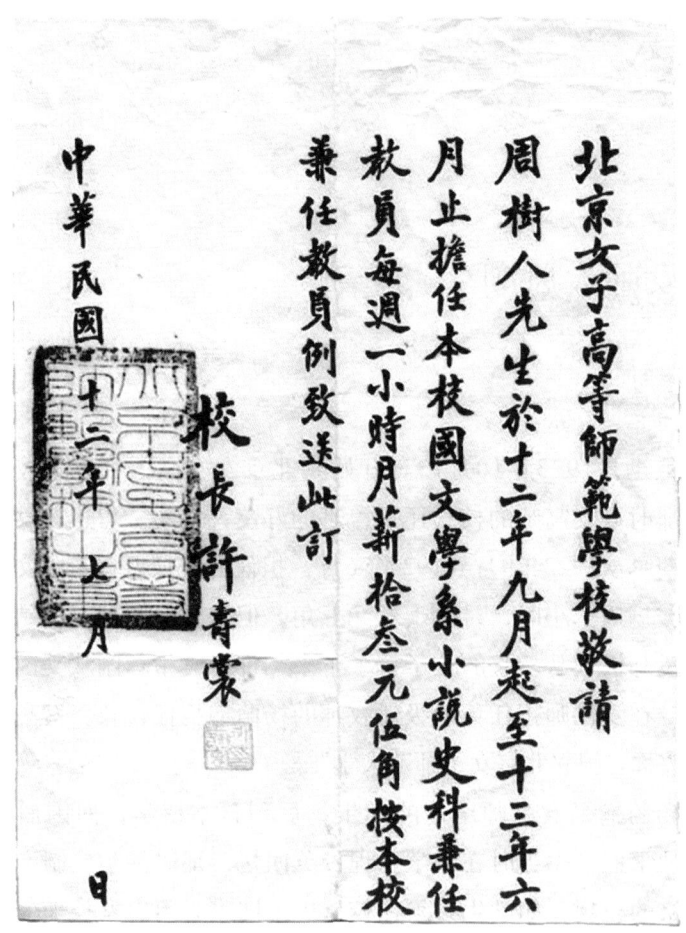

1923年7月,北京女子高等师范学校给鲁迅的聘书。

第四章 我可以爱

北京女子高等师范学校。现在还能看到这栋建于20世纪初的大楼，当时是与北大红楼相媲美的西式建筑。有说法谓，当时女高师这栋大楼叫"红楼"，而"北大红楼"叫"大楼"。

的并不是学生而是教师。1924年4月28日，上任刚两个月，杨荫榆就收到张泽垚、许世瑢等十五位教师的联名辞职信。辞职信列举杨荫榆掌校以来，"刚愎悖谬""率意妄行"等种种行为，如任意克扣、随意分配俄国庚子赔款等。最后的结论是："同人等再三聚议，就先生之措置言之，可决为藐视一切规程，藐视同人人格，经济不愿公开，办理学校无此才力。同人等目睹此种无道揆、无法守、无诚意之行为，盖所谓独夫之行，不特学校前途毫无希望，即先生个人亦有为此何益也？"[1]

不少理科教员辞职后，一些文科教员也有他去之意。低年级学生为学校前途忧虑，曾请鲁迅到校调解。鲁迅日记5月21日记有："晚以女师校风潮学生束邀调解，与罗膺中、潘企莘同往，而续至者仅郑介石一人耳。"[2]鲁迅本人也无意继续在女师大授课，只是在学生包围和恳求下，才答应延续。许广平回忆说："也曾经有过一次辞职的事，大家一个也不缺的，挤到教务处，包围他，使得他团团地转，……接受了这一批青年热诚的先生，终于重又执掌教鞭。"[3]

去西安讲学前，鲁迅在女师大的聘任已经到期了。所以，从西安回到北京的第二天即8月13日，鲁迅就寄还了女师大寄给他的聘书。但杨荫榆和舍监胡人哲9月14日上午到西三条，挽留提出辞职的鲁迅。但实际促使鲁迅继续应聘教课的是国文系的学生。9月24日，陆晶清和吕云章也到西三条拜访鲁迅，鲁迅这天日记中记有："上午陆秀贞、吕云章来。"陆晶清（1907－1993）原名陆秀贞，吕云章字倬人、别名沄沁，她们都是1922年入校的女师大国文系学生。陆晶清回忆说："在一九二四年秋季开学前，鲁迅先生又于八月十三日'寄还女师大聘书'。后来又是经同学们

第四章　我可以爱

一再到西三条二十一号苦苦恳求，最后还使用了鲁迅先生说成是'你们的武器'（眼泪）感动他，他才收下再送去的聘书，自十月十三日起，又每周到校讲课一次。"4

鲁迅在西安讲学时，周作人也收到了女师大的聘书，并且他也不止一次退还女师大的聘书。只是最后和鲁迅一样没有辞掉。周作人在《知堂回想录》里列出过他日记里有关这段事情的记载：

> "七月二日，晚杨校长招宴，辞不去。"
> "七月十一日，收女高师续聘书，当还之。"
> "七月十四日，送还女高师聘书。"
> "七月二十日，女高师又送聘书来。"
> "七月廿二日，仍送还女高师聘书。"
> "七月廿七日，上午往女高师，与杨校长谈，不得要领。"
> "九月廿一日，马幼渔来，交来女高师聘书。"
> 即此可以看见，我对于女师大的教课一向并无什么兴趣，特别是女校长到任以后更想积极的摆脱，可是摆脱不了，末了倒是由北大"某籍某系"的老大哥马幼渔，不晓得是怎么样找来的，出来挽留我，于是我不得不继续在那里做一名"西席"。5

在与教师发生矛盾同时，杨荫榆和学生的关系也趋于紧张。由于杨荫榆多年在外国读书，对国内政治形势和学生的思想状况并不了解，仍继续按照过去她当学监时的办法，对学生进行严格管理。陆晶清曾描述杨荫榆站在讲台上给学生训话的形象说："控着拳，走着八字路，扭进课堂，站在讲台的一角，半吞半吐的说：'男朋友真结交不得呵！……电影场是不能去的，里头尽做坏事。……你有表哥没有？……'"[6]除了在学生管理方面设置清规戒律，杨荫榆还思想保守，禁止学生参加国耻纪念日示威游行等各种政治活动。此外，在招生考试、课程设置、教师聘用等方面，杨荫榆都有措置失当、一意孤行之处。

1924年11月初，有三个文预科二年级的学生，因东南军阀战乱造成的交通受阻，未能按时到校，杨荫榆勒令三个同学退学。三个同学请学生自治会主持公道，学生自治会帮助三个同学证明缺课的原因，请杨荫榆收回成命。因为按照学校规章，缺课三个月以上才予以开除。但杨荫榆坚持错误，并认为学生自治会是"借故闹事"。1925年1月18日，学生自治会召开大会，以多数赞成通过反对杨荫榆决议，从此不再承认杨荫榆的校长地位。

学生自治会先通过信函婉劝杨荫榆自动辞职，但杨置之不理。学生自治会又派代表当面劝退，杨却对代表说："此校为我终老之所，我无儿无女，岂能他去乎！"

在校长去留问题上，杨荫榆的逻辑似乎与众不同。以前大多数校长如蔡元培、许寿裳，都抱着"合则留，不合则去"的原则，一旦遭到反对，不管反对者说法对或不对，也不等人们用什么法子来对付，就会"知难而退"，宣布辞职。但杨荫榆"知难而进"，用很多方法分化瓦解学生队伍。学生们见杨不可理喻，就一方面到教育部陈情杨荫榆的种种劣迹，要求撤换校长；一方面向社会公布杨荫榆不称职的事例。教育部也曾经想过撤换杨荫榆，但继任校长人选一时难以确定，复加教育当局人事变动，事

第四章 我可以爱

情遂拖延下来。周作人回忆他找教育部次长马叙伦斡旋此事经过说:

> 这时候女师大反对校长的风潮已经很是高涨,渐有趋于决裂的形势,在二月二十八日的日记里记有"女高师旧生田罗二女士来访,为女师大事也"的记载,她们说是中立派,来为学校求解决,只要换掉校长,风潮便自平息。那时马夷初以教育部次长代理部务,我当晚就打电话到马次长的家里转达此意,马次长说这事好办,校长可以撤换,但学生不能指定后任为谁,如一定要易培基,便难以办到。这事我不知底细,不能负责回答,就拖延了下来,到了四月内阁改组,由章行严出长教育,于是局势改变,是"正人君子"的世界了。[7]

《好的故事》和昏沉的夜

好的故事

灯火渐渐地缩小了,在预告石油的已经不多;石油又不是老牌,早熏得灯罩很昏暗。鞭爆的繁响在四近,烟草的烟雾在身边:是昏沉的夜。

我闭上了眼睛,向后一仰,靠在椅背上;捏着《初学记》的手搁在膝髁上。

我在蒙胧中,看见一个好的故事。

这故事很美丽,幽雅,有趣。许多美的人和美的事,错综起来像一天云锦,而且万颗奔星似的飞动着,同时又展开去,以至于无穷。

我仿佛记得曾坐小船经过山阴道,两岸边的乌桕,新禾,野花,鸡,狗,丛树和枯树,茅屋,塔,伽蓝,农夫和村妇,村女,晒着的衣裳,和尚,蓑笠,天,云,竹,……都倒影在澄碧的小河中,随着每一打桨,各各夹带了闪烁的日光,并水里的萍藻游鱼,一同荡

第四章 我可以爱

漾。诸影诸物,无不解散,而且摇动,扩大,互相融和;刚一融和,却又退却,复近于原形。边缘都参差如夏云头,镶着日光,发出水银色焰。凡是我所经过的河,都是如此。

现在我所见的故事也如此。水中的青天的底子,一切事物统在上面交错,织成一篇,永是生动,永是展开,我看不见这一篇的结束。

河边枯柳树下的几株瘦削的一丈红,该是村女种的罢。大红花和斑红花,都在水里面浮动,忽而碎散,拉长了,如缕缕的胭脂水,然而没有晕。茅屋,狗,塔,村女,云,……也都浮动着。大红花一朵朵全被拉长了,这时是泼刺奔进的红锦带。带织入狗中,狗织入白云中,白云织入村女中……。在一瞬间,他们又将退缩了。但斑红花影也已碎散,伸长,就要织进塔,村女,狗,茅屋,云里去。

现在我所见的故事清楚起来了,美丽,幽雅,有趣,而且分明。青天上面,有无数美的人和美的事,我一一看见,一一知道。

我就要凝视他们……。

我正要凝视他们时,骤然一惊,睁开眼,云锦也已皱蹙,凌乱,仿佛有谁掷一块大石下河水中,水波陡然起立,将整篇的影子撕成片片了。我无意识地赶忙捏住几乎坠地的《初学记》,眼前还剩着几点虹霓色的碎影。

我真爱这一篇好的故事,趁碎影还在,我要追回他，完成他，留下他。我抛了书，欠身伸手去取笔，——何尝有一丝碎影，只见昏暗的灯光，我不在小船里了。

但我总记得见过这一篇好的故事，在昏沉的夜……。

一九二五年二月二十四日。

《好的故事》是《野草》中第二篇以鲁迅"自己的房"为背景的作品。

与《秋夜》不同，这篇作品的起始背景就是"自己的房"，因此很像是《秋夜》的续篇。

"灯火渐渐地缩小了，在预告石油的已经不多；石油又不是老牌，早熏得灯罩很昏暗。鞭爆的繁响在四近，烟草的烟雾在身边：是昏沉的夜。"

《好的故事》文末，标注作于1925年2月24日，但1月28日的日记中有"作《野草》一篇"。后人断定这篇《野草》就是《好的故事》。1月28日这天正是农历正月初五，所以会有"鞭爆的繁响"。灰暗的夜色、"鞭爆的繁响"和"烟草的烟雾"，一起构成由远及近的包围，形成一个越来越狭窄而紧密的气氛空间。就在这种"四近"的爆竹和"身边"的烟草笼罩下，作者的思绪，却跳跃到遥远的过去和遥远的故乡。这正像1844年法国作家雨果在夜幕降临的黄昏时刻，参观古城内穆尔时产生的奇特感觉，他说："那是难以名状的时刻，我身心中好像某种东西开始入睡，而某种东西正在苏醒。"[8]

第四章 我可以爱

在"蒙胧"的夜色中,"我闭上了眼睛",却"看见一个好的故事"。而这里所谓"一个好的故事",其实是"我"的一段梦境。

在叙述这段梦境之前,叙事者先讲述了一段"我"的回忆:"我仿佛记得曾坐小船经过山阴道,两岸边的乌桕,新禾,野花,鸡,狗,丛树和枯树,茅屋,塔,伽蓝,农夫和村妇,村女,晒着的衣裳,和尚,蓑笠,天,云,竹,……都倒影在澄碧的小河中,随着每一打桨,各各夹带了闪烁的日光,并水里的萍藻游鱼,一同荡漾。"这种在移动船具中获得的景物变幻摇移的迷离感觉,是鲁迅作为水乡人的特有记忆,很像十九世纪末火车发明后,人们在奔驰的列车上发现的新风景,不同的是,火车上看到的是陆地上的流动风景,而这里的风景却是水中倒影。周作人在早年日记中曾记有他和鲁迅一起到乡下拜年,乘船经过贺家池时的所见景物:"初九日:晴。晨放舟至啸唫,早饭后往阮斋拜岁,少坐。回棹贺家池,水天一色,城外巨浸之一也。"[9]由此可见,这种记忆源自作者少年时期的真实体验。但作者在这里表明"我"只是"仿佛记得",这种对遥远过去的"仿佛记得"不是第一次了,鲁迅在春节前后这段日子里,连续写了三篇梦回故乡的作品《雪》《风筝》和《好的故事》,在《雪》中就说过类似的话:"但我的眼前仿佛看见冬花开在雪野中,有许多蜜蜂们忙碌地飞着,也听得他们嗡嗡地闹着。""仿佛记得""仿佛看见",给这些遥远的记忆抹上了一层虚幻的色彩。

接下来,是开头说过的那个"好的故事"。这个"故事"好像是上面所说回忆的继续,只是这里的画面变成了更加细腻鲜明的特写:"大红花和斑红花,都在水里面浮动,忽而碎散,拉长了，如缕缕的胭脂水，然而没有晕。茅屋，狗，塔，村女，云，……也都浮动着。大红花一朵朵全被拉长了，这时是泼刺奔进的红锦带。带织入狗中，狗织入白云中，白云织入村女中……。在一瞬间，他们又将退缩了。"和作者书房里的"昏暗""昏黑"相比，这里是一个彩色的世界。巴什拉说："湖是天然的水彩画大师。水反应的世界的色彩比实体沉滞的色彩更为柔和，更为悦目，更具人工的美。……在天空的美与湖水的美之间难道没有相互的崇拜？世界在其反影中，具有双倍的美。"[10]

但就在"我"想要仔细凝视这个"美丽，幽雅，有趣"的故事时，"我"被从梦境中惊醒了，"仿佛有谁掷一块大石下河水中，水波陡然起立，将整篇的影子撕成片片了"。

就像《秋夜》中被"恶鸟"惊醒的"我"一样，从梦境中惊醒的"我"也"回"到了"自己的房"："我真爱这一篇好的故事，趁碎影还在，我要追回他，完成他，留下他。我抛了书，欠身伸手去取笔，——何尝有一丝碎影，只见昏暗的灯光，我不在小船里了。"

这里有一个不好理解的矛盾，从叙事者"我"的有限视角来说，如果说"我"在梦醒之后没有留下梦中的"一丝碎影"，那么，"我"就应该没有办法复述梦中的情景；而如果像现在一样清楚地讲述梦中的事情，是否说明"我"并没有忘记梦中的人和事呢？是否可以认为这里的"我"实际上有两种身份，一个是作为有限视角的行动主体，一个是作为全知视角的叙述主体？叙述主体的"我"，洞悉行动主体的"我"的一切，包括曾经出现但醒来后却消失的梦。作为行动主体的"我"，在梦中曾经"看见""无数美的人和美的事"，但梦醒之后，这些曾经"一一看见，一一知道"的事情却变得了无踪迹。这时候，再次出现了前面雨果所说的那种感觉，即"某种东西开始入睡，而某种东西正在苏醒"。在所有那些似有若无、时有时无的事物一度出现又消失之后，"昏暗的灯光"成为最切近、最稳固的存在。和在《秋夜》中的情形一样，"我"在经历过一番与虚无的对话之后，"回进自己的房"，就是放弃对遥远之地和虚幻之物的幻想，回到真实的自我，现实的眼前的自我，在"昏沉的夜"与"昏暗的灯光"面对面的自我。

许广平

　　1925年3月11日,苦闷中的许广平给鲁迅写了一封信,寻求精神上的支持和慰藉。许广平和陆晶清、吕云章是国文三班同班同学,从1923年下学期开始听鲁迅授课,所以她给鲁迅的信一开始就说:"现在写信给你的,是一个受了你快要两年的教训,是每星期翘盼着听讲《中国史略》的,是当你授课时每每忘形地直率地凭其相同的刚决的言语,好发言的一个小学生。"[11]

　　许广平给鲁迅写信,很大程度上和反对校长的校事有关。许广平是女师大学生自治会总干事,但在风潮初起时,因为担心被人利用,她态度并不很积极,甚至还劝慷慨激昂的同乡林卓凤不要被人利用。但许广平发现,自己怕被人利用反对校长,校长却在利用自己的权力收买学生,而且不少原来反对校长的学生,在权力的威胁和利益的诱惑下,纷纷改变立场。许广平觉得,现在的学生运动不纯正,也不公平。这种人心的倒退,让她怀念过去,怀念自己的中学时代和五四时代:

　　　　记得在中学时代,那时也未尝不发生攻击教员,反对校长的事，然而无论反与正的那一方面，总是偏重在"人"的方面的权衡，从没有遇见过以"利"的方面为取舍。先生，这是受了都市或政潮的影响，还是年龄的增长戕害了他呢？先生，你看看罢。现在北京学界上一有驱逐校长的事，同时反对的，赞成的，立刻就各标旗帜，校长以"留学"，"留堂"——毕业后在本校任职——谋优良位置为钓饵，学生以权利得失为取舍，今日收买一个，明日收买一个……今日被买一个，……明日被买一个……情形是一天天的恶化了，五四以后的青年是很可悲观痛哭的了！[12]

鲁迅第二天给许广平的回信，是针对许广平信中的内容，按老师给学生解答问题的方式，很有耐心地写下来的。但鲁迅在回信中所说的都是社会、学校的普遍情形，并没有对许广平焦心的女师大学潮有何评论。最有价值的部分，是最后补充的两个"如何在世上混过去的方法"，尤其是后一个方法，就是有名的"壕堑战"的战法：

对于社会的战斗，我是并不挺身而出的，我不劝别人牺牲什么之类者就为此。欧战的时候，最重"壕堑战"，战士伏在壕中，有时吸烟，也唱歌，打纸牌，喝酒，也在壕内开美术展览会，但有时忽向敌人开他几枪。中国多暗箭，挺身而出的勇士容易丧命，这种战法是必要的罢。但恐怕也有时会逼到非短兵相接不可的，这时候，没有法子，就短兵相接。[13]

"壕堑战"的思想,其实是委婉地表达了鲁迅并不想直接参与女师大学潮的意见,同时,对一向性急、正要"挺身而出"的许广平来说,也是一种负责任的建议。但许广平这时候的情形,大概是所谓箭在弦上,因此,3月15日许广平给鲁迅的第二封信继续讨论"壕堑战"时说:"不过子路的为人,教他豫备给人斫为肉糜则可,叫他去作'壕堑战'是按捺不住的。没有法子,还是站出去,'不大好'有什么法呢,先生。"许广平在这里说的是子路,实际上是在说她自己。鲁迅在3月18日的回信中也进一步阐释"壕堑战"的积极意义:"在青年,须是有不平而不悲观,常抗战而亦自卫,倘荆棘非践不可,固然不得不践,但若无须必践,即不必随便去践。"这意思是很清楚的:如果不是迫不得已,就不要主动出击。许广平在3月22日给鲁迅的信中表示接受老师的教诲:"此后自当避免些无须必践的荆棘,养精蓄锐,以待及锋而试。"

但3月23日鲁迅给许广平信中的一段话,引起了许广平的好奇和兴奋,鲁迅说:"这种漆黑的染缸不打破,中国即无希望,但正在准备毁坏者,目下也仿佛有人,只可惜数目太少。然而既然已有,即可望多起来,一多,可就好玩了。"因为鲁迅这种积极的攻击态度,许广平在3月26日给鲁迅的回信中,也公开了自己对学潮态度的变化过程及现在的决心:

> 近来满肚子的不平——多半是因着校事。年假中及以前,我以为对于校长主张去留的人,俱不免各有其复杂的背景,所以我是袖手作壁上观的。到开学以后,目睹拥杨的和杨的本身的行径,实更不得不教人

第四章 我可以爱

> 怒发冲冠，施以总攻击。虽则我一方面也不敢否认反杨的绝对没有色采在内。但是我不妨单独的进行我个人的驱羊运动。[14]

鲁迅说的"正在准备毁坏者"，让许广平联想起鲁迅平时说过的"做土匪去"，以为鲁迅是在筹划一种暗杀之类实际的战斗行动。许广平向鲁迅介绍了自己年少时对暴力革命的浪漫幻想和热烈追求，并表示愿意"作一个誓死不二的马前卒"。

但鲁迅要进行的只是文笔的战斗行动。所以，鲁迅3月31日给许广平的回信赶紧解释说："我又无拳无勇，真没有法，在手头的只有笔墨，能写这封信一类的不得要领的东西而已。但我总还想对于根深蒂固的所谓旧文明，施行袭击，令其动摇，冀于将来有万一之希望。而且留心看看，居然也有几个不问成败而要战斗的人，虽然意见和我并不尽同，但这是前几年所没有遇到的。我所谓'正在准备破坏者，目下也仿佛有人'的人，不过这么一回事。"[15]但许广平还是不满足于鲁迅说的在报纸杂志上"发牢骚"，她说："'发牢骚'诚然也不可少，然而纸上谈兵，终不免书生之见，加以现在的昏天黑地，你若打开窗子说亮话，还是免不了做牺牲。关起门来长吁短叹，也实在令人气短。"[16]

鲁迅4月8日给许广平的信，进一步解释自己的工作："'关起门来长吁短叹'，自然是太气闷了，现在我想先对于思想习惯加以明白的攻击。"就是说，是"明白的"攻击，但攻击的对象是中国人的思想。到这时候为止，鲁迅的想法还是开展思想革命而不是实际运动。不少年轻人包括李秉中、许广平，希望鲁迅能够领导他们"做土匪去"，进行更有效的"直接行动"，但鲁迅的鲁迅1925年3月31日写给许广平的信。

第四章　我可以爱

意思，其实是做思想上的土匪，进行思想革命，而不是年轻人所热衷的群众运动和武装斗争。

这也是他创办《莽原》的初衷。

但许广平的"驱羊运动"还在继续而且并不顺利。如果用"和平有礼"的方式劝退，对方就置之不理；如果"短兵相接"，就有可能两败俱伤。4月3日，许广平等学生代表与支持校长的教务长薛燮元就发生了一次"短兵相接"。这天，教育部派员到女师大视察，教务长薛燮元撕毁学生张贴的驱杨标语，受到许广平、刘和珍、姜伯谛等学生代表的诘难，薛燮元以受害者的面目出人意料地提出辞职，企图引起人们的同情和对学生的反感。4月10日，许广平在给鲁迅的信中，表达了对新任教长王九龄的失望和"驱羊"无望的苦闷：

> 现在所最愁不过的，就是风潮闹了数月，不死不活，又遇着仍抱以女子作女校长为宜的冬烘头脑，闭着眼问学生"你们是大多数反对么？"的人长教育，从此君手里，能够得个好校长么？一鳖不如一鳖，则岂徒无益，而又害之；迁延不决，则恋栈者的手段愈完全，而学生之软化消极者也愈多，终至事情无形打消，只落得一场瞎闹，真是何苦如此，既有今日，何必当初呢！无处不是苦闷，苦闷，苦闷，苦闷，苦闷，苦闷……[17]

4月14日，鲁迅给许广平回信，说明他所了解到的风潮之所以"不死不活"的原因：

学校的事，也许暂时要不死不活罢。昨天听人说，章太太不来，另荐了两个人，一个也不来，一个是不去请。还有□太太却很想做，而当局似乎不敢请教，听说评议会的挽留倒不算什么，而问题却在不能得人。当局定要在"太太类"中选择，固然也过于拘执，但别的一时可也没有，此实不死不活之大原因也。后事如何，且听下回分解可耳。

对于许广平信中的六个"苦闷"，鲁迅说：

"无处不是苦闷，苦闷（此下还有四个和……）"，我觉得"小鬼"的"苦闷"的原因是在"性急"。在进取的国民中，性急是好的，但生在麻木如中国的地方，却容易吃亏，纵使如何牺牲，也无非毁灭自己，于国度没有影响。[18]

就在此际，教育部长又从王九龄换成了章士钊。许广平把希望寄托在教育部长的换人上。4月16日她给鲁迅写信说："现时的'太太类'的确敢说没有一个配到这里来的——小姐类同此不另——而老爷类的王九龄也下台了。但不知法学博士能打破这种成见否？"这次直到4月22日，鲁迅才给许广平写回信。而这又是他最忙的一天，又编又写，弄了一周多时间的《莽原》周刊，今天终于把稿子凑齐了。再过两天，也就是4月24日，《莽原》就要正式出版了。他对许广平把希望寄托在新任教育部长身上，表示了怀疑：

第四章 我可以爱

> 至于今之教育当局,则我不知其人。但看他挽孙中山对联中之自夸,与对于完全"道不同"之段祺瑞之密切,为人亦可想而知。所闻的历来的言行,盖是一大言无实,欺善怕恶之流而已。要之,能在这昏浊的政局中,居然出为高官,清流大约无这种手段。由我看来,王九龄要好得多罢。校长之事,部中毫无所闻,此人之来,以整顿教育自命,或当别有一反从前之新法(他是大不满于今之学风的),但是否又是大言,则不得而知。[19]

4月16日许广平给鲁迅的信中,还说了另一种苦闷,即由于表达渠道不畅带来的苦闷:"这种种内外的黑幕,总想在文字上发泄发泄,但因各方的牵掣和投稿的困难,直逼得人叫苦连天,暗地咽气。"[20] 4月25日,在《莽原》周刊出版的第二天,许广平收到鲁迅寄给她的《莽原》第一期,《莽原》让许广平有了可以"发牢骚"的地方。她在给鲁迅的信里说:"先后的收到信和《莽原》,使我在寂寞的空气中,不知不觉的发生微笑。"她还兴奋地向鲁迅建议,可以变化一下《莽原》这类小周刊头版的版式。正常的版式,是报头和导读分别在头版右上角和左下角,许广平则提出,可否把导读和报头都放在第一栏,或者把导读放在头版正中间,或者干脆放到最后一版末尾?鲁迅在4月28日写的回信中,继续和许广平讨论版式问题。他解释说,导读放在头版末尾是为了读者翻检目录方便,尤其是在订成合订本后。但他又觉得许广平说的把报头和导读放在一起也有道理,还根据这种想法设计了一种版式,就是把目录、报头和通讯处三个内容并排占头版的第一栏。这样目录导读就变成在头版左上角，也一样方便读者检索。这个设想，鲁迅说可以在二十期以后"试他一试"。但不知道为什么，一直到周刊结束也没有实行这个设想。

学校的事情还是没有办法。4月30日，许广平向鲁迅报告她听说的一个消息："缝纫先生要来当校长，我们可以专攻女红了！！！从此描龙绣凤，又是另一番美育，德育。但不知道这梦做得成否？然而无论如何，女人长女校的观念的成见，是应该飨以毛瑟的。"这里所说的"缝纫先生"，是指湖南衡粹女子职业学校校长黄国厚。据《京报》4月29日报道，章士钊打电报给湖南省长赵恒惕，拟请黄国厚为北京女师大校长。黄国厚毕业于日本某职业学校，回国后曾在湖南省女校教授缝纫课程。5月3日，鲁迅回信说"缝纫先生"不来了，但比她更合适的人却也没有：

> 缝纫先生听说又不来了，要寻善于缝纫的，北京很多，本不必发电号召，奔波而至，她这回总算聪明。继其后者，据现状以观，总还是太太类罢。其实这倒不成为什么问题，不必定用毛瑟，因为"女人长女校"，还是社会的公意，想章士钊和社会奋斗，是不会的，否则，也不成其为章士钊了。[21]

很快，五七国耻纪念日又到了。5月8日出版的《莽原》周刊第三期，差不多成了国耻纪念日专刊。和纪念国耻相关的文章包括上遂（许寿裳）的《爱国》、有麟（荆有麟）的《昨日和明日》、张觉民的《国耻琐谈》和非心（许广平）的《乱七八糟》。荆有麟的《昨日和明日》很聪明地把报纸出版当天的5月8

日和之前的5月7日及之后的5月9日联系了起来：

> 五七是袁世凯受日本最后的通牒的日期，五九是陆徵祥和日置益签字的纪念，这固然在历史上算是莫大的耻辱罢，可是现在凡与洋大人动过交涉的事件，那一件不是和五七一样，那一条又不是五九的老刻板呢？[22]

张觉民的《国耻琐谈》对节日化的所谓国耻纪念日现象讽刺说：

> 开会，演说，……同八月节之吃月饼，端阳节之吃粽子，一样的些点缀。名曰纪念，想是愿其与日月始终，亿万斯年罢。一年复一年，纪念又纪念，确有永垂不朽，万古流芳之势云。这正是：
> 天增岁月耻增寿，
> 奴满乾坤福满门。[23]

热热闹闹地开会、游行、演说，的确不一定就能够"打倒帝国主义"，5月7日在女师大举行的国耻纪念讲演会，却将女师大风潮推向了高潮。这是许广平等学生代表和杨荫榆的"短兵相接"。杨荫榆想通过主持讲演会显示自己的校长身份，学生们则坚请杨荫榆退席，杨荫榆在台上讲话的时候，台下嘘声不断，这让她当场下不来台。第二天的《京报》对女师大的国耻纪念日活动报道说：

女子师范大学,昨日亦在校开五七国耻纪念会,敦请李石曾、吴稚晖、雷殷诸人,到会讲演。于午前九钟开会,该校学生,齐集大礼堂听讲,见校长杨荫榆到会主席,学生以久不承认杨为校长,于是即派学生自治会职员,请杨退席。杨即拍案大怒,而全场学生,仍坚请其退席,杨复大呼叫警察入校,同时校中总务长吴某,亦摩拳擦掌,大有动武之势,双方坚持许久,杨乃自行退席,于是大家齐鼓掌欢迎来宾讲演,秩序遂行恢复。闻该校属杨派之评议员数人,于昨日下午,前往某饭店商办法云。[24]

杨荫榆等人在饭店商量的结果,就是开除带头闹事的六个女师大学生自治会会员蒲振声、许广平、张平江、姜伯谛、刘和珍和郑德音。

开除学生自治会六人的布告,5月9日在女师大公示后,"举校哗然",被激恼的学生在操场集合,当场议决,请杨荫榆即日出校。知道杨荫榆已在校外躲避后,学生们又议决用封条封锁杨荫榆的办公室和宿舍,并决定分组轮流把守校门,拒绝杨荫榆来校。学生自治会5月11日发布《国立北京女子师范大学驱逐杨荫榆第二次宣言》,最后有:

杨荫榆先生注意:
同人等早已否认先生为校长,请以人格为重,幸勿擅入校门。

第四章　我可以爱

这样，学生和杨荫榆就成了势不两立但又势均力敌的敌我两方。

学生们驱逐杨荫榆数月，但杨荫榆倒好像是掌握了鲁迅教导许广平的"韧"和"锲而不舍"的秘诀，"劝之不去，逐之不走"。当然，杨荫榆开除学生自治会成员的决议也并没有发生效力。被开除的学生不但没有离开学校，反而坚持拒绝校长入校。章士钊在《停办女子师范大学呈文》中说："由五月至今，三四月间，学生跳梁于内，校长侨置于外，为势僵然，一筹莫展。"[25]大概也是实情。

我要反抗

鲁迅对学潮并不陌生。1903年他在日本宏文学院留学时，就曾经参加反对校长嘉纳治五郎和学监大久保的罢课斗争。1909年底，从日本回到浙江两级师范学堂任教的鲁迅，又和一批留学日本回来的教师掀起了反对校长夏震武的罢教风潮。1910年秋天，鲁迅从浙江两级学堂回到绍兴，绍兴府中学堂的监督杜海生邀请鲁迅到府中学堂做监学兼博物教员。杜海生和鲁迅到任的时候，前任校长蒋光镤和监学范爱农刚在学潮中被学生赶走，杜海生到任后的一个整顿措施，是全体学生重新考试编级，遭到学生罢课抗议，杜海生被迫辞职，监督由陈子英继任。后来陈子英继续执行重新考试政策，又遭到学生反对。1910年11月15日鲁迅给许寿裳写信，详细陈述了府校学生因考试再次"大哄"的经过：

> 仆自子英任校长后，暂为监学，少所建树，而学生亦尚相安。五六日前，乃复因考大哄：盖学生咸谓此次试验，虽有学宪之命，实乃出于杜海生之运动，爰有斯举，心尚可原（杜君太用手段，学生不服，亦非无

第四章 我可以爱

故）。今已下令全体解散，去其谋主，若胁从者，则许复归。计尚有百余人，十八日可以开校。此次荡涤，邪秽略尽，厥后倘有能者治理，可望复兴。学生于仆，尚无间言；顾身为屠伯，为受斥者设身处地思之，不能无恻然。[26]

从鲁迅的信中可以看出，校方对学生的处理很严厉。鲁迅虽然是处在和学生对立的地位，但他对学生的遭遇持同情态度。

辛亥革命后，鲁迅又被委任为山会初级师范学堂监督。作为学校管理者，鲁迅也并不总是无条件地满足学生的要求，对那些稍不如意就借题闹事的学生也是反对的。他总能机智地识破那些"眼睛石硬"的学生所玩弄的小伎俩，"眼睛石硬"是他和许寿裳对那些有眼无珠、不识好歹、目中无人的学生的用语。比如，他在师范学堂的时候，就曾经有学生往食堂做好的米饭里放蜈蚣，然后要求监督惩罚厨师。鲁迅断定蜈蚣是学生放进饭里的，于是就让所谓中毒的学生到他那里号脉拿药，原来喊肚子疼的学生就都悄悄溜走了。

鲁迅反对学生无端闹事，但他也反对随便开除学生，尤其是解散学校和大规模开除学生。荆有麟回忆北京世界语专门学校在第二学年爆发的一次学潮说：

这学校里的学生，完全笼罩在政治活动中，记得当时学生中分三派，国民党，共产党与无政府党。因为这些党派关系，在第二学年便爆发了不可收拾的学潮，整整闹了半年，学校还是无法上课。于是有些人，便找代理校长谭熙鸿，预备另外成立一外国语专门学校，以结束其风潮。当时曾邀请与学校有关之董事，教授等，在中央公园开会商决。先生为教授之一，自亦参与其会，会议中，多数以为为解决风潮起见，还是另改学校名称，学生从新举行登记。此主张，以马夷初主张最力，后来李石曾提出：为防止再有风潮起见，学生中，凡系某党某派，一律不予接收，先生以为，有失教育青年之旨，便激烈反对，始遭打消。[27]

因为和自己关系不大，鲁迅对女师大学生反对杨荫榆的学潮，一直是取旁观默察的态度。即使是和许广平有了书信来往后，他也努力保持一种超脱的姿态，最多是给许广平提供一些从部里得到的内部消息，提出一些建设性意见。但5月9日许广平等六个学生被开除，让鲁迅不但"不能无恻然"，而且只能"站出来"说话了。5月10日，鲁迅作《忽然想到（七）》，这是鲁迅对女师大风潮第一次公开说话，他很巧妙地论述"凶兽和羊（杨）"的辩证关系："他们是羊，同时也是凶兽；但遇见比他更凶的凶兽时便现羊样，遇见比他更弱的羊时便现凶兽样。"[28]在5月17日许广平给鲁迅的回信中，"凶兽样的羊"就成了杨荫榆的代名词了，这封信中，许广平提到了"牺牲"，这让人想起在北大讲义费风潮中"牺牲"的冯省三。许广平不怕"牺牲"，她觉得这是"为大众请命而被罪"，但她又不甘心只是落得"无益的牺牲"，"驱羊"好几个月了，也还是没有"驱逐"得了：

牺牲不是任何人所能劝的。放着"凶兽样的羊"而

第四章 我可以爱

> 不驱逐，血气之伦，谁能堪此。
> 　然而果真驱逐了么？恐还只有无益的牺牲罢！
> 　可诅咒的自身！
> 　可诅咒的万恶的环境！[29]

许广平的悲愤和不甘，激起了鲁迅的同情和参加战斗的决心。他在5月18日给许广平的信中说："然而，世界岂真不过如此而已么？我要反抗，试他一试。"

5月27日，《京报》发表了鲁迅拟稿、马裕藻等七教授联合署名的《对于北京女子师范大学风潮宣言》：

> 溯本校不安之状，盖已半载有余，时有隐显，以至现在，其间亦未见学校当局有所反省，竭诚处理，使之消弭。迨五月七日校内讲演时，学生劝校长杨荫榆先生退席后，杨先生乃于饭馆召集校员若干燕饮，继即以评议部名义，将学生自治会职员六人（文预科四人理预科一人国文系一人）揭示开除，由是全校哗然，有坚拒杨先生长校之事变。而杨先生亦遂遍送感言，又驰书学生家属，其文甚繁。第观其已经公表者，则大概谆谆以品学二字立言，使不谙此事始末者见之，一若此次风潮，为校长整饬风纪之所致。然品性学业，皆有可征，六人学业，俱非不良，至于品性一端，平素尤绝无惩戒记过之迹，以此与开除并论，而又若离若合，殊有混淆黑白之嫌。况六人俱为自治会职员，倘非长才，众人何由公举。不满于校长者倘非公意，则开除之后，全校何

對於北京女子師範大學風潮宣言

溯本校不安之狀，蓋已半載有餘，時有隱顯，以至現在。其間亦未見學校當局有所反省，竭誠處理，使之澄清。迨五月七日校內講演時，學生勸楊校長楊蔭榆先生退席後，楊先生乃於假飯店召集校員若干燕飲，繼即以評議部名義，將學生自治會職員六人（文預科四人理預科一人國文系一人）揭示開除。由是全校譁然，有堅拒楊先生長校之事變。而楊先生亦遍逢感言，又馳書學生家屬，其文甚繁。第觀其已經公表者，則大概詳語以品學二字立言，使不諳此事始末者見之。一若此次風潮，為校長整飭學紀之所致，然品性學業，皆有可徵。六人學業，俱非不良，至於品性一端，平素尤絕無墮成記過之迹，以此與開除並論，而又若離若合，殊有混淆黑白之嫌。況六人俱為自治會職員，倘非長才，衆人何由公舉。不滿於校長者偏非公意，則開除之後，全校對至譁然，所謂衆當其罪，則本系之兩主任何至事前並不與聞，撒逐相率引退。可知公論尚在人心。曲直早經顯見，偏私謬戾之舉，究非空言說所能掩飾也。同人忝為教員，義難默爾，敢布區區，惟冀心教育者察焉。

國文系教員馬裕藻
國文系教員沈尹默
國文系教員周樹人
史學系主任教員李泰棻
國文系教員錢玄同
國文系教員沈兼士
國文系教員周作人

《对于北京女子师范大学风潮宣言》，许广平在原件上批注："鲁迅拟稿，针对杨荫榆的'感言'，为学生仗义执言，并邀请马裕藻先生转请其他先生连名的宣言。广平藏。"

至哗然。所罚果当其罪，则本系之两主任何至事前并不与闻，继遂相率引退。可知公论尚在人心，曲直早经显见，偏私谬戾之举，究非空言曲说所能掩饰也。同人忝为教员，因知大概，义难默尔，敢布区区，惟关心教育者察焉。

国文系教员　马裕藻
国文系教员　沈尹默
国文系教员　周树人
史学系主任教员　李泰棻
国文系教员　钱玄同
国文系教员　沈兼士
国文系教员　周作人[30]

　　七教员宣言对学生们精神上的鼓舞是巨大的。当天晚上，许广平给鲁迅的信中说："今日（廿七）见报上发表的宣言，知道已有'站出来说话的人'了，而且是七个之多。在力竭声嘶时，可以算是添了军火，加增气力。"但也确实如许广平担心的："诚恐热心的师长，又多一件麻烦。"[31]
　　首先对鲁迅他们的宣言出来说话的是西滢，西滢就是北大英语系的教授陈源，他在5月30日的《现代评论》上发表的《闲话》说："我们在报纸上看见女师大七教员的宣言，以前我们常常听说女师大的风潮，有在北京教育界占最大势力的某籍某系的人在暗中鼓动，可是我们总不敢相信。这个宣言语气措辞，我们看来，未免过于偏袒一方。"[32]鲁迅的反应更快，他在6月1日的《京报副刊》和6月5日的《莽原》第七期,分别发表《并非闲话》和《我的"籍"和"系"》,对西滢的"某籍某系"说进行犀利的嘲讽,他说:"我记得宋朝是不许南人做宰相的,那是他们的'祖制',只可惜终于不能坚持。至于'某籍'人说不得话,却是我近来的新发见。"[33]

就在这时候,上海发生了五卅惨案。爱国运动成为人们关注的热点,而对于"驱羊运动"竟无暇顾及。6月5日,许广平给鲁迅的信中说:"小问题(校长)还未解决,大问题(上海事件)又起来;平时最犯忌是提前放假,现在却自动的罢课了。"[34]但爱国运动也是一塌糊涂,看起来轰轰烈烈的爱国、救国只是嘴上功夫。"'公理'是在我们口里的,所以我们不过来讲讲,而枪炮却拿在人家手里,所以人家就来打。"[35]而且总是"外患方殷,内争先起",争做主席,争上讲台,"狗咬狗骨头,两不相让,私而忘公"。[36]

爱国运动让许广平着急,"驱羊运动"也一筹莫展。7月31日,《莽原》第十五期发表景宋(许广平)的《过时的话》,其中第二段"半年以后"写道:

> 谁都知道某校风潮发生了半年多,而大家不管。这是中国人不负责任,互相推诿的一件最好不过的证据。且听各方面的意见。——
>
> 在美国旗帜下设校长办事处的某老女士说:"该校风潮,完全是六个人捣乱,设法勒令六人离校,风潮自然平息。我是不错的,是非没有两个。她们必须走,我总得做校长。"

第四章　我可以爱

> 在学校中的学生说："只要某女士辞职，甚么事都解决了，何必因一个人的恋栈引起学校前途的危险。"
>
> 有些该校的主任先生们说："学校一切行政，不是我们权限所在，不便代谋。其它问题，自当静候教育部解决。"
>
> 社会上有些人说："这是女子的问题，由她们自己解决去。"
>
> 教育部是怎说的呢？无论是撤换抑解散，抑另有锦囊妙计，现在似乎应当公布出来了罢，真的也打算"由她们自己解决去"吗？这真是简单的一个"女子问题"吗？[37]

7月底，重新掌握教育部权力的章士钊开始整顿学风，在他的支持下，杨荫榆采取了进一步行动，改组也就是解散带头闹事的四个班学生。但是，杨荫榆面对的女师大学生，可不是绍兴府中学堂那些反对考试的中学生，这些女学生大都是经过斗争才冲破封建家庭的牢笼出来读书的，更重要的，她们背后有政治力量支持。8月1日，杨荫榆在警察三四十人协助下突入学校，宣布解散文预一年、文预二年、理预二年、国文三年四个班学生，并关闭食堂、自来水。配合学校当局的警察试图强迫学生出校，但学生不为所动。被困在学校的学生没有食物，但是他们得到了外校进步学生从围墙外面扔过来的面包和西瓜。第二天，女师大学生在中央公园招待社会各界人士及各团体代表，请求社会支援。8月3日，二十多个社会团体在北大集会，议定成立女子师范大学教育维持会，易培基和顾孟余分任正副主席。因为各界纷起援助，警察在这天撤出了学校。8月4日,章士钊带领教育部次长陈任中、专门司司长刘百昭(1889–1933)等到女师大调查情况。同一天,一直在幕后支持学生的国民党人也走到了前台。第二天《京报》报道说:"陈刘刚至校门,即遇李石曾夫人进校。学生等即上前迎接。李夫人进校后,对于学生之方面,慰问备至。""在教部长官亲到该校调查风潮情形之后,李石曾之夫人偕同两剪发女士,在该校召集住校学生大开会议。"[38]

这时候,杨荫榆终于意识到学生运动背后的政治色彩,"知难而退",向教育部提出辞职:"至杨荫榆氏,则以为该校风潮,非仅学校及教育问题,乃学阀中之政治问题,自审个人手腕,不适于今日之潮流,昨晚已有呈请教部辞职之说。"

杨荫榆辞职了,但章士钊也想好了对付学生的最后一步棋。《杨荫榆昨晚有辞职说》中有:"教部对该校已有最公平之办法,本星期内即可提交阁议决定。"[39]这个所谓"最公平之方法"就是停办女师大,学生全体解散,这在过去的学潮中并不少见,十五年前绍兴府中学堂第二次"大哄"的最后结局,就是全体解散然后重组。所谓的"最公平",就是在重组后让原来的校长和闹事学生的主谋"两败俱伤"。8月6日,章士钊在国务会议上提请停办女师大;8月8日,章士钊亲自草拟《停办北京女子师范大学呈文》发表于《甲寅》第一卷第四期。《呈文》说:"当此女教绝续之秋,宜为根本改图之计。拟请查照马次长处理美术专门学校成例,将该大学暂行停办,该校长杨荫榆调部任用。"[40]

杨荫榆辞职后,学生和杨荫榆的对立,变成了国民党人领袖李石曾与章士钊的对立。虽然北洋政府通过了解散女师大、改办女子大学的决议,学生自治会却视教育部的决议为"乱命"不予承认。早在此前学生自治会就议决成立了一个校务维持会,以进行学校一切事务。8月7日,在章士钊下令解散女师大的同时,学生自治会也发布了《北京女师大学生自治会驱章宣言》,宣言称,章士钊是"巨蠹""蟊贼"和"帝国主义的走狗",对停办学校的"乱命""吾人惟以死力与之周旋"。

从8月7日起,鲁迅一直参与校务维持会活动,并在8月13日被选为校务维持会委员。8月13日,鲁迅突然被章士钊罢免了教育部的职务,章士钊呈请执政审批的公文说:"兹有本部佥事周树人,兼任国立女子师范大学教员,于本部下令停办该校以后,结合党徒,附和女生,倡设校务维持会,充任委员。似此违法抗令,殊属不合,应请明令免去本职,以示惩戒(并请补交高等文官惩戒委员会核议,以完法律手续)。"[41]

鲁迅的免职令发布于8月14日,这天鲁迅家里很热闹,先后有二十多个好友来西三条看望鲁迅,也包括高长虹。但高长虹等年轻人当时并不觉得这是什么坏事,高长虹曾说:"他的教育部的职业,我同几个青年朋友们初知的时候,觉得很奇怪,又很好笑。"[42]鲁迅当然知道事情的"内幕",所以不一定觉得多么意外,但他也没有就此罢休。尚钺说,他第二天去看鲁迅的时候,鲁迅正在吸着平时不吸的海军牌香烟,自己动手起草起诉书,他对尚钺说,这是一种"幽默斗争的方式"。[43]

当时舆论认为,章士钊将鲁迅"用迅雷不及掩耳手段,秘密呈请执政准予免职",属于"意气用事,徒增口实"。[44]既然"迅雷不及掩耳",就难免"萝卜快了不洗泥",核心的秘密就是括号里面的"并请补交高等文官惩戒委员会核议,以完法律手续"这句话。既然尚需完善法律手续,就说明有不够合法之处。所以敬摺呈者窃查官吏服務首在恪守本分服從命令兹有本部佥事周樹人兼任國立女子師範大學教員於本部下令停辦該校以後結合該校徒附和女生倡設校務維持會充任委員似此違法抗令殊属不合应请明令免去本職以示懲戒並请補交高等文官懲戒委员會核議以完法律手續是否有當理合呈请鑒核施行謹呈臨時執政

十二日

第四章 我可以爱

鲁迅在起诉书中说："查文官免职系属惩戒处分之一，依文官惩戒条例第十八条之规定，须先交付惩戒，始能依法执行；乃竟滥用职权，擅自处分，无故将树人免职。"被告在答辩中辩称："本部原拟循例呈请交付惩戒，乃其时女师大风潮形势严重，若不即时采取行政处分，一任周树人以部员公然反抗本部行政，深恐群相效尤，此项风潮愈演愈烈，难以平息。"但接下来的"原告互辩"，很轻易地就驳斥了被告的答辩："查以教长权力整顿一女校，何至形势严重？依法免一部员，何至用非常处分？且行政处分原以合法为范围，凡违反法令之行政处分当然无效。"章士钊本想使用非常手段震慑对手，没想到聪明反被聪明误。

8月13日下午，鲁迅被章士钊呈请开除教育部职务之际，周作人正在教育部参加一个女师大学生的家长会，周作人参加这个会，是因为他是张静淑的保证人。周作人在《知堂回想录》里回忆说：

> 那一天的日记只简单的记着："八月十三日，下午四时赴教育部家长会议，无结果而散。"这会议是不可能有结果的，在八月六日北洋政府阁议已经通过教育部解散女师大，改办女子大学的决议，这里召集家长前来，无非叫约束学生，服从命令的意思。当时到场二十余人，大都没有表示，我便起来略述反对之意，随有两三个人发言反对，在主人地位的部长章士钊看见这个形势，便匆匆离席而去，这便是那天无结果的详情。[45]

这个家长会当时到场的二十多个人，很可能就是一直留在学校的二十多个学生的保证人。章士钊在《停办北京女子师范大学呈文》中提到了留校学生的保证人："该校学生，半由各省考送，家长戚族，未必在京，责令即时解散，亦未便操之过急。日者士钊曾偕部员，亲赴该校视察，见留校女生二十余人，起居饮食，诸感困苦，迹其行为，宜有惩戒，观其情态，亦甚可矜。当由部派员，商同各保证人，妥为料理，无需警察干预。"[46]

8月19日，教育部派专门教育司司长刘百昭到女师大接收一切并成立女子大学筹备处，但他遭到留校学生的抵制，只能在警察保护下勉强办了一天公。当事人刘亚雄回忆说："八月十九日那天，刘百昭率领军警打入女师大，坚守学校的学生把他团团围住，骂他，唾他，把他的绸大褂撕得稀巴烂，使他当场出丑，不得不狼狈逃窜。"[47]第二天，学生们封闭了大门，刘只能从通往厨房的侧门进入学校。第三天，大门还是弄不开，刘想在墙头架个梯子爬进来，被人阻止。8月22日，刘百昭率领大批警察和女佣强行进入学校，把滞留在学校的二十多个学生强力扭送报子街的女师大补习科。被扭送到报子街的二十四个学生旋即向京师地方检察厅状告章士钊、刘百昭等"伤害侮辱，滥施捕禁"的犯罪行为。刘百昭和章士钊是湖南同乡，又都曾在英国留学，所以章士钊兼任教育部长后很快引荐他做了专门教育司司长。学生们在对章士钊、刘百昭的诉讼中强调，章士钊在停办呈文中曾经说过的"责令即时解散，亦未便操之过急"，22日那天悬挂在校门上的"教育部布告十一号"却说："该校原有寄宿女士二十余人，原准暂时留校，派女职员管理，乃迭次派员到校，概被拒绝，谩骂殴辱，无所不至，……以致不能设处筹备一切进行事件。"[48]联系刘亚雄对19日大战刘百昭的回忆，这个布告中说的"不能设处筹备一切"大概也是实情,只不过刘百昭没能按照章士钊在呈文中说的"妥为料理",而是和杨荫榆一样"硬来",遂留下千古骂名。

情书与"老虎尾巴"的显现

从1925年3月11日到7月底,许广平和鲁迅至少写了四十封书信,在"驱羊运动"让人心情郁闷、一筹莫展的时候,书信来往却在鲁迅和许广平之间发展出一种出人意料的爱情关系。除了志趣相投,豪爽、果决的性格,也是许广平能走进鲁迅内心而不光是走进"老虎尾巴"的一个重要原因。

他们两人在此一时期的频繁书信来往中,除了谈论社会黑暗、人生出路以及他们共同参与的、越陷越深的反对女校长杨荫榆的学生运动外,也有很多时候谈论的是轻松的、看起来意义不大的小话题,正是这些小话题,让他们建立起师生之外的亲密关系。所谓情书,往往就是写一些看起来不起眼的小事,这些小事平常人视而不见,对情人来说,却可能分外明显。爱情中的人会把脚步停顿下来,把目光集中在当下,尤其是当下所在的房间和房间里的家具摆设。自从许广平第一次到西三条拜访鲁迅,和鲁迅有关的这座宅子,尤其是鲁迅大多数时候蜷缩在其中的工作室、卧房兼客厅,就成为他们俩注目、谈论和命名的目标。

1925年4月12日,星期天,经过一个月的频繁书信来往后,许

第四章　我可以爱

广平探访了鲁迅在西三条的住宅。过了好几天，在4月16日给鲁迅的信中，许广平还沉浸在几天前身处"鲁迅师"的"秘密窝"时所营造的强烈刺激中。信的第一段是：

> "尊府"居然探检过了！归来后的印象，是觉得熄灭了通红的灯光，坐在那间一面满镶玻璃的室中时，是时而听雨声的淅沥，时而窥月光的清幽，当枣树发叶结实的时候，则领略它微风振枝，熟果坠地，还有鸡声喔喔，四时不绝。晨夕之间，时或负手在这小天地中徘徊俯仰，盖必大有一种趣味，其味如何，乃一一从缕缕的烟草烟中曲折的传入无穷的天际，升腾，飞散……[49]

这段公开发表的信在原信基础上做了较大修改。第一句在原信中是"'秘密窝'居然探检（？）过了！"，"秘密窝"显然是鲁迅和许广平之间私下对鲁迅家宅的一种现成说法，但有什么具体内涵不得而知。这里"探检"一词，说明许广平对鲁迅公共形象背后的日常生活有强烈好奇，甚至也不排除对鲁迅家庭生活方式如与"师母"的关系问题的好奇。"居然"一词说明这是一件期待已久、谋划已久的事情。像很多第一次来西三条拜访鲁迅的人一样，许广平显然也是带着《秋夜》的影响来到鲁迅的住宅的，《秋夜》是1924年12月1日在《语丝》上发表的，因为《秋夜》，许多人对西三条21号这座宅院产生了向往。从许广平的信可以看出，当真的面对鲁迅日常写作的桌椅和漫步在鲁迅特别设计的后院时，她的心中一定出现了一大堆《秋夜》中的句子。

鲁迅并没有很快给许广平回信，这段时间，鲁迅还在忙着另一件重要的事情。俗话说"祸不单行，福无双至"，但在实际生活中，却也往往好事成双。在许广平踏入鲁迅宅院、两人关系发生重要进展的这段日子里，鲁迅一直在谋划通过报刊出版进行社会批评、文明批评的想法获得了实质进展。就在许广平拜访鲁迅前一天，鲁迅经历了特别忙碌、充实的一天。这天下午，他陪母亲游览了住地附近的钓鱼台，晚上邀请高长虹等年轻人商定了《莽原》周刊的创办事宜。4月22日，鲁迅编辑完成第一期《莽原》，晚上才开始气定神闲地回应许广平十天前的"探检"。在说了一番《莽原》编辑出版的事情和对本月14日刚刚上任的教育部新任部长章士钊的看法后，鲁迅接着说：

> 我自己觉得并无如此"冷静"，如此能干。即如"小鬼"们之光降，在未得十六来信以前，我还未悟到已被"探检"而去，……但你们的研究，似亦不甚精细，现在试出一题，加以考试：我所坐的有玻璃窗的房子的屋顶，是什么样子的？后园已经到过，应该可以看见这个，仰即答复可也！[50]

三天后的4月25日，许广平收到鲁迅这封带有"考题"的回信和新出版的《莽原》周刊，对鲁迅的"考题"，许广平在回信中说：

> 考试尚未届期呢，本可抗不交卷的，但考师既要提前，那么现在做了答案，暑假时就可要求免试了——倘不及格，自然甘心补考——答曰：

第四章 我可以爱

> 那房子的屋顶，大体是平平的，暗黑色的，这是和保存国粹一样，带有旧式的建筑法。至于内部，则也可以说是神秘的苦闷的象征。靠南有门，但因隔了一间过道的房子，所以显得暗，左右也不十分光亮，独在前面——北——有一大片玻璃，就好像号筒口。[51]

考试是鲁迅和许广平之间作为师生关系经常发生的活动。这时候，鲁迅正每周一下午在女高师讲授日本人厨川白村的文艺学著作《苦闷的象征》，许广平每周一都是听课的学生，期末还要和其他学生一样参加期末考试。但现在，期末考试的时间还不到，鲁迅给许广平出了一份"考卷"，考试的内容是鲁迅家房子的样式。4月12日去鲁迅家"探检"的，是许广平和同学林卓凤，但这次被考的人只有许广平。考题表面上是房子的样式，但实际上考的是他们之间的关系。在情人之间，某个特定的空间会成为他们亲密关系的舞台，情人之间的这种亲密关系会酝酿出一种特有的情调，这种特有的情调会邀请环绕在他们周边的环境参与、见证和加强他们之间的亲密关系。对建筑环境和人类感情之间的这种关系，美国地理学家段义孚说：

> 人类的语言包含并加强了感受。如果不使用语言，那么感受在瞬间达到顶峰后就会快速消散。或许，动物的情感没有人类那么强烈和持久的一个原因在于动物不能用语言表达情感，它们的情感来得快，去得也快。如同语言一样，建筑环境拥有限定和完善感觉的力量，它可以消弱和增强意识。[52]

在回答了鲁迅关于他的那间"有玻璃窗的房子"的提问后,许广平紧接着回敬给鲁迅一道试题:

> 问曰:我们教室天花板的中央有点什么?倘答电灯,就连六分也不给,倘俟星期一临时预备夹带然后交卷,那就更该处罚(?)了。其实这题目原甚平常而且熟习,不如探检那么生疏,该不费力的罢。敢请明教可也![53]

和鲁迅家这个"有玻璃窗的房子"一样,鲁迅每周一在女高师上课的教室,也是他和许广平之间建立特殊关系的"舞台"。对当事者来说,这些地方是专有的、私人的,在某些特定时刻,他们的知觉变得格外敏感,平时隐而不彰的一些事物,会突然显现出来,并变成铭刻在记忆深处的印象,他们希望对方和自己共享这份专有的、私人的感觉。

鲁迅接到许广平这封既有答题又有问卷的信是星期一上午,在周二的回信中对许广平的答题评价说:"但是这次考试,我却可以自认失败,因为我过于大意,以为广平少爷未必如此'细心',题目出得太容易了。"对于许广平回敬的试卷,鲁迅说:"那信是星期一上午收到的,午后即须上课,其间更无作答的工夫,而一经上课,则无论答得如何正确,也必被冤为'临时预备夹带然后交卷',倒不如拼出,交了白卷便宜。"[54]

许广平4月30日的回信,继续就鲁迅那个"有玻璃窗的房子"表现出"探检"的兴趣,她自问自答说:"考试的题目出错了。如果出的是'书架上面一盒盒的是什么?',也许要交白卷,幸

第四章 我可以爱

而考期已过,就不妨'不打自招'的直白的供出来。假如要做答案,我没有刘伯温卜烧饼的聪明,只好自认是书籍。这可给他零分么?"[55]

对许广平这道自问自答的"试卷",鲁迅在5月3日的回信中说:"我也可以'不打自招':东边架上一盒盒的确是书籍。"[56]

对于许广平回敬给鲁迅的那道关于教室天花板中央有什么的问题,鲁迅没有通过回信回答,但两天后的5月1日,鲁迅创作了小说《高老夫子》,《高老夫子》中的主人公高尔础,被聘请到贤良女学校做历史教员,在第一次上课的时候,面对满屋子女学生,假道学高尔础心旌荡漾,无法自持,只好抬起头来看着屋顶讲课,这时,高尔础看到了许广平要鲁迅回答的"教室天花板的中央有点什么":

> 他也连忙收回眼光,再不敢离开教科书,不得已时,就抬起眼来看看屋顶。屋顶是白而转黄的洋灰,中央还起了一道正圆形的棱线:可是这圆圈又生动了,忽然扩大,忽然收小,使他的眼睛有些昏花。[57]

由此可见,鲁迅创作《高老夫子》这篇小说和许广平关于女高师教室屋顶的考题是密切相关的。鲁迅是在故意用写篇小说这样夸张的形式来回答许广平的提问,以示隆重。与许广平确定了特殊关系后,名人鲁迅如何面对课堂上的其他女生,肯定会成为他们之间私下的一个话题。1926年9月30日,独自一人在厦门大学的鲁迅给许广平写信说:"听讲的学生倒多起来了,大概有许多是别的科的。女生共五人。我决定目不斜视,而且将来永远如此，直到离开了厦门。"

1925年1月1日，鲁迅写了一篇《诗歌之敌》，稿子是写给《京报·文学周刊》的年轻编辑孙席珍的。稿子开头写的却是没有创作灵感的困窘，在下一步行动受阻的特定时刻，作者反观到了自己当下的环境：

> 大前天第一次会见"诗孩"，谈话之间，说到我可以对于《文学周刊》投一点什么稿子。我暗想倘不是在文艺上有伟大的尊号如诗歌小说评论等，多少总得装一些门面，使与尊号相当，而是随随便便近于杂感一类的东西，那总该容易的罢，于是即刻答应了。此后玩了两天，食粟而已，到今晚才向书桌坐下来豫备写字，不料连题目也想不出，提笔四顾，右边一个书架，左边一个书箱，前面是墙壁，后面也是墙壁，都没有给我少许灵感之意。我这才知道：大难已经临头了。[58]

这说明，在住进西三条21号大半年后，鲁迅开始关注和熟悉自己的隐居之地，他意识到了自己四周的墙壁以及这些墙壁和自己的关系。

在一些副文本如附记、题记、后记等类文章的最末，鲁迅一般会写明写作的时间、地点。直到1925年4月7日，鲁迅在《一个"罪犯"的自述》这篇附记的文末还是写："四月七日，附记于没有雅号的屋子里。"可见，从前一年5月25日搬来西三条，鲁迅一直没有给自己的工作间一个命名。但在1925年4月27日，也就是鲁迅4月22日给许广平写信提出"有玻璃窗的房子的屋顶，是什么

第四章 我可以爱

绿林书屋西壁下。

(摄影 葛东升)

样子的"的问题之后几天，鲁迅在《通讯（致孙伏园）》一文最后就写明了"鲁迅。四月二十七日，于灰棚"。由此可见，鲁迅在给许广平提出这个问题的时候，首先是让他自己更显明地意识到了自己的书房的存在。直到1929年5月，鲁迅从上海回北京看望生病的老母，在给许广平的信中还是把这个熟悉的地方叫作"那间灰棚"："那间灰棚，一切如旧，而略增其萧瑟，深夜独坐，时觉过于森森然。"

除了"灰棚"，鲁迅在1925年和1926年的文章中，也把这个他工作的屋子叫作"绿林书屋""东壁下"。如1925年底写的《华盖集》"题记"，最后标有"一九二五年十二月三十一日之夜，记于绿林书屋东壁下"。第二年2月15日写的《华盖集》"后记"，最后有"一九二六年二月十五日校毕记。仍在绿林书屋之东壁下"。这里的"绿林书屋""东壁下"，都和1925年鲁迅支持许广平参与的女高师驱逐校长杨荫榆的运动有关。鲁迅在5月21日写的《"碰壁"之后》，说到了把自己的书房叫作"东壁下"的来由，在这篇文章中，鲁迅说他在女师大等待开会的间隙，听到有教员和学生谈话，劝学生"做事情不要碰壁"，于是，他"领悟"到自己之所以痛苦的原因是："碰壁，碰壁！我碰了杨家的壁了！"鲁迅西三条书房的桌子靠在房间的东壁下，人坐在书桌前，抬头就会面对墙壁，所以鲁迅在有的文末标有"东壁灯下写""记于东壁下"或者干脆标注"碰到东壁下"。当然，"东壁下"不仅仅表示鲁迅敢于斗争的执拗精神，东壁下的这块方寸之地也凝结着鲁迅和许广平不少难以忘怀的记忆。1932年11月，鲁迅第二次回北京看望母亲，有机会再次坐在"那间灰棚"里的"东壁下"。11月13日鲁迅给许广平写信说：

第四章　我可以爱

> 北平似一切如旧，西三条亦一切如旧，我仍坐在靠壁之桌前，而止一人，于百静中，自然不能不念及乖姑及小乖姑，或不至于嚷"要PaPa"乎。[59]

注　释

1　晚愚，《女师大风潮纪事》，《鲁迅生平史料汇编》第三辑，天津人民出版社，第246页。
2　《鲁迅全集》14，人民文学出版社，1981年版，第497页。
3　许广平，《欣慰的纪念》，鲁迅博物馆等选编《鲁迅回忆录》专著（上册），北京出版社，1999年版，第345页。
4　陆晶清，《鲁迅先生在女师大》，鲁迅博物馆等选编《鲁迅回忆录》散篇（上册），北京出版社，第407页。
5　周作人，《知堂回想录》下，北京十月文艺出版社，2013年版，第554页。
6　清，《不要小看了杨荫榆》，《鲁迅生平史料汇编》第三辑，天津人民出版社，第271页。
7　周作人，《知堂回想录》下，北京十月文艺出版社，2013年版，第555页。
8　维克多·雨果，《法国与比利时随笔》，转引自［法］加斯东·巴什拉著《梦想的诗学》，生活·读书·新知三联书店，第17页。
9　周作人，《鲁迅小说里的人物》，河北教育出版社，2002年版，第292页。
10　［法］加斯东·巴什拉，《梦想的诗学》，生活·读书·新知三联书店，第251页。
11　《鲁迅全集》第十一卷，人民文学出版社，2005年版，第11页。
12　《鲁迅全集》第十一卷，人民文学出版社，2005年版，第11页。
13　《鲁迅全集》第十一卷，人民文学出版社，2005年版，第16页。
14　《鲁迅全集》第十一卷，人民文学出版社，2005年版，第27页。
15　《鲁迅全集》11，人民文学出版社，1981年版，第32页。
16　《鲁迅全集》11，人民文学出版社，1981年版，第37页。
17　《鲁迅全集》第十一卷，人民文学出版社，2005年版，第43页。
18　《鲁迅全集》第十一卷，人民文学出版社，2005年版，第46页。
19　《鲁迅全集》第十一卷，人民文学出版社，2005年版，第54页。
20　《鲁迅全集》第十一卷，人民文学出版社，2005年版，第50页。

21 《鲁迅全集》第十一卷，人民文学出版社，2005 年版，第 70 页。
22 有麟，《昨日和明日》，《莽原》周刊第三期第五版。
23 张觉民，《国耻琐谈》，《莽原》周刊第三期。
24 《学生因纪念五七国耻击毁章教长住宅》，《京报》1925 年 5 月 8 日。
25 《鲁迅生平史料汇编》第三辑，天津人民出版社，第 365 页。
26 《鲁迅全集》第十一卷，人民文学出版社，2005 年版，第 335 页。
27 荆有麟，《鲁迅回忆断片》，鲁迅博物馆等选编《鲁迅回忆录》专著（上册），北京出版社，1999 年版，第 126 页。
28 《编年体鲁迅著作全集》贰，福建教育出版社，2006 年版，第 302 页。
29 《鲁迅全集》第十一卷，人民文学出版社，2005 年版，第 75 页。
30 《鲁迅生平史料汇编》第三辑，天津人民出版社，第 284 页。
31 《鲁迅全集》11，人民文学出版社，1981 年版，第 77 页。
32 西滢，《闲话（粉刷茅厕）》，《现代评论》第一卷第二十五期。
33 鲁迅，《我的"籍"和"系"》，《莽原》第七期第十五版。
34 《鲁迅全集》11，人民文学出版社，1981 年版，第 87 页。
35 有麟，《救国凉话》，《莽原》周刊第十一期。
36 景宋，《内幕之一部》，《莽原》周刊第十一期。
37 景宋，《过时的话》，《莽原》周刊第十五期。
38 《杨荫榆昨晚有辞职说》，《鲁迅生平史料汇编》第三辑，天津人民出版社，第 258 页。
39 《杨荫榆昨晚有辞职说》，《鲁迅生平史料汇编》第三辑，天津人民出版社，第 258 页。
40 《鲁迅生平史料汇编》第三辑，天津人民出版社，第 366 页。
41 《鲁迅生平史料汇编》第三辑，天津人民出版社，第 345 页。
42 高长虹，《一点回忆》，鲁迅博物馆等选编《鲁迅回忆录》散篇（上册），北京出版社，1999 年版，第 189 页。
43 尚钺，《怀念鲁迅先生》，鲁迅博物馆等选编《鲁迅回忆录》散篇（上册），北京出版社，1999 年版，第 144 页。
44 《1913–1983 鲁迅研究学术论著资料汇编》第一卷，中国文联出版公司，第 96 页。
45 周作人，《知堂回想录》下，北京十月文艺出版社，第 558 页。
46 章士钊，《停办北京女子师范大学呈文》，《鲁迅生平史料汇编》第三辑，天津人民出版社，第 366 页。
47 《刘亚雄同志谈女师大风潮》，《鲁迅生平史料汇编》第三辑，天津人民出版社，第 229 页。

第四章　我可以爱

48 《鲁迅生平史料汇编》第三辑，天津人民出版社，第 349 页。
49 《鲁迅全集》11，人民文学出版社，1981 年版，第 48 页。
50 《鲁迅全集》11，人民文学出版社，1981 年版，第 54 页。
51 《鲁迅全集》11，人民文学出版社，1981 年版，第 59 页。
52 ［美］段义孚，《空间与地方——经验的视角》，中国人民大学出版社，第 87 页。
53 《鲁迅全集》11，人民文学出版社，1981 年版，第 59 页。
54 《鲁迅全集》11，人民文学出版社，1981 年版，第 63 页。
55 《鲁迅全集》11，人民文学出版社，1981 年版，第 66 页。
56 《鲁迅全集》11，人民文学出版社，1981 年版，第 69 页。
57 《鲁迅全集》2，人民文学出版社，1981 年版，第 80 页。
58 《鲁迅全集》7，人民文学出版社，1981 年版，第 235 页。
59 《鲁迅全集》12，人民文学出版社，1981 年版，第 118 页。

后院的水井。水井据说是建房时挖的,井里的水只能用于盖房子,不能饮用。

(摄影 葛东升)

第五章 这也是生活

> 这"猛志固常在"和"悠然见南山"的是一个人,倘有取舍,即非全人,再加抑扬,更离真实。
>
> ——鲁迅《"题未定"草(六至九)》

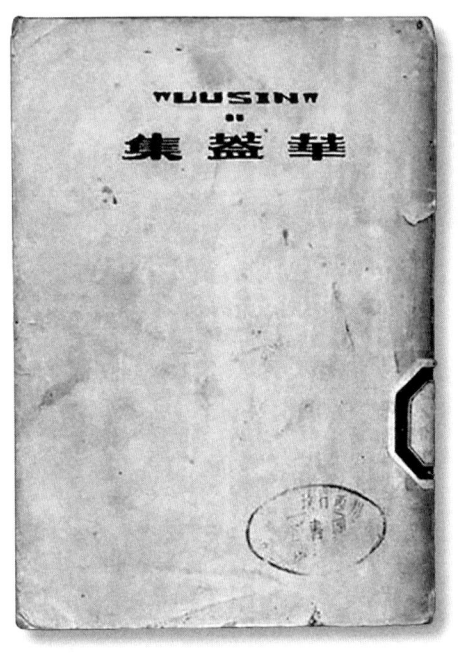

《华盖集》是鲁迅1925年所作杂文的结集,共三十一篇,1926年6月由北新书局出版。鲁迅在《华盖集·题记》中解释"华盖"的意思说:"我平生没有学过算命,不过听老年人说,人有时是要交'华盖运'的。……这运,在和尚是好运,顶有华盖,自然是成佛作祖之兆。但俗人可不行,华盖在上,就要给罩住了,只好碰钉子。"的确,1925年伊始,鲁迅就"离开诗美之乡,出了象牙之塔",投入一场又一场和"众愚""俗众"的"战斗",尤其是在后来的女师大事件中,鲁迅对以女师大校长杨荫榆为代表的当权者进行了针锋相对的斗争。因此,《华盖集》中的不少篇章都是围绕女师大事件等实际斗争而写的,具有很强的针对性。

第五章 这也是生活

饭局和家宴

　　鲁迅有自己的怪脾气，他一生厌恶虚伪，因此常常辞谢那些无谓的饭局。许寿裳是鲁迅终生好友，他说鲁迅"生平游览极少，酬应最怕，大抵可辞则辞"。[1]类似的话，和鲁迅过于熟悉的林语堂、孙伏园等人也说过。当然，鲁迅和许寿裳这样的老朋友一起吃饭不算应酬，也不在"可辞则辞"的范围。

　　1912年至1919年，鲁迅住在南城绍兴会馆的时候，还是完全的单身生活状态，食饮不便，因此与人外出聚餐较多，但聚会对象总是固定的，如许寿裳、齐寿山、钱稻孙、戴螺舲、许季上等人，他们都是教育部里和鲁迅交好的同事，也大都住在相距不远的各个会馆。

　　搬到八道湾后，鲁迅过上了相对稳定的大家庭生活，偏僻的八道湾又远离会馆和饭馆密集的南城，和同事们聚餐的机会渐少。但1920年8月起，鲁迅在北京大学教授中国小说史课程，和北京大学国文系教授们的往还多了起来。鲁迅日记中多次记载了与北大同事们的宴饮情形，如1921年8月22日记："晚尹默在中央公园招饮，并晤士远、玄同、幼渔、兼士及张君凤举，名黄。"² 9月1日记："晚马幼渔招饭于宴宾楼,同席张凤举、萧友梅、钱玄同、沈士远、尹默、兼士。"³随着周氏兄弟文名鹊起,八道湾11号逐渐成了以北大教授为主的文人学士经常聚集的社交中心。如1923年元旦,鲁迅做东,邀请徐耀辰、张凤举、沈士远、沈尹默、孙伏园吃午饭。2月17日农历正月初二,周作人做东,邀请郁达夫、张凤举、徐耀辰、沈士远、沈尹默、沈兼士、马幼渔、朱遏先等吃饭谈天。

在砖塔胡同的九个月,是鲁迅一生中情绪和身体的低潮期。与门庭若市的八道湾相比,这里就冷清多了。除了孙伏园、宋紫佩、许钦文这些熟悉的绍兴老乡和新认识但一见如故的北大同事郁达夫等人,几乎没有其他访客。过去新年的时候,在八道湾总会邀请一大批北大的教授吃饭谈天,做竟日之乐。而1924年在砖塔胡同度过的春节就只能他一个人喝闷酒了,据鲁迅日记记载,2月4日:"旧历除夕也,饮酒特多。"⁴2月6日:"夜失眠,尽酒一瓶。"⁵除了过年,这种"失眠"和"饮酒特多"的时候也有过几次。

搬进西三条新家,鲁迅显然心情大好,不断地参加孙伏园等熟人置办的酒席。逢星期天,鲁迅和母亲也会邀请孙伏园、许钦文、俞氏三姐妹以及在女师大读书的许羡苏、王顺亲等绍兴老乡来家里吃饭。

1924年6月8日到过鲁迅新居以后,许羡苏和俞氏姐妹成了西三条21号的常客。如8月23日鲁迅日记有:"晚俞小姐来,赠以《中国小说史略》下卷一本。"9月10日鲁迅日记有:"俞芳、俞藻小姐来延为入学保证人,即为书保证书讫。"10月6日鲁迅日记有:"下午俞小姐来并送手衣一副。"但鲁迅日记对俞家小姐们

第五章 这也是生活

左图：鲁迅家的餐桌。每个人的座位都是一定的，大致和每个人房间的位置相对应。
右图：鲁迅家南屋里也有一套餐桌椅，放在书柜前边。不清楚这套餐桌的用处是什么，鲁迅和谁曾在这里吃饭。

(摄影　杨树田)

拜访西三条的记载并不完全，因为她们来西三条，更多是作为太师母的客人。如俞芳回忆说："一九二四年十一月十六日，是星期日，大姐带着我和三妹到大先生家去，走到西三条二十一号门口，一敲门，只听得潘妈（照顾太师母的保姆）大声问：'谁呀？'她听到我们的回答声，才忙来开门笑着说：'进去坐吧！他们都在家呢。'我们刚进门，潘妈很快地把大门闩上了。"就在此前星期四，刚刚发生过北师大学生杨鄂生冒名杨树达骚扰鲁迅家的著名事件，所以保姆潘妈才变得开门的时候格外小心。但这天鲁迅日记并没有俞家三姐妹来访的记载。再如1926年4月鲁迅在德国医院避难期间，曾经在17日回家一次，日记中有："十七日 晴。上午回家一省视。……夜往东安饭店。"其中并没有提到俞氏姐妹，但根据俞芳的回忆，4月16日俞芬曾邀请太师母、大师母和许羡苏，在三姐妹租住的地方暂时躲避了一晚。那天，俞芳忙中出错，先是不小心打碎了一把茶壶，接着还让一个蝎子蜇了一下。第二天，回家"省视"的鲁迅听潘妈说俞芳被蝎子蜇了，让俞芳到自己家敷了药："过了不久，潘妈又来了，说大先生听说昨晚我被蝎子蜇了，不放心，叫我们下午到西三条去一趟，给他看看。这下我高兴了，赶紧和大姐、三妹一起去。进门后，知道太师母、大师母、羡苏姐姐已到东安饭店去了，家里只有大先生和潘妈、王妈在，整座房子冷冷清清的。……大先生说着把他事前准备好的药，给我敷上，安慰我说：不要紧的，过几天红腺会退去的。"[6]

许钦文回忆当年鲁迅母亲房间里的热闹情形时，也说到了俞家三姐妹：

第五章 这也是生活

每到星期六、星期日的晚上，老虎尾巴里总是很热闹，同时鲁迅先生母亲的房间里也总是很热闹的。他的母亲也很喜欢同青年们谈谈，尤其是同乡中的小姐。……因此，我的四妹，二房东俞家三姐妹和也称作小姐的王顺亲（她的丈夫是北大的学生），就常常一道去讲绍兴话，叽哩咕噜地到了深夜还是欢笑着讲个不停。我在老虎尾巴和别的小字辈一道听鲁迅先生的讲话。夜深以后，别人告辞，我想跟着走，总是被鲁迅先生摇着手阻止："你还要给她们当卫兵呢！"因为从西三条胡同出官门口，长长的一条路，高低不平，路灯灯光如豆，小姐们深夜走动，是要防意外的。……不止一次，我听到四妹的口音："太师母，时候已经不早，我们该回去了！"可是接着起来的是阻止的话声："你阿哥还在老大那里，他会陪你们出官门口，到了大街上，路就好走了。绍兴话再讲两句（几句的意思）去，大家高兴高兴！"鲁迅先生听了，耸起肩胛，旋脸向我一笑，当即又旋回脸去继续做他的工作。[7]

1925年春节，是鲁迅搬到西三条新居后的第一个春节。1月25日是正月初二，鲁迅家邀请小字辈的绍兴人来家里聚餐，鲁迅在这天日记中记有："治午餐邀陶璇卿、许钦文、孙伏园，午前皆至，钦文赠《晨报增刊》一本。母亲邀俞小姐姊妹三人及许小姐、王小姐午餐，正午皆至也。"和前一年春节那天一个人"尽酒一瓶"相比，这是一个热热闹闹、有滋有味的春节，对这次"实在是使人难忘的"春节家宴，许钦文回忆说：

鲁迅先生请客，一般都在附近的菜馆里，这次在家治餐，显得格外亲切。自然以元庆为主。菜没有什么特别的，但正因此，家乡的做法，有好些还是绍兴的土产，家乡的风味，这才觉得格外可口。都是在外地漂流了多年的，春节会聚在一起，实在是使人难忘的。[8]

这次聚餐的名单，和鲁迅搬到西三条后第二个星期天下午来新居的人差不多一样，只是有家室的章廷谦换成了独身在外的陶元庆。

1925年4月以后，鲁迅的家宴上又多了不是绍兴人的许广平。

1925年6月25日是端午节，这天鲁迅邀请许广平、许羡苏、俞芬、俞芳同游白塔寺庙会，然后一起吃饭饮酒。鲁迅日记中没有更多记载，但从他和许广平的来往信件中可以看出，鲁迅在这天的饭局中大概饮了不少酒，以至于过后向许广平辩解说："又总之，端午这一天，我并没有醉，也未尝'想'打人；至于'哭泣'，乃是小姐们的专门学问，更与我不相干。"[9]显然，这次饭桌上的鲁迅，在这些"小娃儿"们面前还真的是放下了教师的"架子"。

第五章　这也是生活

吃点心和抽烟

现在，来谈一谈鲁迅的嗜好。

关于鲁迅的嗜好，熟悉鲁迅的人有种种说法。许寿裳在《亡友鲁迅印象记》中说："关于他的饮食，除饮茶和吸烟外，并无嗜好。"[10]鲁迅的表兄阮和森，曾经对许广平介绍鲁迅在绍兴工作的情形说："鲁迅在绍兴有四好（四样喜欢的）：莫尔登糖，茶，双刀牌（强盗牌）香烟，牛肉干。"[11]1926年和鲁迅一起在厦门大学任教的老朋友沈兼士说："先生的嗜好有三种：就是吸烟，喝酒和吃糖。"[12]熟悉鲁迅西三条时期生活的高长虹说："烟，酒，茶三种习惯，鲁迅都有，而且很深。"[13]

综合各种说法，烟、茶、酒、糖，都是鲁迅的嗜好。

文人嗜好烟、酒、茶，很普通也很好理解，而嗜好吃糖却极少见。所以沈兼士说："糖，一般儿童都爱吃，但几十岁的成年人不太有这种嗜好，先生则最喜欢吃糖。吃饭的时候，固然是先找糖或者甜的东西吃，就是他的衣袋里也不断装着糖果，随时嚼吃。"周家老佣人王鹤照回忆过鲁迅在绍兴教书时爱吃糖的细节："鲁迅先生还喜欢吃一种叫'马尔顿'的糖，四个角子一瓶，糖五颜六色的，形状圆的，一瓶糖吃一个星期，这种糖只有教友会馆对面的一爿店里才买得到。"[14]除了爱吃糖果，鲁迅还爱吃含糖的各种甜食，如日本的鸡蛋方糕、杭州的条头糕、北京的萨其马以及饼干、花生等各色零食。

许羡苏在回忆鲁迅西三条21号时期的日常生活时，说到了鲁迅买洋点心的"盛况"：

> 大概每月从北大领薪水的时候，要路过一个法国面包房，他就买两块钱的洋点心，一块钱二十个，上面有奶油堆成的各种形状的花，装在两个厚纸盒里，拿回来一进门，照例叫一声"阿娘！我回来者"，接着把点心请老太太自己选择放进她的点心盒里，然后他又把点心拿到朱氏房里请她也选留，最后把选剩的放在中屋大木柜内，也把一小部分放在朝珠盒内留作自己用，这是每月一次，平常则吃点小花生或者别的点心如"萨其马"之类。[15]

当然，和鲁迅一起享受这些美食的，不光是他的"阿娘"，很多到过西三条"老虎尾巴"的年轻人都受到过鲁迅的慷慨招待。

1924年冬天的一个下午，李霁野在小学同学张目寒的带领下第一次拜访鲁迅。在鲁迅家，"不断吸烟"的鲁迅和那间"早早就充满了浓馥的烟了"的小屋，给不抽烟的李霁野留下了深刻的印象。这次初访之后，李霁野和他的"安徽帮"老乡们成了鲁迅家常来常往的一伙人，"总隔几天去访他一次"，在"浓馥

第五章 这也是生活

的"香烟缭绕下吃各种小零食就成了经常不断的事情。年轻人总是不敢耽误鲁迅太多宝贵时间,坐一阵子后,就会找各种说辞告退,但往往被"谈兴正浓"的鲁迅拦下来。有一次,年轻的李霁野就被鲁迅家的"大糖盒"缴了械:"先生是爱吃糖食和小花生的,也常常用这些来款客;有一次随吃随添了多次,他的谈兴还正浓,我料想两种所存的不多,便笑着说,吃完就走,他说,好的,便随手拿出一个没有打开的大糖盒。"[16]

但鲁迅真正让人叹为观止的嗜好是吸烟。

从在日本东京宏文学院学习开始,香烟就是鲁迅离不开的精神食粮。许寿裳在《亡友鲁迅印象记》中,回忆鲁迅在日本时"爱吸烟草"的"一段趣事":

> 有一次,他从东京出发往仙台,付了人力车钱,买了火车票之后,囊中只剩银币两角和铜板两枚了。因为火车一夜就到,他的学费公使馆已经直寄学校留交了,他便大胆买了两角钱的香烟塞在衣袋里,粮草已足,扬长登车。不料车到某站,鲁迅看见有一个老妇人上来,便照例起立让坐。这位妇人因此感激,……送给他一大包咸煎饼。他大嚼一通,便觉得有点口渴,到了一站,便换买茶,但是立刻记起囊中的情形了,只好对卖茶人支吾一声而止。[17]

1909年6月,鲁迅从日本回国,在杭州两级师范学校任生理学和化学教员。那时候差不多每天晚上去和鲁迅谈闲天的同事夏丏尊回忆说:

> 周先生的吸卷烟，是那时已有名的。据我所知，他平日吸的都是廉价卷烟，这几年来，我在内山书店时常碰到他，见他吸的总是金牌、品海牌一类的卷烟。他在杭州的时候，所吸的记得是强盗牌。那时他晚上总睡得很迟，强盗牌香烟，条头糕，这两件是他每夜必须的粮。服侍他的斋夫叫陈福，陈福对于他的任务，有一件就是每晚摇寝铃以前替他买好强盗牌香烟和条头糕。我每夜到他那里去闲谈，到寝铃的时候，总见陈福拿进强盗牌和条头糕来。星期六的夜里备得更富足。[18]

像夏丏尊一样，很多鲁迅的朋友，对鲁迅吸烟的牌子印象深刻，如厉绥之回忆鲁迅在日本时抽的是便宜的"樱花牌"，夏丏尊和阮和森都说鲁迅在杭州和绍兴时抽的是"强盗牌"，在北京、上海时期鲁迅吸烟的品种比较多，但在郁达夫和常惠的回忆中都说鲁迅在北京时常吸的是"哈德门"。鲁迅吸烟品牌的变化总会被敏感的人们注意到，如王余杞回忆在上海拜访鲁迅时注意到一个细节："边问我何时到的上海，边给了我一支卷烟。一点小小的改变被我注意到：记得他在'北京'（在没称'北平'以前）时专吸'翠鸟牌'，如今已改吸'阿坡罗'了哩。"[19]正如人们所观察到的，鲁迅吸烟并无固定品牌，大体来说，由于用量巨大，平常所吸总以廉价者为多。而每当鲁迅突然改吸好烟的时候，往往说明他的生活境遇发生了某个重大变化，如1925年8月被教育总长章士钊非法免职，鲁迅所吸的烟就改成了平常不吸的"海军牌"。尚钺回忆说："我燃着烟，抽的时候觉得与他平常的烟味两样，再看时，这不是他平时所惯抽的烟，而是海军牌。'丢了官应该抽坏烟了，为什么还买这贵烟？''正因为丢了官，所以才买这贵烟。'他也看着手中的烟，笑着说，'官总是要丢的，丢了官多抽几支好烟，也是集中精力来战斗的好方法。"[20]

关于鲁迅吸烟的数量，按许寿裳的说法是大概每天五十支："关于他的饮食，饭菜很随便，惟不很喜吃隔夜菜和干咸品，鱼蟹很少吃，为的是怕去骨和剥壳的麻烦。除饮茶和吸烟外，并无嗜好。茶用清茶，烟草用廉价品，每日大概需五十支。早上醒来便在卧帐内吸烟，所以住会馆时，他的白色蚊帐熏成黄黑。"[21]一般人并不一定说得上来鲁迅每天吸烟的数量，但从现象来看，也很令人吃惊，如常惠说："先生生活简朴，有时吃饭时稍稍喝一点酒，而烟却抽得很多，抽的是廉价的'哈德门'烟，用一支竹烟嘴，一支未完又接上一支，一次连续吸几支。"[22]鲁迅1923年在砖塔胡同租住和1924年搬迁到西三条新居后，作家郁达夫都曾不止一次到鲁迅家拜访，他不仅注意到了鲁迅的烟瘾之大，而且观察到了鲁迅吸烟时特有的手势动作："鲁迅的烟瘾，一向是很大的；在北京的时候，他吸的，总是哈德门的拾枝装包。当他在人前吸烟的时候，他总探手进他那件灰布棉袄的袋里去摸出一枝来吸；他似乎不喜欢将烟包先拿出来，然后再从烟包里抽出一枝，而再将烟包塞回袋里去。他这脾气，一直到了上海，仍没有改过，不晓是为了怕麻烦的原因呢，抑或是怕人家看见他所吸的烟，是什么牌。"[23]

但是，并非所有的人都能从正面理解吸烟对于鲁迅的意义，或简单地把它当作是一种鲁迅特有的风度，某些不了解鲁迅的人，只见鲁迅不修边幅的外貌和发黄的牙齿，甚至把他当作吸食鸦片的烟鬼。张辛南在回忆鲁迅西安讲学时的事情说:"鲁迅先生讲演几次之后,许多人认为他吸鸦片烟。有一位先生向我说:'周先生恐怕有几口瘾吧!'我说:'周先生吃香烟。'还有一位军人问我道:'学者也吸鸦片烟么?'我说:'哪个学者?'他毫不犹豫的武断道:'周鲁迅满带烟容,牙齿都是黑的,还能说不吃烟么?'"[24]也曾经有不相干的人劝鲁迅少吸烟,他反而吸得更多,吸纸烟不过瘾,还吸起了雪茄。鲁迅这种脾气是一贯的,鲁迅和周作人的私塾老师寿洙邻说过鲁迅的一个故事:"鲁迅不事修饰,发久不理,途遇理发师告之曰,君发如此种种,宜稍理矣。鲁迅勃然曰:'吾发与汝何干?'其对人真率,类皆如此。"[25]也有弟子如许钦文为鲁迅吸烟的多少辩解,认为鲁迅吸烟其实并不像人们所认为的那样多:"我总觉得,鲁迅先生只是在有人去看他的时候才点起香烟来一边谈话一边吸借以休息,并不像有些人说的一天到晚都在吸烟的。"[26]

当然,和鲁迅更亲近的家人们,对鲁迅的吸烟有更深刻的体验。

1945年10月23日,上海《文萃》发表许广平纪念鲁迅逝世九周年的文章,题目就叫作《鲁迅先生的香烟——纪念鲁迅先生逝世九周年》。许广平从1925年4月12日第一次到西三条拜访鲁迅,一直到1936年10月19日鲁迅逝世,在两人密切接触和生活在一起的日子里,鲁迅的吸烟,肯定是一个总在缭绕着的背景,因此也自然会成为许广平挥之不去的记忆。关于北京西三条时期鲁迅的吸烟,她说:

> 凡是和鲁迅先生见面比较多的人,大约第一个印象

第五章 这也是生活

就是他手里总有一支烟拿着,每每和客人谈笑,必定烟雾弥漫。如果自己是不吸烟的,离开之后,被烟熏着过的衣衫,也还留有一些气味,这就是见过鲁迅先生之后的一个确实证据。

我头一次到他北京寓所访问之后,深刻的印象,也是他对于烟的时刻不停,一枝完了又一枝,不大用着洋火的,那不到半寸的余烟就可以继续引火,那时住屋铺的是砖地,不大怕火,因此满地狼藉着烟灰、烟尾巴,一天过了,察看着地下烟灰、烟尾巴的多少,就可以窥测他上一天在家的时候多呢,还是外出。一直到第二天出外了,然后女工才来打扫,否则除非等他高兴离开那间斗室,或走开到别的房间。[27]

面对不断吸烟的鲁迅,一般人也只是震惊于鲁迅的"风采",但许广平在和鲁迅接触一段时间后产生了感情,鲁迅的吸烟对她来说,就不只是可以欣赏和叹服的男人风度,尤其是1925年9月以后,鲁迅肺病又一次发作,看病的医生和关心鲁迅健康的知心人开始干涉鲁迅的吸烟。这些人当中,最主要的就是许广平。在《鲁迅先生的香烟——纪念鲁迅先生逝世九周年》的最后,许广平说到了这次干涉鲁迅吸烟的经历:"为了和段、章辈战斗,他生病了。医生忠告他:'如果吸烟,服药是没有效力的。'因此我曾经做过淘气的监督和侦查、禁制工作。"[28]在许广平的另一篇回忆文章中,更详细地说到了这次禁制吸烟的经过:"经医生诊看之后,也开不出好药方,要他先禁烟、禁酒。但细查先生,似乎禁酒还可,禁烟则万万做不到。那时有一位住在他家里的同乡,和我商量一同去劝他,用了整一夜反覆申辩的功夫,总算意思转过来了,答应照医生的话,好好地把病医好。"[29]这里说的"住在他家里的同乡",就是许羡苏。许羡苏1924年从女高师毕业后,在外边总是住不安稳,1925年暑假至年底一直住在鲁迅家的南屋。

鲁迅当然能够理解许广平和许羡苏的无限爱意,当鲁迅面对的不是敌对的人或俗人的时候,他是非常坦诚可亲的。但即使如此,真正要实行禁制吸烟则是很难很难的事情。11月8日鲁迅给许钦文的信中写道:"我病已渐愈,或者可以说全愈了罢,现已教书了。但仍吃药。医生禁喝酒,那倒没有什么;禁劳作,但还只得做一点;禁吸烟,则苦极矣,我觉得如此,倒还不如生病。"[30]1926年12月3日,即将从厦门转往广州的鲁迅,在给许广平的信中还提到了一年前的这次禁吸烟:"我现在身体是好的,能吃能睡,但今天我发见我的手指有点抖,这是吸烟太多了之故,近来我吸到每天三十支了,从此必须减少。我回忆在北京的时候,曾因节制吸烟而给人大碰钉子,想起来心里很不安,自觉脾气实在坏得可以。但不知怎的,我于这一事自制力竟会如此薄弱,总是戒不掉。但愿明年能够渐渐矫正,而且也不至于再闹脾气的了。"[31]从这段话可以看出,因为许广平要他节制吸烟,鲁迅当年是向她发过脾气的。但许广平的关爱还是有效果的,虽然没有完全断吸,但减少吸烟显然成为鲁迅在此后的日子里可以接受并尽可能实行的观念。

鲁迅还是把他吸烟的习惯保持到了最后。在上海,内山书店的老板内山完造为鲁迅不断吸烟的"风采"所"震惊":"初次见到鲁迅先生,首先就会震惊于他底风采。到我底书店里来时,常常会被中国顾客错当作是个店员,而向他问书的定价,但先生是毫不在意的。先生耸动肩膀笑着,拿住短短的烟嘴,把香烟从这只手的手指移到那只手的手指间,一歇也不停地吸着。"[32]在鲁迅生命的最后两年,他多次发病,直到1936年3月,再次罹患肺结核、肋膜炎、支气管性喘息、心脏性喘息等多种病症,这些病症和吸烟都有直接关系,减少吸烟又一次成为鲁迅需要面对的难题。主治医生须藤五百三说:"今年三月他的体重只有三十七公斤,所以常常述说关于饮食的意见,和谈论香烟的害处及不适之点,但他说惟有吸烟一事要减也减不了。香烟和自己无论如何是离不了的。到后来,结果减至每天吸十五支。"但最后,各种努力并没有能够挽回鲁迅的生命。须藤医生这时候反为曾经强劝鲁迅减少吸烟而后悔:"要是我知道他死得这么快的话,我真不该强要他限制他所最喜欢的香烟的。现在他死了,想起来我还觉得很抱歉!"[33]

无用之用

鲁迅是个有嗜好的人，但并非人人都有嗜好。

所谓嗜好，一般是指负面的爱好，起码是指那些无所谓的、可有可无的爱好。但古往今来，大凡在某一领域成就一番事业者，往往都有某种嗜好。一无所好的人，往往也是一无所成的人。

但这却并不是说，有嗜好的人必是有成就的人，嗜好和成就之间并没有这样的因果关系。成就和嗜好的关系，只是在于成就事业者往往是那些做事不求名利、不计得失、不顾后果的人。鲁迅在《〈呐喊〉自序》中关于在"S会馆"抄古碑和"老朋友金心异"间很有名的一段对话，很能说明问题：

"你钞了这些有什么用？"有一夜，他翻着我那古碑的钞本，发了研究的质问了。

"没有什么用。"

"那么，你钞他是什么意思呢？"

"没有什么意思。"

对于鲁迅说的"没有什么用"的"用"、"没有什么意思"的"意思",周作人有深刻的见解。周作人在《关于鲁迅》中说,鲁迅从1910年归国到1925年去职这一段"工作中心时期","其间又可分为两个段落,以《新青年》为界,上期重在辑录研究,下期重在创作,可是精神还是一贯,用旧话来说可云'不求闻达'"。对鲁迅的"不求闻达",周作人举了两件"小事"为例,其中一个是鲁迅在"辑录研究"方面的第一个成绩《会稽郡故书杂集》,周作人在介绍了鲁迅对辑录古籍的爱好和《会稽郡故书杂集》的成书过程后说:"但是另外有一点值得注意的,叙文署名'会稽周作人记',向来算是我的撰述,这是什么缘故呢?查书的时候我也曾帮过一点忙,不过这原是豫才的发意,其一切编排考订,写小引叙文,都是他所做的,起草以至誊清大约有三四遍,也全是自己抄写,到了付刊时却不愿出名,说写你的名字吧,这样便照办了,一直拖了二十余年。现在觉得应该说明了,因为这一件小事我以为很有点意义。这就是证明他做事全不为名誉,只是由于自己的爱好。这是求学问弄艺术最高的态度,认得鲁迅的人平常所不大能够知道的。"[34]

要说"有什么用",吸烟、喝酒、吃糖、喝茶,尤其是吸烟,比抄碑更"没有什么用",也更"没有什么意思",他只是不停地吸烟、喝酒、吃糖、喝茶而已。就像康德每天下午准时溜达到朋友家聊天一样"没有什么用"。除了这些明显的嗜好,鲁迅在日常生活中也有许多固定不变的习惯,阮和森回忆鲁迅在绍兴吃糖的嗜好时说:"他因为喜欢买糖食,而且总是那一两样,长久了,时常一踏入店门,不等开口,老板就已经指挥店伙,叫把店上层搁起来的莫尔登糖拿下来等待出售了。"许广平进一步补充说，鲁迅不光是嗜好显得刻板，做事也如此："当他在教育部办公的时候，每天也是一定准时走过，所以沿路店家，时常看他的车子走过就说：'可以做饭了。'简直拿他作时钟看待，可见他出入也有定时。"[35]许钦文到西三条访问鲁迅的次数很多，也观察出来每当客人来访时鲁迅的习惯性动作："有去访的人到了以后，照例先把稿子放进抽屉里；我去的时候也这样，宁可停息重行拿出来递给我看。在谈话的时候，当初他总仍然坐在他的圈背藤椅上，只是连带椅子旋转一点身子。不过有人去同他谈话了，他照例要点起烟卷来抽。"[36]"照例""总""还是"，是人们谈鲁迅时常常说到的词汇。1926年8月，鲁迅从北京前往厦门，途经上海，见到了当年在杭州两级师范的老朋友夏丏尊，夏丏尊看到鲁迅还是穿着16年前就爱穿的"洋官纱"——长衫，两人的对话是："'依旧是洋官纱吗？'，我笑说。'呃，还是洋官纱！'他苦笑着回答我。"[37]

许寿裳说过："鲁迅做事，不论大小，总带一点不加瞻顾，勇往直前的冒险意味。"[38]

但无论如何，吸烟毕竟危害身体健康，也不能算是值得学习的优秀品质，吸烟毋宁说是鲁迅身上的一个缺点。所以许广平也说："并不希望我们的文坛志士因热爱他而全盘模仿。"[39]但对于一个伟大人物如鲁迅来说，吸烟即便是缺点吧，也是如厨川白村在《出了象牙之塔·四 缺陷之美》中所说的"beautiful spot（美人的黡子）"："在真爱人生，而加以享乐，赏味，要彻到人间味的底里的艺术家，则这样各种的缺陷，不就是一种beautiful spot 么？"[40]

法国作家巴尔扎克和美国作家爱伦·坡都不吸烟，巴尔扎克

第五章　这也是生活

甚至在《论现代兴奋剂》里用一章的篇幅来声讨烟草。但是，巴尔扎克钟情咖啡，爱伦·坡嗜好喝酒。最后，这两个人却分别因咖啡和酗酒危及性命。但如果没有咖啡和酒，也就没有巴尔扎克和爱伦·坡。波德莱尔在《埃德加·爱伦·坡的生平及其作品》中为爱伦·坡的酗酒辩护道：

> 他的风格的纯净和完善，他的思想的明晰，他的工作的热情，从未受到这种可怕的习惯的损害。他的最好的东西的大部分都是在醉意陶然的前后完成的。发表了《吾得之矣》之后，他就迁就了他的这种爱好。在纽约，发表《乌鸦》的那天早晨，诗人的名字有口皆碑的时候，他趔趔趄趄地走过了百老汇大街。请注意"前后"这个词，这意味着，酒醉既可成为刺激，也可成为休息。[41]

一个吸烟的写作者，不会像爱伦·坡在写作的"前后"喝酒一样，在写作的"前后"才吸烟，虽然许钦文认为鲁迅只在有客人来访时才吸烟，但许广平说过"工作越忙，越是手不停烟，这时候一半吸掉，一半是烧掉的"，大概更符合鲁迅写作时的状态。可以肯定的是，鲁迅的作品，大多是在香烟的刺激和陪伴下写出来的。

在《秋夜》《一觉》《藤野先生》中，鲁迅都写到了吸烟的"我"。《秋夜》最后一段说："我打一个呵欠，点起一支纸烟，喷出烟来，对着灯默默地敬奠这些苍翠精致的英雄们。"《一觉》最后一段中也有："我疲劳着，捏着纸烟，在无名的思想中静静地合了眼睛,看见很长的梦。"《藤野先生》最后一段说:"每当夜间疲倦,正想偷懒时,仰面在灯光中瞥见他黑瘦的面貌,似乎正要说出抑扬顿挫的话来,便使我忽又良心发现,而且增加勇气了,于是点上一枝烟,再继续写些为'正人君子'之流所深恶痛绝的文字。"这些文章中的主体部分,或是描写在屋外后院看到的天空景象,或是关于两三年前和青年作者交往的经过,或是对遥远过去的老师藤野先生的回忆,总之,都是在自己身外远距离时空中发生的事情。这几篇文章最后,作者都把视野从身外的现实返回到了当下的自己,发现"点上一枝烟"的自己,正是作者回到"此时此刻"的征象。作者在前边的写作过程中并不一定没有吸烟,但那时候的吸烟和作者写作活动本身都只是隐匿不障的背景,到文章的末段,写作活动本身成为写作的对象,通过此一视点的转换,现实中的身体的疲倦和吸烟的快感突出地显现出来。

除了吸烟,鲁迅还有吃糖、喝酒、喝茶的嗜好,但这些嗜好都没有成为艺术反映的对象,只有吸烟,摆脱了日常生活的链条,在鲁迅的作品中得到真实、清晰的显现。这时候,吸烟的鲁迅意识到了自我,自我的疲惫和自我的力量,都在点起一根烟的过程中得以释放和重新凝聚,就像农民在辛劳的耕作后满意地收拾自己的农具,在这个动作过程中,既有对一天劳作后的自我欣赏,也为即将到来的下次出工蓄积好了能量。

第五章 这也是生活

大先生还没有睡呢

除了抽烟,鲁迅还有一个同样深刻的习性,就是熬夜。

没有人说过鲁迅从什么时候开始了熬夜的习惯,但从现有材料看,鲁迅的熬夜和抽烟,大概都是从在日本留学的时候开始的,尤其是1906年6月到1909年6月,他从仙台医专退学后第二次住在东京的三年。这是一段很特殊的生活经历,名义上鲁迅还是在日本留学,学籍挂在东京的独逸语学校,但实际上他是在进行自己独树一帜的文学活动。由于"自由无拘束",他养成了一种晚睡晚起的作息习惯。周作人在《鲁迅的故家》中回忆说:

> 鲁迅在东京的日常生活,说起来似乎有点特别,因为他虽说是留学,学籍是独逸语学会的独逸语学校,实在他不是在那里当学生,却是在准备他一生的文学工作。……他早上起得很迟,特别是在中越馆的时期,那时最是自由无拘束。大抵在十时以后,醒后伏在枕上先吸一两枝香烟,那是名叫"敷岛"的,只有半段,所以两枝也只是抵一枝罢了。盥洗之后,不再吃早点心,

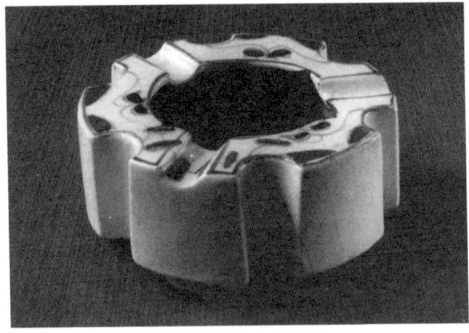

鲁迅用过的煤油灯和烟灰缸。

第五章 这也是生活

坐一会儿看看新闻，就用午饭。[42]

在日本的这个阶段，鲁迅的"似乎有点特别"的日常生活，显然和他同样"有点特别"的人生志向不无关系。1907年，他写出了长篇论文《摩罗诗力说》，介绍他倾心的欧洲恶魔派诗人，其中的雪莱、拜伦等人都是吸食鸦片的瘾君子。鲁迅虽然没有像他们一样吸食鸦片，但鲁迅的抽烟，在这个时候已经相当厉害了：

> 有一个时期在学习俄文，晚饭后便要出发，……回家来之后就在洋油灯下看书，要到什么时候睡觉，别人不大晓得，因为大抵都先睡了，到了明天早晨，房东来拿洋灯，整理炭盆，只见盆里插满了烟蒂头，像是一个大马蜂窠，就这上面估计起来，也约略可以想见那夜是相当的深了。[43]

1909年从日本回国后，鲁迅先后在杭州、绍兴的几所学校担任职务，在经历过《新生》杂志的失败后，他在日本时期的第一次文学梦暂时泯灭了，抽烟和熬夜的生活习惯，却保留了下来。在关于鲁迅杭州、绍兴生活的回忆录中，这两种鲁迅的生活习惯，往往是合在一起被想起来的。如鲁迅家的长工王鹤照，回顾鲁迅1910年在绍兴时候的习惯时说："晚上，他睡得很迟。一个人在房间里点盏煤油灯看书、改簿本、写文章，常常到晚上一、二点钟才困觉。鲁迅先生爱吸翠鸟牌香烟，十枝装的，三个铜板一盒，盒面青绿色，像冬青叶子的颜色一个样，上面画有一只彩色的鸟。"[44]

鲁迅在教育部做公务员时期，每天都要到部里"学做官"，表面看起来需要每天去办公，但其实差不多每天"无公可办"，大多数时候只是签个到而已。所以，这段时间鲁迅每天的"工作"，其实是从教育部下班回家后开始的。周作人回忆鲁迅1919年前在S会馆（即绍兴会馆）的生活说：

> 下午四五点下班，回寓吃饭谈天，如无来客，在八九点时便回到房里做他的工作，那时辑书已终结，从民四起一直弄碑刻，从拓本上抄写本文与《金石萃编》等相校，看出许多错误来，这样校录至于半夜，有时或至一二点钟才睡。次晨九十点时起来，盥洗后不吃早餐便到部里去，虽然有人说他八点必到班，事实上北京的衙门没有八点就办公的，而且鲁迅的价值也并不在黾勉从公这一点上。[45]

由此可见，鲁迅在1926年前做公务员这段时间，和以前并没有太大差别，睡觉相当晚，上班并不用多么着急，并不像有人说的鲁迅每天准时上下班，人们看见他就知道是到什么时间了，把鲁迅说的好像跟德国的康德一样。

后来，鲁迅又开始在北京大学、北京女子师范大学、北京世界语专门学校等学校做兼职讲师，忙碌的时候，差不多每天都有半天在学校上课。但不管是做公务员还是做讲师，都是为了"谋生活"而已，尤其是从1918年为《新青年》写了《狂人日记》以后，白天在教育部上班的周树人，到了夜晚摇身一变就成了鲁迅。可以说，以鲁迅名义完成的工作，差不多都是在晚上完成

第五章　这也是生活

的，起码在北京时期是这样。

1919年11月21日，鲁迅和周作人一家从绍兴会馆移居八道湾胡同11号，鲁迅在这里住到了1923年8月2日。在八道湾生活时期，鲁迅的熬夜同样给人们留下了深刻的印象。1922年，俄国盲诗人爱罗先珂从上海到北京大学讲课，为生活方便，北大安排爱罗先珂住在八道湾11号周家，爱罗先珂的助手吴克刚回忆那时候的"大先生"说："最使我惊异的，是鲁迅先生睡得那样迟。年轻人总喜欢睡觉，而爱罗样专爱在夜间坐在床上工作。为了笔录他的著作，有时不得不陪着他。倦了的时候，两人时常踱出去在院子里散步，总见前边屋里，灯光还亮。'大先生还没有睡咧'，是我常向爱罗样说的一句话。"[46]

1949年中华人民共和国成立前后，周作人晚年认识的忘年交徐淦，一度寄住在八道湾周宅，和周作人一家人有相当密切的交往。做编辑、记者的徐淦也有熬夜看书的习惯，他的这个习惯让住在周家大院的人们联想起了几十年前住在这里的"大先生"。徐淦在文章《忘年交琐记》中说：

> 她以日本主妇的殷勤，每天晚上等我坐下来作文读书，定规用黄漆木盘托着刚沏好的小茶壶送到后间来给我。有一次，她却指指我桌上的台灯，放下茶盘，又指指炉子上的水壶，说了几句话，态度挺认真。我想，莫非她说的是我这盏灯直开到天亮，我该多付一点水电费吗？知堂见我不明白，连忙又来翻译给我听："内人告诉足下，自从足下来后，院子里左邻右舍，都对她说，她们觉得又像过去大先生住在这里的时候，看到通宵在

灯下干夜活的情形了，她们对大先生都是很敬爱、挺怀念的。"

我这才恍然。

原来知堂是早起早睡的，他著作等身，却从不熬夜。"47

徐淦说的"她"是周作人的夫人羽太信子。根据徐淦在周家的仔细观察，羽太信子完全是日本式的贤妻良母，而非有些人所说的蛮不讲理、飞扬跋扈的泼妇。类似的话，和周家弟兄都很熟悉的郁达夫也曾经说过，他的意思好像是说，虽然他们之间产生了难以说清的矛盾，但在他看来，周作人夫妇和鲁迅，他们都是真正的正人君子。向徐淦转述人们对"大先生"的"敬爱"和"怀念"，即使不是曲折表达周作人夫妇对老大的"怀念"，也说明事过多年，他们和"大先生"之间二十多年前的那点儿恩怨早已烟消云散，留下来的只剩下"大先生"当年住在八道湾的时候"通宵在灯下干夜活的情形"了。

由此徐淦"恍然"悟到了另一件事情，即"知堂是早起早睡的，他著作等身，却从不熬夜"。人们"敬爱"和"怀念"的是"大先生"，却不一定是他的"通宵在灯下干夜活"。

1927年，鲁迅的挚友许寿裳紧随鲁迅也来到广州中山大学任教，刚开始和鲁迅同住在一间宿舍里。许寿裳和鲁迅在思想观念上常常是一致的，在作息时间上却是相反的。许寿裳回忆说："这间大钟楼是大而无当，夜里有十几匹头大如猫的老鼠赛跑，清早有懒不做事的工友在门外高唱，我和鲁迅合居其间，我喜欢早眠早起，而鲁迅不然，各行其事，两不相妨，因为这间楼房的对角线实在来得长。晚餐后，鲁迅的方面每有来客络绎不绝，大抵至十一时才散。散客以后，鲁迅才开始写作，有时至于彻夜通宵，我已经起床了，见他还在灯下伏案挥毫，《铸剑》等篇便是这样写成的。"[48]

实际上，和周作人、许寿裳一样早睡早起的作家并不少。

比如梁实秋，他曾经作过一篇短文，题目就叫《早起》。文章开头一句就是："曾文正公说：'作人从早起起。'因为这是每人每日所做的第一件事。这一桩事若办不到，其余的也就可想而知。"对于那些"晚上不睡，早晨不起"的人，梁实秋很不理解地说：

> 有人晚上不睡，早晨不起。他说这是"焚膏油以继晷"。我想，"焚膏油"则有之，日晷则在被窝里糟蹋不少。他说夜里万籁俱寂，没有搅扰，最宜工作，这话也许是有道理的。我想晚上早睡两个钟头，早上早起两个钟头，还是一样的，因为早晨也是很宜于工作的。[49]

梁实秋说的不是没有道理。实际上，在电灯出现之前，夜晚照明是很困难的事情。周作人的《鲁迅的故家》用两节《九一 灯火》和《九二 灯火二》来回忆鲁迅小时候，人们取火和照明的困难。因此，从经济和方便的角度看，早睡早起是更自然的。周作人就说他自己："大抵小时候睡得很早，后来的习惯也不在灯下做什么事情，无论用功或是游玩，所以对于灯缺少亲近的感觉，古人云，'青灯有味似儿时'，那是很幸福的经验，我却是没有。"[50]

虽然梁实秋主张早起，但他也并不认为早起有多么了不起的好处：

> 我们人早起可有什么好处呢？我个人是从小喜欢早起的，可是也说不出有什么特别的好处，只是我个人的习惯而已。我觉得这是一个好习惯，可是并不说有这好习惯的人即是好人，因为这习惯虽好，究竟在做人的道理上还是比较的一桩小事。所以像韩复榘在山东省做主席时强迫省府人员清晨五时集合在大操场里跑步，我并不敢恭维。[51]

由此看来，写文章的人熬夜或者早起，的确都只是一个习惯问题。真正的区别是写还是不写，而不是什么时候写。因为无论是熬夜还是早起，都不是很容易就做到的事，很多人往往是既熬不了夜也起不了早。叶灵凤在《写文章的习惯和时间》中，就讲了一个姚篷子的故事：

> 篷子有这样一个故事：有一时期，他很苦闷，又很穷，又很懒散，整天的东跑西跑，好象很忙，什么事情都不能做。这就是鲁迅先生《赠姚篷子》诗里所说的"可怜篷子非天子，逃来逃去吸北风"的时代。我们劝他多写一点文章，他总是说心情不好，又说环境不好，不能执笔。
>
> 有一天，难得他认为心情好了，那时他住在北四川路一家人家的亭子间里，时间正是夏天。他在傍晚时

候,洗完了澡,坐在向北的窗下,摊开了稿纸,坐下来说是要写创作了。那知环境太好了,拂着北窗的凉风,通体舒适,很快就伏在桌上呼呼大睡起来了。[52]

对此,梁实秋在《早起》的最后说到了问题的根本:"学佛的人也讲究'早参''晚参'。要此心常常摄持。曾文正公说作人从早起起,也是着眼在那一转念之间,是否能振作精神,让此心做得主宰。其实早起晚起本身倒没有什么了不得的利弊,如是而已。"[53]

如此说来,晚睡或者早起本身没有绝对的好坏,只是不要弄成了"春困秋乏夏打盹,睡不醒的冬三月"。但人们往往"欲加之罪,何患无辞",把思想上的敌人说得一无是处,甚至攻击他们的生活方式。有一个很好的例子,说的就是荷兰十七世纪哲学家斯宾诺莎的晚上熬夜。威廉·魏施德在《通向哲学的后楼梯》中说:"斯宾诺莎习惯于'开夜车',也成了被人咒骂的借口。起码一位为他写传记的人觉得没办法解释这个事实,便说斯宾诺莎所写的全是'黑暗的著作'。"[54]与此相反,人们有时候又会爱屋及乌,在伟大人物的生活小事上大做文章。鲁迅习惯于熬夜,就被很多人看成是优秀的战士品格,例如许广平回忆鲁迅在北京西三条21号居住时期毫无规律的生活方式时说:"因为工作繁忙和来客的不限制,鲁迅生活是起居无时的。大概在北京时平均每天到夜里十至十二时始散客。之后,如果没有什么急待准备的工作,稍稍休息,看看书,二时左右就入睡了。他并不以睡眠而以工作做主体,譬如倦了,倒在床上睡两三个小时,衣裳不脱,甚至盖被不用。就这样,像兵士伏在战壕休息一下一样,又像北京话'打一个盹',翻个身醒了,抽一支烟,起来泡杯浓清茶,有糖果点心呢,也许多少吃些,又写作了。《野草》,大部分是在这个时候产生出来的。"[55]

晚年在上海生活的时候,鲁迅成了专职作家,白天并不需要到外边上班或上课,生活方式几乎又回到二十多年前在东京时的模式。章衣萍在一段随笔中写到茅盾和鲁迅在上海"深夜失眠"、孤灯遥对的情景:

> 茅盾未出国时,寓于上海某处之三楼,与鲁迅所居之三楼相对,时茅盾正草《动摇》《追求》等小说,常深夜失眠,遥望鲁迅之居,仍灯火辉煌,于是喟然叹曰:"亦有失眠似鲁迅,不独失眠是茅盾!"[56]

崇拜鲁迅的人们,往往更注意深夜时还在"辉煌地亮着"的鲁迅家的灯光,如日本人增田涉在《鲁迅的印象》中说的:"我曾经在夜里两点钟的时候,走过他居住的大厦,那大厦别的窗户里全都熄灯熟睡了,只有他房间里的电灯辉煌地亮着。"[57]只有鲁迅的小儿子海婴,格外注意爸爸的早晨不用起床,说鲁迅:"白天睡觉,什么爸爸!"鲁迅转述海婴的这句话当然只是开个玩笑,实际上,鲁迅的确是勤苦一生,把别人喝咖啡的时间都用在了工作上,但这句话也从一个侧面说明,鲁迅并不是不睡觉,只是他睡觉的时候我们看不到。在《"这也是生活"……》中,鲁迅写到他在大病初愈后对生活的新理解:

> 给名人作传的人,也大抵一味铺张其特点,李白怎

第五章　这也是生活

样做诗，怎样耍颠，拿破仑怎样打仗，怎样不睡觉，却不说他们怎样不耍颠，要睡觉。其实，一生中专门耍颠或不睡觉，是一定活不下去的，人之有时能耍颠和不睡觉，就因为倒是有时不耍颠和也睡觉的缘故。然而人们以为这些平凡的都是生活的渣滓，一看也不看。[58]

注　释

1　许寿裳，《我所认识的鲁迅》，鲁迅博物馆等选编《鲁迅回忆录》专著（上册），北京出版社，1999年版，第468页。
2　《鲁迅全集》第十五卷，人民文学出版社，2005年版，第440页。
3　《鲁迅全集》第十五卷，人民文学出版社，2005年版，第441页。
4　《鲁迅全集》第十五卷，人民文学出版社，2005年版，第500页。
5　《鲁迅全集》第十五卷，人民文学出版社，2005年版，第500页。
6　俞芳，《我记忆中的鲁迅先生》，鲁迅博物馆等选编《鲁迅回忆录》专著（下册），北京出版社，1999年版，第1538页。
7　钦文，《〈鲁迅日记〉中的我》，浙江人民出版社，1979年版，第47页。
8　钦文，《〈鲁迅日记〉中的我》，浙江人民出版社，1979年版，第84页。
9　《鲁迅全集》第十五卷，人民文学出版社，2005年版，第499页。
10　许寿裳，《亡友鲁迅印象记》，鲁迅博物馆等选编《鲁迅回忆录》专著（上册），北京出版社，1999年版，第292页。
11　许广平，《鲁迅故居和藏书》，鲁迅博物馆等选编《鲁迅回忆录》散篇（上册），北京出版社，1999年版，第226页。
12　沈兼士，《我所知道的鲁迅先生》，鲁迅博物馆等选编《鲁迅回忆录》散篇（上册），北京出版社，1999年版，第98页。
13　高长虹，《一点回忆——关于鲁迅和我》，鲁迅博物馆等选编《鲁迅回忆录》散篇（上册），北京出版社，1999年版，第191页。
14　王鹤照，《回忆鲁迅先生》，鲁迅博物馆等选编《鲁迅回忆录》散篇（上册），北京出版社,1999年版,第22页。
15 许羡苏,《回忆鲁迅先生》,鲁迅博物馆等选编《鲁迅回忆录》散篇(上册),北京出版社,1999年版,第316页。
16 李霁野,《鲁迅先生与未名社》,人民文学出版社,第203页。
17 许寿裳,《我所认识的鲁迅》,鲁迅博物馆等选编《鲁迅回忆录》散篇(上册),北京出版社,1999年版,第490页。
18 夏丏尊,《鲁迅翁杂忆》,鲁迅博物馆等选编《鲁迅回忆录》散篇(上册),北京出版社,1999年版,第55页。
19 王余杞,《悲愤——因鲁迅先生逝世而做》,《鲁迅先生纪念集》,上海书店,1979年版。
20 尚钺,《怀念鲁迅先生》,鲁迅博物馆等选编《鲁迅回忆录》散篇(上册),北京出版社,1999年版,第143页。
21 许寿裳,《亡友鲁迅印象记》,鲁迅博物馆等选编《鲁迅回忆录》专著(上册),北京出版社,1999年版,第292页。
22 常惠,《回忆鲁迅先生》,鲁迅博物馆等选编《鲁迅回忆录》散篇(上册),北京出版社,1999年版,第432页。
23 郁达夫,《回忆鲁迅》,鲁迅博物馆等选编《鲁迅回忆录》散篇(上册),北京出版社,1999年版,第155页。
24 张辛南,《追忆鲁迅先生在西安》,鲁迅博物馆等选编《鲁迅回忆录》专著(上册),北京出版社,1999年版,第201页。
25 寿洙邻,《我也谈谈鲁迅的故事》,鲁迅博物馆等选编《鲁迅回忆录》专著(上册),北京出版社,1999年版,第8页。
26 许钦文,《在老虎尾巴的鲁迅先生——许钦文忆鲁迅全编》,上海文化出版社,2007年版,第63页。
27 许广平,《欣慰的纪念》,鲁迅博物馆等选编《鲁迅回忆录》专著(上册),北京出版社,1999年版,第395页。
28 许广平,《鲁迅先生的香烟——纪念鲁迅先生逝世九周年》,鲁迅博物馆等选编《鲁迅回忆录》专著(上册),北京出版社,1999年版,第397页。
29 许广平,《欣慰的纪念》,鲁迅博物馆等选编《鲁迅回忆录》专著(上册),北京出版社,1999年版,第347页。
30 《鲁迅全集》11,人民文学出版社,1981年版,第459页。
31 《鲁迅全集》11,人民文学出版社,1981年版,第228页。

第五章　这也是生活

32　[日]内山完造,《回忆鲁迅先生》,《鲁迅思想研究资料》下册,国家版权事业管理局版本图书馆研究室编,第 497 页。

33　[日]须藤五百三,《医学者所见的鲁迅先生》,《鲁迅先生纪念集》,上海书店。

34　周作人,《关于鲁迅》,国家出版事业管理局版本图书馆研究室编《鲁迅思想研究资料》下册,第 313 页。

35　许广平,《鲁迅故居和藏书》,鲁迅博物馆等选编《鲁迅回忆录》散篇(上册),北京出版社,1999 年版,第 226 页。

36　许钦文,《在老虎尾巴的鲁迅先生》,上海文化出版社,2007 年。

37　夏丏尊,《鲁迅翁杂忆》,鲁迅博物馆等选编《鲁迅回忆录》散篇(上册),北京出版社,1999 年版,第 55 页。

38　许寿裳,《我所认识的鲁迅》,鲁迅博物馆等选编《鲁迅回忆录》专著(上册),北京出版社,1999 年版,第 490 页。

39　许广平,《欣慰的纪念》,鲁迅博物馆等选编《鲁迅回忆录》专著(上册),北京出版社。

40　[日]厨川白村,《出了象牙之塔》,《鲁迅译文全集》第二卷,福建教育出版社,2008 年版。

41　[法]波德莱尔,《1846 年的沙龙——波德莱尔美学论文选》,广西师范大学出版社,第 164 页。

42　周遐寿,《鲁迅的故家》,鲁迅博物馆等选编《鲁迅回忆录》专著(中册),北京出版社,1999 年版,第 1043 页。

43　周遐寿,《鲁迅的故家》,鲁迅博物馆等选编《鲁迅回忆录》专著(中册),北京出版社,1999 年版,第 1044 页。

44　王鹤照,《回忆鲁迅先生》,鲁迅博物馆等选编《鲁迅回忆录》散篇(上册),北京出版社,1999 年版,第 22 页。

45　周遐寿,《鲁迅的故家》,鲁迅博物馆等选编《鲁迅回忆录》专著(中册),北京出版社,1999 年版,第 1028 页。

46　吴克刚,《忆鲁迅并及爱罗先珂》,鲁迅博物馆等选编《鲁迅回忆录》散篇(上册),北京出版社,1999 年版,第 124 页。

47　《回望周作人:知堂先生》,河南大学出版社,2004 年版,第 245 页。

48　许寿裳,《亡友鲁迅印象记》,鲁迅博物馆等选编《鲁迅回忆录》专著(上册),北京出版社,1999 年版,第 271 页。

49　梁实秋,《雅舍杂文》,文化艺术出版社,1998 年版,第 119 页。

50 周退寿,《鲁迅的故家》,鲁迅博物馆等选编《鲁迅回忆录》专著(中册),北京出版社,1999年版,第1002页。

51 梁实秋,《雅舍杂文》,文化艺术出版社,1998年版,第119页。

52 叶灵凤,《读书随笔》(三集),生活·读书·新知三联书店,1988年版,第5页。

53 梁实秋,《雅舍杂文》,文化艺术出版社,1998年版,第121页。

54 威廉·魏施德,《通向哲学的后楼梯》,辽宁教育出版社,1998年版,第135页。

55 许广平,《欣慰的纪念》,鲁迅博物馆等选编《鲁迅回忆录》专著(上册),北京出版社,1999年版,第381页。

56 章衣萍,《谈鲁迅》,鲁迅博物馆等选编《鲁迅回忆录》散篇(上册),北京出版社,1999年版,第90页。

57 增天涉,《鲁迅的印象》,鲁迅博物馆等选编《鲁迅回忆录》专著(下册),北京出版社,1999年版,第1385页。

58 《鲁迅全集》6,人民文学出版社,1981年版,第601页。

第六章 到别的地方去

但是我实在困倦极了,很想休息休息,今年秋天,也许要到别的地方去,地方还未定,大约是南边。

——鲁迅《260617 致李秉中》

1926年8月离京前夕,鲁迅在北新书局出版了他的第二本小说集《彷徨》。《彷徨》收录了鲁迅从1924年到1925年所作的十一篇小说。其中的前四篇写于他离开八道湾后寄居的砖塔胡同61号,后面的七篇都是在西三条寓所完成的。和《呐喊》相比,《彷徨》在技巧上更为成熟,但也更多阴暗和凄苦的色彩。

第六章 到别的地方去

三一八惨案

五四运动以后,天安门广场群众大会和全城大游行在北京常常举行,军警和学生之间有冲突,但从来也没有发生过失去理智的暴行。1919年5月4日,同样是抗议日本人侵占中国主权,北京的学生在游行示威后,又一把火焚烧了亲日派分子曹汝霖的住宅。即使如此,当大批学生开始撤退的时候,在场维持秩序的警察对学生还是"文明对待"的,只是后来接到指令,才逮捕了还没有来得及撤退的三十二个学生。

1925年5月30日,在上海发生了震惊中外的五卅惨案,英国警方射杀了在上海南京路上示威游行的几名中国人,引起全国范围的罢工罢市等大规模群众抵抗运动。在轰轰烈烈的爱国声浪中,鲁迅提醒人们在进行爱国运动的时候,不要只是"空手鼓舞民气"和玩弄一些"断指和晕倒"之类"自欺欺人的""小巧的玩艺儿",而要在鼓舞民气的同时,"设法增长国民的实力,还要永远的这样干下去"。另外,他提醒人们,不要在"一致对外"口号的掩盖下,忘记了国人当中所谓"巧人"的自私和卑劣。更重要的,在"惊愤"于英国人残杀市民之余,不要忘记中国人也会"自家相杀":"然而中国有枪阶级的焚掠平民,屠杀平民,却向来不很有人抗议。莫非因为动手的是'国货',所以连残杀也得欢迎;还是我们原是真野蛮,所以自己杀几个自家人就不足为奇呢?"[1]

时间过了还不到一年,鲁迅所说的"中国有枪阶级的焚掠平民,屠杀平民"的事情就真的应验了。

1926年3月18日,北京铁狮子胡同国务院门前,发生了一场史无前例的大屠杀,执政府卫队士兵向手无寸铁的游行示威群众开枪射击,当场打死四十六人,打伤一百五十五人。

惨案的发生震惊了所有人。

有一首《呜呼三月一十八》的诗,据说是刘半农以笔名"范奴冬女士"所作,悲叹道:

> 呜呼三月一十八,
> 北京杀人如乱麻!
> 民贼大试毒辣手,
> 天半黄尘翻血花!
> 晚来城郭啼寒鸦,
> 悲风带雪吹飐飐!
> 地流赤血成血注!
> 死者血中躺,
> 伤者血中爬!
> ……[2]

惨案发生时,周作人正要去燕京大学上课。周作人从1922

第六章　到别的地方去

年开始,在燕京大学做兼职副教授,他教授的主要课程是近代散文,许地山、凌叔华、冰心等著名作家都是周作人在燕京大学的学生。当时燕京大学还在北京东城盔甲厂胡同,周作人从八道湾到盔甲厂,正好经过铁狮子胡同。他回忆当天的情形说:"一九二六年三月十八日下午,北京铁狮子胡同执政府卫队对于请愿的民众开枪,造成死者四十七人,伤者一百五十余人的惨案,这乃是反动政府与帝国主义互相勾结,布置而成的局面,其手段之凶残,杀伤之众多,都是破天荒的;后来孙传芳、蒋介石的肆行残杀,差不多都是由此出发的。当日我到盔甲厂的燕京大学去上课,遇见站在课堂外边的学生,说今天因为请愿去了,所以不上课,我正想回来,这时忽见前去赴会的许家鹏君气急败坏地跑回来,说:'了不得了,卫队开枪,死伤了许多人!'他自己好像没有受伤,但一看他戴着的一顶呢帽,在左边上却被子弹穿了个大窟窿。我从东单牌楼往北走,一路上就遇着好些轻伤的人,坐在车上流着血,前往医院去。"[3]

未名社中年龄最小的韦丛芜也参加了游行示威,遭遇了"死者血中躺,伤者血中爬"的悲惨局面,他当时正是燕京大学的学生。两年前在鲁迅支持下翻译《穷人》的时候,韦丛芜还是崇实中学的中学生,1925年夏天,他从崇实中学毕业,被保送升入燕京大学。3月25日出版的《莽原》半月刊第六期,刊出了韦丛芜3月23日写的一首诗歌《我披着血衣爬过寥阔的街心——记三月十八日国务院前的大屠杀》:

> 在伤亡的堆中,我左臂下压着一个血流满面的少年,右臂下压着

一个侧身挣扎着的黄衣的女生。

左臂下的尸身已硬；右臂下发出哀绝的"莫要压我！"的声音。

挣扎，挣扎，我的头好容易终得向堆外伸引，我哀呼，"救我，

救我，先生！"

——砰砰……砰砰……凶恶的枪声又响起了。

——嗳唷！……嗳唷！……我的背上又发出哀绝的叫痛的声音。

挣扎，挣扎，我的最后的力量行将耗尽；

挣扎，挣扎，尸身从我的上面倒下，鲜血淋淋；

挣扎，挣扎，从伤亡的堆中挤出了我的上身；

挣扎，挣扎，我终于倒在伤亡的堆旁而爬行——

爬行，爬行，我披着血衣爬向廖阔的街心——

这时候，大街上已没有军警，没有行人，没有声音，

爬行，爬行，我披着血衣爬过廖阔的街心……

我恐怕是最后从国务院东门口伤亡的人堆中挣扎出来的了，当我坐车跑回来的时候，已经是三点半钟。次日看了《晨报》的带有"阴险的暗示"的荒谬的记载之后，我本想就写篇详细的文字叙述这次的大屠杀，但是因为神经受的刺激太厉害，在最近期间，恐怕没有动笔的希望。

三月二十三日

韦丛芜的这首诗，再现了大屠杀的情形。"没有军警，没有

第六章　到别的地方去

行人，没有声音""我披着血衣爬向廖阔的街心"，这大概是只有当事者才能体验到的大灾难到来时特有的寂静、空洞和虚无。朱自清在《执政府大屠杀记》中，也注意到在生死时刻的"大静默"："这时并不害怕，只静静的注意自己的运命，其余什么都忘记。全场除劈拍的枪声外，也是一片大静默，绝无一些人声；……这正是死的袭来，沉默便是死的消息。"[4]

当期《莽原》共发表了三篇韦丛芜的作品，除这首诗外，还有他翻译的《穷人译本引言》和他从《莽原》半月刊第一期开始连载的著名长诗《君山》。在写作这首诗歌两天前，韦丛芜和韦素园、台静农、李霁野、曹靖华一起到西三条拜访鲁迅。韦丛芜关于三一八大屠杀的诗歌写作和安排发表于三四天后就出版的《莽原》，大概都和鲁迅有关。

惨案发生时，鲁迅正在家写一篇轻松谐谑的讽刺陈源和章士钊的短文《无花的蔷薇之二》。他已经写了三段，或许第三段还没有写完，大概此时许羡苏来鲁迅家报告了大屠杀的消息，许羡苏当时正在女师大图书馆工作，她从刚到过现场的许寿裳处得知刘和珍和杨德群的死讯。许羡苏给鲁迅报信的时候，许广平正在鲁迅家帮助鲁迅抄写《小说旧闻钞》。那天一早，许广平去给鲁迅送她抄好的稿子，被鲁迅故意留在家里接着抄稿。许广平回忆说："我还记得'三一八'那天清早，我把手头抄完的《小说旧闻钞》送到鲁迅先生寓处去。我知道鲁迅的脾气，是要用最短的时间做好预定的工作的，在大队集合前还有些许时间，所以就赶着给他送去。放下了抄稿，连忙转身要走。鲁迅问我：'为什么这样匆促？'我说：'要去请愿！'鲁迅听了以后就说：'请愿请愿，天天请愿，我还有些东西等着要抄呢。'那明明是先生挽刊登在1926年3月29日《语丝》上的《无花的蔷薇之二》。

留的话，学生不好执拗，于是我只得在故居的南屋里抄起来。"⁵

这样，在得到学生被虐杀的消息后，《无花的蔷薇之二》接下来的段落四就转变为对自身存在的觉知和对写作活动本身的反思。和青年学生的流血牺牲相比，即使是"多是刺"的《无花的蔷薇》也显得"无聊"：

> 已不是写什么"无花的蔷薇"的时候了。
> 虽然写的多是刺，也还要些和平的心。
> 现在，听说北京城中，已经施行了大杀戮了。当我写出上面这些无聊的文字的时候，正是许多青年受弹饮刃的时候。呜呼，人和人的魂灵，是不相通的。

接下来的五、六、七、八段，是对大屠杀的愤怒控诉。最著名的一句话是"血债必须用同物偿还。拖欠得愈久，就要付更大的利息！"但紧接着的第九段又回到对文学作用有限性的看法：

> 以上都是空话。笔写的，有什么相干？
> 实弹打出来的却是青年的血。

一年后的1927年4月8日，鲁迅在黄埔军官学校讲演时，又提到一年前北京的大屠杀带给他的痛苦经验和结论：

> 加以这几年，自己在北京所得的经验，对于一向所知道的前人所讲的文学的议论，都渐渐的怀疑起来。那是开枪打杀学生的时候罢，文禁也严厉了，我想：文学

> 文学,是最不中用的,没有力量的人讲的;有实力的人并不开口,就杀人,被压迫的人讲几句话,写几个字,就要被杀;即使幸而不被杀,但天天呐喊,叫苦,鸣不平,而有实力的人仍然压迫,虐待,杀戮,没有方法对付他们,这文学于人们又有什么益处呢?[6]

在那次讲演的最后,鲁迅对听讲的学员总结说,大家作为"实际的战争者",不用佩服文学家,文学对于战争的作用,最多也就像是田间地头的柳树,可以让农夫中午在树荫下面坐下来休息休息。鲁迅说,他一向只会作几篇文章,已经作厌了,和文学的声音相比,他更愿意听听大炮的声音,因为:"一首诗吓不走孙传芳,一炮就把孙传芳轰走了。"

日本学者山田敬三在《鲁迅世界》中说,三一八事件是鲁迅"与创作诀别"的分界线,"鲁迅从此以后,再也没有写像收集在《呐喊》《彷徨》里的那样的小说和像散文诗《野草》中那样的创作性很强的作品。"[7]

国事犯

3月19日，三一八惨案后的第二天，执政府为嫁祸于人，发布了对徐谦、李大钊、李煜瀛、易培基、顾兆熊等五人的通缉令。通缉令说："近年以来，徐谦、李大钊、李煜瀛、易培基、顾兆熊等，假借共产学说，啸聚群众，屡肇事端。本日由徐谦以共产党执行委员会名义，散布传单，率领暴徒数百人，闯袭国务院，泼灌火油，投掷炸弹，手持木棍，袭击军警。各军警因正当防卫，以致互有死伤。似此聚众扰乱，危害国家，实属目无法纪，殊堪痛恨。"[8]与此同时，另有除上述五人还要通缉五十人甚至更多人的传言。但直到一周后的3月26日，《京报》一篇《政府果尚有大批通缉令耶》才正式提到了这个传言。这篇文章说，在五人通缉令之外，尚"竟有五十人之多"的"大批通缉令"正在酝酿中，并透露了这五十人中一部分人（十四人）的姓名，其中就包括鲁迅。这篇文章发表在《京报》3月26日第三版，全文是这样的：

政府果尚有大批通缉令耶

△教育界所轰传如此
△愿勿因此大兴党狱

昨今教育界轰传一种可惊之消息，据报告云，自三月十八日惨案发生以来，凡有血气，莫不愤慨，乃政府仍不悔悟，并下令通缉，二李顾徐易等，尽量发挥其高压手段，据深悉内幕者云，此次通缉令之由来，全因章士钊马君武等诬陷所致，章前在教长任内，罪大恶极，夙为学界所不容，下台后怀恨在心，久思报复，幸而惨案发生，在章以为千载一时，藉此必可剪除一切异己，暗中挑拨，无所不至，此次政府通缉令及布告全国之巧电，全系章一手包办，章之预定步骤，第一在于驱除教育界中之不利于己之人，第二送马君武上台，继续其摧残教育之功业，现在被通缉之五人已不能立足于北京，章认为第一步已经作到，第二便为马君武就任教长，故日来教育部内马氏登台之空气又忽见浓厚，且有教育部要人陈某曾往马宅迎驾之说。但马态度尚未决定。因马意五人通缉令虽下，而章马所约定之大批通缉令，本已得最高当局同意，不料中途遭国民军方面之反对，至今尚未能发表，于个人上台尚有阻碍，故不得不稍待云，一说该项通缉令现尚在酝酿中，章马铲除异党之心至今未死云，该项通缉令所罗织之罪犯闻竟有五十人之多，如陈启修、朱家骅、周树人（即鲁迅）、许寿裳、李四光、马裕藻、徐炳昶、李宗侗、周作人、高鲁、林玉堂、沈兼士、蒋梦麟、谭熙鸿等，均包括在内，闻所谓五十人中之学界部分系马君武亲笔开列，有人亲见马氏

第六章　到别的地方去

原单,第一名闻系梁鼎,惟字迹模糊,或系梁鼐,又此外国民党之学生总会领袖及前曾到马氏本宅挡驾之学生皆在其内,据说共总通缉人数在一百五十以上,此事果真,则北京又将兴民党以来空前未有之大党狱矣。

鲁迅在看到这篇文章后,当天写了《可惨与可笑》,针对三一八惨案后政府罗织、发布通缉令的幕后操作,揭露章士钊等段祺瑞执政府中的佞人巧借军警杀人事件剪除异己的可恶心思,文中说:

> 去年,为"整顿学风"计,大传播学风怎样不良的流言,学匪怎样可恶的流言,居然很奏了效。今年,为"整顿学风"计,又大传播共产党怎样活动,怎样可恶的流言,又居然很奏了效。于是便将请愿者作共产党论,三百多人死伤了,如果有一个所谓共产党的首领死在里面,就更足以证明这请愿就是"暴动"。
>
> 可惜竟没有。这该不是共产党了罢。据说也还是的,但他们全都逃跑了,所以更可恶。而这请愿也还是暴动,做证据的有一根木棍,两支手枪,三瓶煤油。姑勿论这些是否群众所携去的东西;即使真是,而死伤三百多人所携的武器竟不过这一点,这是怎样可怜的暴动呵!
>
> 但次日,徐谦,李大钊,李煜瀛,易培基,顾兆熊的通缉令发表了。因为他们"啸聚群众",像去年女子师范大学生的"啸聚男生"(章士钊解散女子师范大学

呈文语）一样，"啸聚"了带着一根木棍，两支手枪，三瓶煤油的群众。以这样的群众来颠覆政府，当然要死伤三百多人；而徐谦们以人命为儿戏到这地步，那当然应该负杀人之罪了；而况自己又不到场，或者全都逃跑了呢？

  以上是政治上的事，我其实不很了然。但从别一方面看来，所谓"严拿"者，似乎倒是赶走；所谓"严拿"暴徒者，似乎不过是赶走北京中法大学校长兼清室善后委员会委员长（李），中俄大学校长（徐），北京大学教授（李大钊），北京大学教务长（顾），女子师范大学校长（易）；其中的三个又是俄款委员会委员：一共空出九个"优美的差缺"也。

  同日就又有一种谣言，便是说还要通缉五十多人；但那姓名的一部分，却至今日才见于《京报》。这种计画，在目下的段祺瑞政府的秘书长章士钊之流的脑子里，是确实会有的。国事犯多至五十多人，也是中华民国的一个壮观。[9]

写文章归写文章，为了躲避很有可能从天而降的灾祸，一向主张"壕堑战"的鲁迅，当天晚上就避居到了离西三条胡同很近的莽原社。所谓莽原社，其实就是荆有麟的宿舍，这也是《莽原》和荆有麟编辑的《民众文艺周刊》的通讯处，就在宫门口对面的锦什坊街。在莽原社住了两三天，鲁迅又搬到旧刑部街的山本医院。鲁迅日记中没有在莽原社避难的记录，但当时总在鲁迅身边的青年人荆有麟和许羡苏，都在回忆鲁迅时说到了这件事。

第六章 到别的地方去

荆有麟回忆说：

> 先生避难的第一个去处。是北京西城，锦什坊街九十六号莽原社。当时莽原社仅有两间房子。我住一间，另外一间，作会客，办事，吃饭之用。先生在一个暖和的中午，突然来到了。于是我便将自己住的一间，让给先生住，我移到外间去。我每日仍照旧上课。去报馆编社会新闻。先生便在家看书，写东西。到晚上，先生总要出去到东城转一趟，打听打听当天政治上的特殊要闻。住到第三天，突有三、四个青年，来访莽原社了。据云：系对于《莽原》崇拜，特地来访问，看收不收外稿。当时我不在社，而来人又不认识鲁迅先生。先生便故意装的像个乡巴老，说他一切都不懂，非等我回来，无法答复他们的疑问。访问者悻悻而去了。先生疑心那些访问者，是侦探改装的假学生。深恐他们再来打麻烦。于是在第四天极早的早晨，先生装着病人，我携带着先生随身的零星用品，将先生送往石驸马大街的山本医院里。[10]

但许羡苏对这件事情的回忆则是：

> 有一次他在锦什坊街九十六号莽原社里避难，我给他送东西去，忽然听到有人在敲门，出去一看，有似大学生的三个青年，他们问我："鲁迅先生在这里没有？"我说："没有。"但我就此站在门口不走开，买

些过街的东西，等他们走了之后好久，才进去向鲁迅报告情况，请他换了一个地方。[11]

荆有麟的回忆很生动，但他把山本医院的地址记错了。另按许羡苏的回忆，当时那三个青年人被许挡在门外，根本没有见着鲁迅，这样，荆有麟回忆中所说"先生便故意装得像个乡巴老"或许不太准确。

鲁迅3月29日日记中有："晴。上午入山本医院。上午淑卿来，有麟来。下午紫佩来。"淑卿（许羡苏）、有麟、紫佩，是避难第一天在鲁迅身边跑前跑后的三个人，他们是那些年中鲁迅最信任的人，所谓鲁迅曾"以家人待之"的人。

在山本医院住到4月8日下午，鲁迅就回家了。实际上，在山本医院避居期间，外面的情形并不很紧张。鲁迅还可正常到医院外面上课、访友甚至理发。

4月9日，《京报》发表了《三·一八惨案之内幕种种》，披露了几个和三一八有关的"真确消息"，其中的最后一部分为"通缉案罗织之真相"，更详细地说明了所谓五十人通缉案的来龙去脉：

（三）通缉案罗织之真相 章马深恶教育界之迭次反对，早有大兴党狱之意，特托陈任中调查反对者之姓名，开单密告，原单计百余人，由陈交马，马自留原稿，转录一份送章，十八日事变后，经章按单挑出五十人，提付讨论。据某君曾在府中确曾亲见五十人姓名名单，系一毛胎纸所写，姓名上尚有圈点等符号，其意不明。某君特秘密抄出，仓卒间未录符号，只记忆徐李等五人名上各有三圈，吴稚晖虽列名第三，而仅点一点，余或两圈一圈或一点，不记其详。兹将五十人名单，转录如次：

徐谦，李大钊，吴稚晖，李煜瀛，易培基，顾兆熊，陈友仁，陈启修，朱家骅，蒋梦麟，马裕藻，许寿裳，沈兼士，陈垣，马叙伦，邵振青，林玉堂，肖子昇，李玄伯，徐炳昶，周树人，周作人，张凤举，陈大齐，丁维汾，王法勤，刘清扬，潘廷干，高鲁，谭熙鸿，陈彬和，孙伏园，高一涵，李书华，徐宝璜，李林玉，成平，潘蕴巢，罗敦伟，邓飞黄，彭齐群，徐巽，高穰，梁鼎，张平江，姜绍谟，郭春涛，纪人庆。

是日晚间开紧急会议，列席各员中除贾德耀章士钊陈任中外，大都不主张罗织人数过多，嗣选出十六人，嗣又主张七人，最后仅留五人，屈映光尚云易培基李煜瀛顾兆熊不宜目为共产党。陈任中谓易培基与徐谦至好，且助徐攫得中俄大学，李顾把持法教俄款，万不可听其逍遥，致碍政府整顿学风处理赔款之进行。贾氏谓事关学界，教次意见，自必不错。章士钊言此五人，情节实在相等，不易轩轾，于是通缉案遂决定矣。[12]

和3月26日《京报》刊载《政府果尚有大批通缉令耶》对通缉案的披露相比较，这篇文章披露了"五十人名单"的全部而不是其中的一部分（当然，所谓"五十人名单"实际只有四十八人），按这篇文章的说法，所谓"五十人名单"，只是一个曾经

"提付讨论"的初步方案，而在五人通缉案出台同时，也就放弃了其他超过五人的各种通缉方案。与其说这篇文章披露了"密令通缉鲁迅等文化教育界人士四十八人"的黑名单，不如说是在一定程度上解除了这个谣言曾经给人们带来的恐惧。

4月9日当天，鲁迅给章廷谦写了一封信，信中说的主要就是这个"五十人案"：

> 矛尘兄：
>
> 承示甚感。
>
> 五十人案，今天《京报》上有名单，排列甚巧，不像谣言，且云陈任中甚主张之。日前许季黻曾面问陈任中，而该陈任中一口否认，甚至于说并无其事，此真"娘东石杀"之至者也。
>
> 但此外却一无所闻，我看这事情大约已经过去了。非奉军入京，或另借事端，似乎不能再发动。至于现在之事端，则最大者盖惟飞机抛掷炸弹，联军总攻击，国直议和三件，而此三件，大概皆不能归咎于五十人煽动之故也欤。
>
> 迅上 四月九日[13]

鲁迅虽然不相信陈任中对"开单密告"这件事的否认声明，但他也觉得"这事情大约已经过去了"。虽然被通缉的危险暂时解除，但"飞机抛掷炸弹"的恐惧，又让鲁迅感到一种"轻微的紧张"。在北京上空"抛掷炸弹"的是张作霖的奉军。冯玉祥的国民军和张作霖的奉军之间的战争从上年年末就开始了，最初，双方的争战发生在天津一带。三一八惨案的发生，就是因为3月12日日本军舰掩护奉鲁联军的舰队进攻国民军占领的大沽口，在互相攻击中，双方各有死伤。事件发生后，曾参加辛丑和约议定的八国的公使联合向北洋政府提出最后通牒，要求奉、国两军立即停止在大沽口附近的作战，并要求国民军彻底清除布置在大沽口外的水雷。

4月，奉、国两军的战场转移到了北京，就在鲁迅从山本医院回家的4月8日，张作霖的奉军已经兵临北京城下。在这之前，从4月3日到6日，奉军的飞机每天飞到北京上空投掷炸弹，国民军的飞机也升空迎击。军阀之间互相指责甚至兵戎相见，虽然总有一个冠冕堂皇的借口，但实际上很难说谁是谁非，真正倒霉的，是在战场上死伤的士兵和被误伤的平民。鲁迅在4月6日写的《如此"讨赤"》中说："京津间许多次大小战争，战死了不知多少人，为'讨赤'也；执政府前开排枪，打死请愿者四十七，伤百余，通缉'率领暴徒'之徐谦等人五，为'讨赤'也；奉天飞机三临北京之空中，掷下炸弹，杀两妇人，伤一小黄狗，为'讨赤'也。"[14]

在飞机投掷炸弹所带来的死亡恐惧中，鲁迅蓦然发现了自己的生，也发现了自己后院里白杨树和榆叶梅的生。4月10日，避难回家后的第三天，鲁迅完成了系列散文诗《野草》的最后一篇《一觉》。

"在恐惧这个明亮的黑暗里"和《一觉》

一觉

飞机负了掷下炸弹的使命,像学校的上课似的,每日上午在北京城上飞行。每听得机件搏击空气的声音,我常觉到一种轻微的紧张,宛然目睹了"死"的袭来,但同时也深切地感着"生"的存在。

隐约听到一二爆发声以后,飞机嗡嗡地叫着,冉冉地飞去了。也许有人死伤了罢,然而天下却似乎更显得太平。窗外的白杨的嫩叶,在日光下发乌金光;榆叶梅也比昨日开得更烂漫。收拾了散乱满床的日报,拂去昨夜聚在书桌上的苍白的微尘,我的四方的小书斋,今日也依然是所谓"窗明几净"。

因为或一种原因,我开手编校那历来积压在我这里的青年作者的文稿了;我要全都给一个清理。我照作品的年月看下去,这些不肯涂脂抹粉的青年们的魂灵便依次屹立在我眼前。他们是绰约的，是纯真的，——阿，然而他们苦恼了，呻吟了，愤怒，而且终于粗暴了，我的可爱的青年们！

魂灵被风沙打击得粗暴，因为这是人的魂灵，我爱这样的魂灵；我愿意在无形无色的鲜血淋漓的粗暴上接吻。漂渺的名园中，奇花盛开着，红颜的静女正在超然无事地逍遥，鹤唳一声，白云郁然而起……。这自然使人神往的罢，然而我总记得我活在人间。

我忽然记起一件事：两三年前，我在北京大学的教员预备室里，看见进来了一个并不熟识的青年，默默地给我一包书，便出去了，打开看时，是一本《浅草》。就在这默默中，使我懂得了许多话。阿，这赠品是多么丰饶呵！可惜那《浅草》不再出版了，似乎只成了《沉钟》的前身。那《沉钟》就在这风沙颒洞中，深深地在人海的底里寂寞地鸣动。

野蓟经了致命的摧折，还要开一朵小花，我记得托尔斯泰曾受了很大的感动，因此写出一篇小说来。但是，草木在旱干的沙漠中间，拼命伸长他的根，吸取深地中的水泉，来造成碧绿的林莽，自然是为了自己的"生"的，然而使疲劳枯渴的旅人，一见就怡然觉得遇到了暂时息肩之所，这是如何的可以感激，而且可以悲哀的事！？

《沉钟》的《无题》——代启事——说："有人说：我们的社会是一片沙漠。——如果当真是一片沙漠，这虽然荒漠一点也还静肃；虽然寂寞一点也还会使你感觉苍茫。何至于像这样的混沌,这样的阴沉,而且这样的离奇变幻!"

是的,青年的魂灵屹立在我眼前,他们已经粗暴了,或者将要粗暴了,然而我爱这些流血和隐痛的魂灵,因为他使我觉得是在人间,是在人间活着。

在编校中夕阳居然西下,灯火给我接续的光。各样的青春在眼前一一驰去了,身外但有昏黄环绕。我疲劳着,捏着纸烟,在无名的思想中静静地合了眼睛,看见很长的梦。忽而惊觉,身外也还是环绕着昏黄;烟篆在不动的空气中上升,如几片小小夏云,徐徐幻出难以指名的形象。

一九二六年四月十日。

从1924年9月15日写作《秋夜》以来,时间已经过去了一年多。在这段时间里,鲁迅的个人生活和思想情绪都发生了很大变化。在经过一系列对自己隐秘灵魂的曲折解剖之后,鲁迅的目光回到了现实当中清醒的、日常的自我。从题目看,《一觉》的本意是"睡了一觉",好像是又一篇以"我梦见"开头的关于梦境的回想,文章最后一段,"我"的确也像在《好的故事》中一样,进入了睡梦的状态并且"看见"一个"很长的梦":"我疲劳着,捏着纸烟,在无名的思想中静静地合了眼睛,看见很长的梦。"但这里并没有告诉我们,那个"很长的梦"是个什么样的梦。

和《秋夜》一样,《一觉》的场景也是作者的住所,这和《秋夜》似乎形成了某种呼应。包括《秋夜》在内,《野草》中

第六章 到别的地方去

这是拍摄于1975年的后院西墙边的白杨树。在1986年故居大修中,考虑到树根对故居地基的影响,这些白杨树被伐去。

的其他"故事"都发生在深沉的暗夜，只有在《一觉》中，作者发现了日光下的西三条寓所："窗外的白杨的嫩叶，在日光下发乌金光；榆叶梅也比昨日开得更烂漫。收拾了散乱满床的日报，拂去昨夜聚在书桌上的苍白的微尘，我的四方的小书斋，今日也依然是所谓的'窗明几净'。"窗外的白杨、榆叶梅和窗内的书桌，这些平常隐遁不彰的事物，现在却处于特殊的光亮之中，像《好的故事》中的"茅屋、狗、塔、村女"一样扑面而来。

这种情形不会自然而然地出现，而是需要一种特殊的情境，一种惊醒的过程，就像在《秋夜》中，那个"哇"的一声飞过的恶鸟让"我"回到书房，"看见"了煤油灯罩上的小青虫和栀子花。《一觉》中没有出现作为动物的恶鸟，但飞来了比"恶鸟"还要凶恶的投掷炸弹的"飞机"："飞机负了掷下炸弹的使命，像学校的上课似的，每日上午在北京城上飞行。每听得机件搏击空气的声音，我常觉到一种轻微的紧张，宛然目睹了'死'的袭来，但同时也深切地感着'生'的存在。"飞机带来的恐惧，远比"恶鸟"带来的惊悚更为严重，因为飞机的投弹直接关系人的生死。"在恐惧这个明亮的黑暗里，存在才能作为存在着的东西显示出来。"因为，"如果我们没有感觉到虚无，不知道所有存在着的东西也可能不存在，那我们根本就不会注意到存在。"[15] 虽然是日光下的白天，但飞机带来的惊恐，却在人的心理上投下像黑夜一样的暗影。白天也可能是黑暗的，鲁迅就曾说1925年3月18日是"民国以来最黑暗的一天"。对于鲁迅来说，真正的黑暗还不只是军阀张作霖在北京上空投下的炸弹，自从三一八惨案以来，鲁迅一直处在被军阀政府迫害的阴影当中。写作《一觉》前后一个多月，正是鲁迅为躲避灾祸离家避难的日子，《一觉》就

第六章 到别的地方去

是在避难过程中回家两天的短暂间隙写成的。

在《一觉》中,作者不仅从"恐惧这个明亮的黑暗里"看见了自己生存的环境,而且进一步看见了自己。作者自己的日常生存成为反观的对象。"因为或一种原因,我开手编校那历来积压在我这里的青年作者的文稿了;我要全都给一个清理。我照作品的年月看下去,这些不肯涂脂抹粉的青年们的魂灵便依次屹立在我眼前。他们是绰约的,是纯真的,——阿,然而他们苦恼了,呻吟了,愤怒,而且终于粗暴了,我的可爱的青年们!"这时候,书案前的编辑校对工作和写作一样,具有了独立的本体价值,上升成为一种自觉的生命存在形式。在搬至西三条后,鲁迅和青年学生的来往多了起来,"而且留心看看,居然也有几个不问成败而要战斗的人。"[16]他希望与更多的"破坏论者"一起,建立起一条"联合战线"。为此,鲁迅付出巨大的精力,帮助青年文学家们,给他们看稿、编稿甚至代他们校对文稿。在这里,作者回顾了和浅草社、沉钟社青年们的交往经过:"我忽然记起一件事:两三年前,我在北京大学的教员预备室里,看见进来了一个并不熟识的青年,默默地给我一包书,便出去了,打开看时,是一本《浅草》。就在这默默中,使我懂得了许多话。阿,这赠品是多么丰饶呵!"这个赠送《浅草》给鲁迅的青年,就是当时还是北大学生的诗人冯至。几十年后,冯至曾经多次回忆起鲁迅在《一觉》中所记述的这个其实很平常的故事。但鲁迅从这个"默默"的事情中"懂得了许多话",他能够意识到自己在青年们心目中的地位,也能够感觉到这些年轻人对自己的感激。但他并不希望年轻人为这种无谓的感激之情所牵绊,因此有了下面一段话:"草木在旱干的沙漠中间,拼命伸长他的根,吸取深地中的水泉,来造成碧绿的林莽,自然是为了自己的'生'的,然而使疲劳枯渴的旅人,一见就怡然觉得遇到了暂时息肩之所,这是如何的可以感激,而且可以悲哀的事?!"鲁迅在这里,是在反思自己和学生、自己和他人之间的关系。在他看来,人最重要的是从人我共在的复杂缠绕中解脱出来,从自己最切身的利益出发而生存。在1925年4月8日和11日写给年轻学生赵其文的两封信中,鲁迅都说到"善于感激"的害处:"我敢赠送你一句真实的话,你的善于感激,是于自己有害的,使自己不能高飞远走。我的百无成就,就是受了这癖气的害,《语丝》上《过客》中说,'这于你没有什么好处',那'这'字就是指'感激'。我希望你向前进取,不要记着这些小事情。"[17]

在《一觉》的最后,作者从对青年的感慨中再次回到自我:"在编校中夕阳居然西下,灯火给我接续的光。各样的青春在眼前一一驰去了,身外但有昏黄环绕。……忽而惊觉,身外也还是环绕着昏黄;烟篆在不动的空气中上升,如几片小小夏云,徐徐幻出难以指名的形象。"这很像是《秋夜》结尾中的自我形象:"我打一个呵欠,点起一支纸烟,喷出烟来,对着灯默默地敬奠这些苍翠精致的英雄们。"《秋夜》和《一觉》的结尾部分,关于行动主体"我"抽烟的动作和形象并非无关紧要,在《秋夜》和《一觉》中,"我"在行为过程中主要调动的是想象和感觉,而真正身体的动作很少,而抽烟正是这里最有动感的一个内容,这可以说明"点起一支纸烟"的"我"从想象和视觉、听觉等远距离认知活动中抽了回来,回到了当下活生生的自我。

流离失所

很快,鲁迅给章廷谦的信中所说的"奉军入京"就真的来了。4月15日下午,鲁迅再次离家出走,和好友许寿裳住进东交民巷的德国医院。鲁迅4月15日日记中有:"下午季市来,同访寿山。往山本医院。得季野信。晚移住德国医院。"[18]在《亡友鲁迅印象记》中,许寿裳回忆这件事说:"齐寿山很为我们担忧,热心奔走,豫先接洽了临时避居的地方,对我们说:'一有消息,就来报告,务必暂时离家。'果然,有一天下午,寿山来电话,说:'张作霖的前头部队已经到高桥了,请立刻和鲁迅避入D医院,一切向看护长接洽就得。'我就立刻去通知鲁迅,于是同时逃入了。"[19]

鲁迅躲入德国医院的第二天,传来消息说,除了捉人,可能还要抄家。鲁迅怕年事已高的母亲受到惊吓,就把母亲和夫人接到东长安街的东安饭店住了两三天。荆有麟是这件事情的操办者,他曾回忆说:

> 第二次去医院访先生时,先生已脱离病房,与其

德国医院。

第六章　到别的地方去

他避难的教授们，同住在一间大房子，我去时，房里人乱轰轰，正在围听有人刚从外面带来的新消息，似乎是说：当局计划搜查被缉的教授们的家庭。这消息，当然是一个打击。先生当时也很为着急，于是听了当时在场的戴应观之劝，交给我五十元，要我把他老太太及太太暂接出寓所避难。我在东长安街东安饭店里，代定了一个房间，然后又将周老太太及太太接到饭店里。……但搜查的事，并没有实行。所以本来住不惯旅店的周老太太及周太太，在听说没有什么事故发生时，几天就要回家去了。[20]

荆有麟没说他第二次去医院和把老太太和太太接到饭店的具体时间。实际上，老夫人和夫人是4月17日开始住进东安饭店的，而在找好饭店的前一天晚上，两位老人临时躲避的地方是俞氏姐妹当时在真如镜胡同1号租住的房子，当时兴奋地参与接待两位贵客的俞芳在《太师母到我家避难》中回忆说：

四月十六日下午，大先生得到一个消息，说当晚可能要捉人，并要抄家。这可有点使他着急了。大先生自有藏身之处，他不怕；可是要抄家呢——大先生不怕别的，只怕太师母高龄，要受惊恐，身体、精神吃不消。最好出去躲一躲，但这消息来得太迟，临时到哪里去躲避呢？大先生正在着急的时候，我的大姐俞芬和许羡苏姐姐到了。大先生向她们说了这个事情。大姐灵机一动，邀请太师母、大师母到我家暂时避避。[21]

这让人一下子就想起来几年前鲁迅从八道湾11号搬家到砖塔胡同61号的情形。那次也是许羡苏，也即鲁迅日记中说的淑卿，为急切需要离家出走的鲁迅联系到了俞氏姐妹，让鲁迅一家住在她们院里闲着的几间房屋里。

俞芳说，因为她们姐妹现在住的这个房子隔壁就是法国教堂，万一有事的话，可以从窗口跳到教堂院子里，所以非常安全。

鲁迅接家人在东安饭店避难的事情并不算复杂，但"东方饭店"的一个说法，却让这个事情变得有点复杂起来。在东方饭店，可以看见墙上挂着一幅油画，画面上的主角是鲁迅和许广平等人，在很不显眼的一个角落里坐着两个年老的女人，应该是故事本来的主角周老太太和朱安夫人。油画下面有中英文说明："一九二六年春，鲁迅先生把自己的母亲鲁瑞和原配夫人朱安、学生许广平以及在他家的几个朋友一同接到东方饭店躲避兵祸，住了两天看看没有什么事情发生，老母亲就回家了，鲁迅先生仍在东方饭店，写作《纪念刘和珍君》等文章。"

在林辰的《鲁迅北京避难考》中，有一段叶圣陶补记的注释，是对林辰文中所引艾云也即荆有麟的一段文字的说明。在这段文字中荆有麟说，鲁迅曾"托人把老太太和太太接出寓所，到一家旅馆内去躲避"，叶圣陶对这句话的注释说：

> 遇见许广平先生，与她谈起林辰先生这部稿子各篇的大概。关于接老太太等躲避一事，她有如下的话："据我的记忆，在鲁迅避难期间，奉军入京。那时守北京的是冯玉祥部，属于直系，奉直是不和的，一般人都恐怕会发生冲突。因此，鲁迅在某一天托人在东城的东

第六章　到别的地方去

东方饭店的老楼。

方饭店（？）赁了一间房，把母亲及朱氏接去，另外还有一位住在他家的许钦文的妹妹羡苏，又托她到校邀我，一同去住在旅馆。第二天看看没有什么事发生，母亲就回家了。此事荆有麟先生曾帮忙。"[22]

这大概是鲁迅曾经和家人在东方饭店避难说的来源和东方饭店那幅油画创作的根据。显然，在这段和叶圣陶的对话里，许广平把东安饭店错记成了东方饭店，虽然她当时并不确定是东方饭店。不过许广平也提供了另一个重要的信息，当时住在东安饭店的除了老太太和太太，还有许羡苏和许广平，这从鲁迅日记也能得到证实。4月18日鲁迅日记中有："晴。上午往东安饭店。得董秋芳信。午有麟来。紫佩来。寿山来，同往德国饭店午餐。下午广平来。晚淑卿来。"[23]

东安饭店和东方饭店，曾经都是北京二十世纪早期的高档饭店。东安饭店于1915年建成，地点在东长安街路北王府井南口和东单之间。东方饭店于1918年建成，地点在虎坊桥东南香厂路。中华人民共和国成立后长安街扩建时东安饭店被拆掉，但东方饭店至今仍在，在1918年建成的三层老楼旁边，东方饭店后来又建筑了更高大的新楼。曾经下榻东方饭店的名人很多，如李大钊、陈独秀、钱玄同、刘半农等，东方饭店很重视这份无形资产，把这些发生在饭店的历史和百年老楼一起进行妥善保护。但说鲁迅曾经住过东方饭店和曾经在这里写作了《纪念刘和珍君》，却与事实不符。

鲁迅在德国医院住到23日就回家了。但情形突然又紧张起来，26日清晨，24日被捕的《京报》总编邵飘萍被奉系军阀以

"宣传赤化"的罪名绑赴天桥枪杀。消息传出,引起北京知识界极大震动。鲁迅在当天晚上又赶紧躲进法国医院,但这次在法国医院躲避时间不长,荆有麟回忆说:

> 法国医院比德国医院自由得多。避难的教授们,在树下花前散步看书;李石曾与马叙伦等,在屋中围棋。鲁迅先生,则正爬在一个小桌上,写答复上海友人的来信。这时节,有人传出消息,说不特执政府对于教授们不愿追究了,连奉军当局,也表示不愿追究了。于是胆大的教授们,便开始向东交民巷以外的地区走动了。鲁迅先生因神情不安,难于工作,再加以经济上无法支持下去(先生因避难已借贷数百元)。便决定仍回到西三条胡同的本寓去。在五月的一个早晨,太阳刚刚放出红光,先生已由东交民巷赶到西三条二十一号。"碰碰碰"在打自己的大门了。[24]

今年秋天,也许要到别的地方去

　　林语堂也曾在法国医院避难,《京报》上披露的"五十人通缉名单"中也有他。作为《语丝》派同人,林语堂常对时事政治直抒胸臆、信口批评,他和鲁迅一样,曾经在文章中赞美土匪和提倡骂人。在《莽原》半月刊第一期发表的《祝土匪》中,林语堂说:"言论界,依中国今日此刻此地情形非有些土匪傻子来说话不可。"[25]但是,那时候知识分子能够像土匪和傻子一样随便说话,还要感谢真正的军阀和土匪。在他的《中国新闻舆论史》中,林语堂说:"军阀混战把整个中国分割成为若干个势力范围,而北京政府则萎缩成为一个影子或者傀儡。这是发生在20世纪20年代早期的时期,而且我总是充满感激和欣赏地记起段祺瑞的慷慨和大度,他允许其他作者和我本人在北京的报纸上用不礼貌的言辞对其进行抨击。"[26]但这是1915到1925年之间的事情。当张宗昌这个真的土匪进入北京,并枪杀了邵飘萍时,林语堂他们知道"北洋军阀开始下毒手了"。

　　在《林语堂自传》中,他说到了这次避难:

第六章 到别的地方去

民国十五年（一九二六年）四五月间，狗肉将军张宗昌长驱入北平，不经审问而枪杀了两个最勇敢的记者（邵飘萍和林白水）。那时又有一张名单要捕杀五十个言辞激烈的教授，我就是其中之一。此信息外传，我即躲避一月，先在东交民巷一个法国医院，后在友人家内。

《社会日报》的林白水是在稍晚的8月6日被害的，在之前，林语堂早已逃至厦门。在另一篇自传《八十自叙》中，林语堂也说到了这次逃难，他说：

我家在东城船板胡同。当时我也预先做了准备，必要时跳墙逃走。我做好一个绳梯子，紧急时可以拉入阁楼。我后来以为不太安全，于是藏在林可胜大夫家。那时我有两个孩子，小的才三个月大。在林大夫家藏了三个星期，我决定回厦门去。由于朋友联系，我和鲁迅、沈兼士，还有北京大学几个很杰出的人物，和厦门大学签订了聘约，我们前去教书。[27]

林语堂之所以能很快做出回厦门去的决定，是因为他的好朋友林可胜大夫的父亲就是厦门大学的校长林文庆。5月10日，林语堂请鲁迅、许寿裳和马幼渔在西长安街的大陆春饭店吃饭。有人认为就在这个聚会上，林语堂邀请鲁迅到厦门大学去。在这之后半个月，鲁迅多次参加饯别林语堂的宴会和茶话会，不知道鲁迅在哪天做出了离京出走的决定，但从鲁迅日记可以看到，在饯别林语堂的同时,鲁迅也在辞卸女师大评议会会员、中国大学讲师等在北京的各种职务。

6月17日,鲁迅给李秉中写了一封回信,从这封信很可以看出鲁迅在离开北京前这一段时间的心境和想法。李秉中1924年在北大学习的时候,曾经多次得到鲁迅的资助,1924年10月他离开北京入黄埔军校学习,临走前,鲁迅还为他艰难地凑集了二十元路费。鲁迅和李秉中的通信很多,而且总是像这封信一样的长信。这除了说明李秉中对鲁迅的尊敬和忠诚,也说明在情绪类型和思想观念上,他们之间曾经有深度的共鸣。1925年,在东征战场上的李秉中给鲁迅写过几封信,从这些信可以看出,李秉中那时候的思想是很消极和颓唐的。他在信中表示,他投笔从戎和到战场去"杀陈炯明"只是为了好奇和快意,"在战场上去赏玩人类的相杀"和"求一有趣味的丧失生命之法"。后来,李秉中被派到苏联留学,鲁迅下面所说的李秉中的"来信"大概就来自于苏联:

秉中兄:

收到你的来信后,的确使我"出于意表之外"地喜欢。这一年来,不闻消息,我可是历来没有忘记,但常有两种推测,一是在东江负伤或战死了,一是你已经变了一个武人,不再写字,因为去年你从梅县给我的信,内中已很有几个空白及没有写全的字了。现在才知道你已经跑得如此之远,这事我确没有预先想到,但我希望你早早从休养室走出,"偷着到啤酒店去坐一坐",我以为倒不妨,但多喝酒究竟不好。去年夏间,我因为各处碰钉子,也很大喝了一通酒,结果是生病了,现在已愈,也不再喝酒,这是医生禁止的。他又禁止我吸烟,但这一节我却没有听。

从去年以来,我因为喜欢在报上毫无顾忌地发议论,就树敌很多,章士钊之来咬,乃是报应之一端,出面的虽是章士钊,其实黑幕中大有人在。不过他们的计划,仍然于我无损,我还是这样,因为我目下可以用印书所得之版税钱,维持生活。今年春间,又有一般人大用阴谋,想加谋害,但也没有什么效验。只是使我很觉得无聊,我虽然对于上等人向来并不十分尊敬,但尚不料其卑鄙阴险至于如此也。

多谢你的梦。新房子尚不十分旧,但至今未加修葺,却是真的。我大约总该老了一点,这是自然的定律,无法可想,只好"就这样吧"。直到现在,文章还是做,与其说"文章",倒不如说是"骂"罢。但是我实在困倦极了,很想休息休息,今年秋天,也许要到别的地方去,地方还未定,大约是南边。目的是:一,专门讲书,少问别事(但这也难说,恐怕仍然要说话),二,弄几文钱,以助家用,因为靠版税究竟还不够。家眷不动,自己一人去,期间少则一年,多则两年,此后我还想仍到热闹地方,照例捣乱。

"指导青年"的话,那是报馆替我登的广告,其实呢,我自己尚且寻不着头路,怎么指导别人。这些哲学式的事情,我现在不很想它了,近来想做的事,非常之小,仍然是发点议论,印点关于文学的书。酒也想喝的,可是不能。因为我近来忽然还想活下去了。为什么呢？说起来或者有些可笑，一，是世上还有几个人希望我活下去，二，是自己还要发点议论，印点关于文学的书。

我现在仍在印《莽原》，以及印些自己和别人的翻译及创作。可惜没有钱，印不多。我今天另封寄给你三本书，一是翻译，两本是我的杂感集，但也无甚可观。

我的地址是"西四，宫门口，西三条胡同，二十一号"，你信面上写的并不大错，只是门牌多了五号罢了。即使我已出京，信寄这里也可以，因为家眷在此，可以转寄的。

你什么时候可以毕业回国？我自憾我没有什么话可以寄赠你，但以为使精神堕落下去，是不好的，因为这能使自己受苦。第一着须大吃牛肉，将自己养胖，这才能做一切事。我近来的思想，倒比先前乐观些，并不怎么颓唐。你如有工夫，望常给我消息。

迅 六月十七日

因为有一年没有联系了，所以鲁迅简要介绍了去年夏天以来发生在他身上的倒霉事情，也就是"华盖运"。接下来说他已经决定今年秋天要"到别的地方去"。和以前他们两人的通信相比较，鲁迅的精神状态和思想观念发生了很大的变化，他不愿意和年轻人再去探讨抽象的人生道路"这些哲学式的事情"，而是劝告年轻人"大吃牛肉，将自己养胖"，这说明，虽然一年来经历了种种人事上的冲突，但由于感情生活的充实，鲁迅反而摆脱了前些年灰暗低沉的心绪，变得积极健康起来。

《马上日记》《马上支日记》和《马上日记之二》

从6月25日开始，鲁迅开始了一个日记体杂感文系列的写作。这个系列的名字叫《马上日记》。这个系列的体裁和名称都让人感到相当陌生，尤其是和杂感集《华盖集续编》中其他杂感文放在一起的时候。

《马上日记》，不是骑在马背上写的日记，而是有了感想就马上写下来的意思，类似于古代文人的笔记。在《马上日记》之后，又有《马上支日记》和《马上日记之二》。《马上日记》和《马上日记之二》是写给刘半农主编的《世界日报副刊》的，《马上支日记》则是写给《语丝》的。"支日记"的意思，鲁迅解释说，就像是"政党会设支部，银行会开支店"，日记当然也可以写支日记。

在《马上日记》正式开写前，鲁迅先写了一篇《豫序》，说明作为日常实用性文体的日记和作为著述的日记的区别，以及自己这次利用日记手法写作杂感文的缘起和想法。他说：

四五天以前看见半农,说是要编《世界日报》的副刊去,你得寄一点稿。那自然是可以的喽。然而稿子呢?这可着实为难。看副刊的大抵是学生,都是过来人,做过什么"学而时习之不亦说乎论"或"人心不古议"的,一定知道做文章是怎样的味道。有人说我是"文学家",其实并不是的,不要相信他们的话,那证据,就是我也最怕做文章。

然而既然答应了,总得想点法。想来想去,觉得感想倒偶尔也有一点的,平时接着一懒,便搁下,忘掉了。如果马上写出,恐怕倒也是杂感一类的东西。于是乎我就决计:一想到,就马上写下来,马上寄出去,算作我的画到簿。[28]

和鲁迅的日常生活日记比较一下就会知道,鲁迅给《世界日报》副刊和《语丝》写的日记并不是真的日记,而是一种文学创作。两种日记内容上有一定关联,但也不能一一对应。比如《马上日记》"六月二十六日"中写了两个内容,一是得霁野来信,一是织芳从河南来并带来两包柿霜糖。而6月26日的鲁迅日记中的确也有"得季野信",但荆有麟送柿霜糖的事是24日发生的:"有麟来并赠柿霜糖两包。"《马上日记》"六月二十八日"篇中,详细描述了上街买药的所见所闻和与药房店伙讨价还价的过程,也写了买药结束后到L君以及C君家拜访的经过。这些内容从鲁迅日记中也能看到事实根据,这天的日记中有:"二十八日,晴。上午往留黎厂。往信昌药房买药。访刘半农,不值。访寿山。"

但和鲁迅日记比较，《马上日记》更注意对各色人等生活细节的观察和描写，给人的感觉，是鲁迅在通过一个高倍显微镜放大和仔细观察他在自己日记中简单记载的事项。另外，《马上日记》更多关注的是日常生活中荒诞和无聊的一面，如一个蝇子在脸上爬来爬去，如一个小孩子打门后逃之夭夭，这些事情从生活日记的角度看，是毫无意义的，在《马上日记》中，这些细节却很重要，因为《马上日记》要揭露的，正是日常生活的无意义。

之所以用日记形式表达，是因为度日既是我们日常生活的过程，也是我们日常生活的内容。通过日记形式才能表现出生活中的空洞和重复。"又过了一天"，就算这一天什么也没干，在日记中写上"无事"，也算是过了一天。把一天和一天排列在一起，也能够看出这一天发生的事情，过去早就发生过了。《马上支日记》第一段，对夏日早晨扰人清梦的苍蝇的描述就很生动：

> 早晨被一个小蝇子在脸上爬来爬去爬醒，赶开，又来；赶开，又来；而且一定要在脸上的一定的地方爬。打了一回，打它不死，只得改变方针：自己起来。[29]

苍蝇让人烦的地方是重复，"一定要在脸上的一定的地方爬"，而且并不会偶然出现一次，这天某个时间出现了，其他日子的这个时间还会出现，而且让你感觉还是同一只苍蝇。"七月四日"，苍蝇又来了："早晨，仍然被一个蝇子在脸上爬来爬去爬醒，仍然赶不走，仍然只得自己起来。"

但最多重复的是每天日记中第一行的"晴"。在写了十次"晴"后，鲁迅在第十一篇日记也即《马上日记之二》中说：

> **七月七日**
>
> 晴。
>
> 每日的阴晴,实在写得自己也有些不耐烦了,从此想不写。好在北京的天气,大概总是晴的时候多;如果是梅雨期内,那就上午晴,午后阴,下午大雨一阵,听到泥墙倒塌声。[30]

天气总是一个样最多是让人厌,苍蝇却不光是让人厌烦,还让人无奈。当然,让人无奈的人和事很多,不光是苍蝇。在日记中,主人公在很多时候遇到的都是希望落空或者想法被否定,如"今天到我的睡觉时为止,似乎并没有挂国旗""品青的回信来了,说孔德学校没有《间邱辨囿》"。6月28日的日记写了很多无奈的事,主人出门买药,想从警察管制的东长安街横穿过去,被"一个巡警伸手拦住道:不成!"。买完药想拜访L君,L君不在家,想在L君家等他回来,也不成:

> 绕到L君的寓所前,便打门,打出一个小使来,说L君出去了,须得午饭时候才回家。我说,也快到这个时候了,我在这里等一等罢。他说:不成!你贵姓呀?这使我很狼狈,路既这么远,走路又这么难,白走一遭,实在有些可惜。我想了十秒钟,便从衣袋里挖出一张名片来,叫他进去禀告太太,说有这么一个人,要在这里等一等,可以不?约有半刻钟,他出来了,结果是:也不成!先生要三点钟才回来哩,你三点钟再来罢。[31]

第六章　到别的地方去

日记写到了很多家里家外的常人或者说庸人，这些人的主要精神特质是空洞和无聊。无聊人的表现，一是故意大声说唱或挑起事端，以引人注意和寻找刺激。如"六月二十八日"："将近宣武门口，一个黄色制服，汗流满面的汉子从外面走进来，忽而大声道：草你妈！许多人都对他看，但他走过去了，许多人也就不看了。"如"七月五日"："听得有人打门，连忙出去开，却是谁也没有，跨出门去根究，一个小孩子已在暗中逃远了。关了门，回来，又躺下，又仿佛在享福。一个行人唱着戏文走过去，余音袅袅，道，'咿，咿，咿！'"

无聊人的另一个表现，就是对任何特别、怪异事情的好奇和追求。《马上支日记》中写的田妈是这种好奇者的典型，"七月三日"中写到田妈对万牲园管门的长人的好奇和羡慕：

> 晚饭后在院子里乘凉，忽而记起万牲园，因此说：那地方在夏天倒也很可看，可惜现在进不去了。田妈就谈到那管门的两个长人，说最长的一个是她的邻居，现在已经被美国人雇去，往美国去了，薪水每月有一千元。[32]

万牲园是鲁迅感兴趣的地方，里面的植物、动物都是生物，当年在日本放弃学医去和藤野先生告别的时候，鲁迅就曾说过以后想去学生物学。

马芷庠1935年出版的《北平旅行指南》中，也说到了农事实验场也即万牲园里的"长人"刘玉清和刘到美国的事："农场检票巨人，仍为刘玉清。刘曾一度赴美现身银幕，获有美金万元，购房娶妻。后又在该场服务,入门券每张售洋一角。"³³但鲁迅对"长人"并不感兴趣,甚至于连累他对于"长"小说的态度。

"七月六日"的日记,又写到了好奇者田妈,还是晚饭后在院子里乘凉时发布闲言碎语:

> 晚上回家,吃了一点饭,就坐在院子里乘凉。田妈告诉我,今天下午,斜对门的谁家的婆婆和儿媳大吵了一通嘴。据她看来,婆婆自然有些错,但究竟是儿媳妇太不合道理了。问我的意思,以为如何。³⁴

叔本华解读人们的无聊说:"而人们的好奇和喜欢打听——这可以从他们四处张望、暗中打探别人的事情看得出来——却是因为无聊的缘故。无聊是人生中与痛苦相对应的另一极,虽然嫉妒在这里也经常发挥了作用。"³⁵

对别人的事情表现出特别好奇的人不光是田妈,大街上形形色色的闲人看客,时刻都在期待和寻找"奇怪"的事情。"七月六日"的日记写了一个在药店碰到的总在期待非常之事出现的"买客":

> 午后,到前门外去买药。配好之后,付过钱,就站在柜台前喝了一回份。其理由有三:一,已经停了一天了,应该早喝;二,尝尝味道,是否不错的;三,天气太热,实在有点口渴了。
>
> 不料有一个买客却看得奇怪起来。我不解这有什么可以奇怪的;然而他竟奇怪起来了,悄悄地向店伙道:

"那是戒烟药水罢？"

"不是的！"店伙替我维持名誉。

"这是戒大烟的罢？"他于是直接地问我了。

我觉得倘不将这药认作"戒烟药水"，他大概是死不瞑目的。人生几何，何必固执，我便似点非点的将头一动，同时请出我那"介乎两可之间"的好回答来：

"唔唔……。"

这既不伤店伙的好意，又可以聊慰他热烈的期望，该是一帖妙药。果然，从此万籁无声，天下太平，我在安静中塞好瓶塞，走到街上了。[36]

在日常生活中，人们不光是搜寻奇怪的事情，对奇特的食品也总是表现出异常的兴趣。在《马上日记》和《马上日记之二》中，鲁迅写了两段关于柿霜糖的事情，这两段关于柿霜糖的日记，中间差了十几天，现在我们把这两个段落合起来看，就是一篇完整的有趣的关于一种零食柿霜糖的故事：

六月二十六日

午后，织芳从河南来，谈了几句，匆匆忙忙地就走了，放下两个包，说这是"方糖"，送你吃的，怕不见得好。织芳这一回有点发胖，又这么忙，又穿着方马褂，我恐怕他将要做官了。

打开包来看时，何尝是"方"的，却是圆圆的小薄片，黄棕色。吃起来又凉又细腻，确是好东西。但我不明白织芳为什么叫它"方糖"？但这也就可以作为他将要做官的一证。

　　景宋说这是河南一处什么地方的名产，是用柿霜做成的；性凉，如果嘴角上生些小疮之类，用这一搽，便会好。怪不得有这么细腻，原来是凭了造化的妙手，用柿皮来滤过的。可惜到他说明的时候，我已经吃了一大半了。连忙将所余的收起，豫备将来嘴角上生疮的时候，好用这来搽。

　　夜间，又将藏着的柿霜糖吃了一大半，因为我忽而又以为嘴角上生疮的时候究竟不很多，还不如现在趁新鲜吃一点。不料一吃，就又吃了一大半了。

七月八日

　　午后，密斯高来，适值毫无点心，只得将宝藏着的搽嘴角生疮有效的柿霜糖装在碟子里拿出去。我时常有点心，有客来便请他吃点心；最初是"密斯"和"密斯得"一视同仁，但密斯得有时委实利害，往往吃得很彻底，一个不留，我自己倒反有"向隅"之感。如果想吃，又须出去买来。于是很有戒心了，只得改变方针，有万不得已时，则以落花生代之。这一著很有效，总是吃得不多，既然吃不多，我便开始敦劝了，有时竟劝得怕吃落花生如织芳之流，至于逡巡逃走。从去年夏天发明了这一种花生政策以后，至今还在继续厉行。但密斯们却不在此限，她们的胃似乎比他们要小五分之四，或者消化力要弱到十分之八，很小的一个点心，也大抵要留下一半，倘是一片糖，就剩下一角。拿出来陈列片时，吃去一点，于我的损失是极微的，"何必改作"？

密斯高是很少来的客人，有点难于执行花生政策。恰巧又没有别的点心，只好献出柿霜糖去了。这是远道携来的名糖，当然可以见得郑重。

我想，这糖不大普通，应该先说明来源和功用。但是，密斯高却已经一目了然了。她说：这是出在河南汜水县的；用柿霜做成。颜色最好是深黄；倘是淡黄，那便不是纯柿霜。这很凉，如果嘴角这些地方生疮的时候，便含着，使它渐渐从嘴角流出，疮就好了。

她比我耳食所得的知道得更清楚，我只好不作声，而且这时才记起她是河南人。请河南人吃几片柿霜糖，正如请我喝一小杯黄酒一样，真可谓"其愚不可及也"。

茭白的心里有黑点的，我们那里称为灰茭，虽是乡下人也不愿意吃，北京却用在大宴席上。卷心白菜在北京论斤论车地卖，一到南边，便根上系着绳，倒挂在水果铺子的门前了，买时论两，或者半株，用处是放在阔气的火锅中，或者给鱼翅垫底。但假如有谁在北京特地请我吃灰茭，或北京人到南边时请他吃煮白菜，则即使不至于称为"笨伯"，也未免有些乖张罢。

但密斯高居然吃了一片，也许是聊以敷衍主人的面子的。到晚上我空口坐着，想：这应该请河南以外的别省人吃的，一面想，一面吃，不料这样就吃完了。[37]

故事中先后出现的人物有织芳、景宋、密斯高。织芳就是荆有麟,景宋就是许广平,密斯高是许羡苏在女高师的同学高秀英。高秀英是河南开封人,所以对柿霜糖很了解。日记中的柿霜糖是荆有麟从河南给鲁迅带回来的一种特产,因为熟知鲁迅家对零食的巨大需要,荆有麟一向喜欢给鲁迅家送来各种食品。鲁迅把荆有麟说的"霜糖"听成了"方糖",但鲁迅就是从荆有麟的匆匆忙忙和把霜糖"说成"方糖判断,荆有麟"将要做官了",后来的事实证明,鲁迅的感觉很对。一个故弄玄虚的人也往往是一个庸俗的人,一个人开始故弄玄虚,也就说明这个人将要变得庸俗。但鲁迅的整个故事说的,是日常生活中常人也就是好奇者对待物品时常有的一个倾向,即物以稀为贵。这种态度表明,人们常常并不是根据一个物品本身的价值而是根据这种物品的稀少程度来估价。

和三一八惨案发生后针对时事政治发表的那些严肃评论相比较,在《马上日记》《马上支日记》中,鲁迅把目光转移到了平庸的家庭环境和日常生活,所涉及的都是一些看似微不足道的小事情,但正是这些小事情,让西三条胡同鲁迅家的小院子给人们留下了深刻的印象。1932年11月25日,北平师范大学国文系的学生王志之、张松如、潘炳皋到西三条21号拜访回京探亲的鲁迅,当黄昏中一个女仆开门出来的时候,他们一下子想到的,就是《马上日记》中那个谈论过万牲园的"长人"的田妈:"迎门的不是苦雨斋的皓叟,却是老妈,这使我想起说过万牲园收票的那个高个的田妈来。"[38]

第六章 到别的地方去

送鲁迅先生

从8月初开始，和鲁迅关系密切的人，开始议论鲁迅的走和怎么给鲁迅送行。8月3日，韦丛芜约鲁迅在北海公园"茶话"，参加者还有朱寿恒、许广平、常维钧、赵少侯及韦素园。之后，为鲁迅饯行的宴会多了起来。8月7日晚，绍兴籍学生宋紫佩、李遐卿、董秋芳在中山公园长美轩为鲁迅饯行。8月8日晚，北京大学的同事马幼渔、沈尹默、张凤举在德国饭店为鲁迅饯行。8月9日晚，黄鹏基、石珉和荆有麟、金仲芸两对夫妇请鲁迅在漪澜堂吃饭。

此际适逢许广平大学毕业。8月13日中午，鲁迅参加陆晶清、许广平、吕云章举办的谢师宴，参加者还有徐旭生、朱希祖、沈士远、沈尹默、许寿裳。这天下午，鲁迅和齐寿山在中山公园一起翻译的《小约翰》终于完工了，《小约翰》是荷兰作家望·蔼覃的小说。这桩译事从7月6日开始，鲁迅那天的《马上支日记》也说到了这件事儿："到中山公园，径向约定的一个僻静处所，寿山已先到，略一休息，便开手对译《小约翰》。"当晚，齐寿山邀请教育部同事戴芦舲和许寿裳一起在中山公园来今雨轩为鲁迅饯行。

8月16日中午，鲁迅在家治宴，回请陆晶清、许广平、吕云章。前一天鲁迅给许广平的请柬是这样的：

景宋"女士"学席：程门
　　飞雪，贻误多时。愧循循之无方，幸
　　骏才之易教。而乃年届结束，南北东西；虽尺素之
　　能通，或
　　下问之不易。言念及此，不禁泪下四条。吾
生倘能赦兹愚劣，使师得备薄馔，于月十六日午十二
　　时，假宫门口西三条胡同二十一号周宅一叙，俾罄
　　愚诚，不胜厚幸！顺颂
时绥。

　　　　　　　　　师鲁迅 谨订 八月十五日早

鲁迅的这个请柬看起来佶屈聱牙，但这是鲁迅故意为之，是针对许广平前几天写给鲁迅的请柬的模拟和戏仿。对鲁迅的这封请柬，许广平曾解释说：

　　这信的文笔颇与《书简》体例不同，原因是北平女子师范大学自从被章士钊杨荫榆之流毁灭了之后，又经师长们以及社会正义人士之助而把它恢复过来了。我们这一班国文系的同学，又得举行毕业，而被开除了之后的我，也能够恢复学籍滥竽其间。到了快要学业结束的时候，我国文系师长们如马幼渔先生，沈士远、尹默、

第六章　到别的地方去

景宋"女士"学席：程所
飞雪贴误多时，愧疚之生无方。幸
骏才之易教，而乃年届结束，南北东西
虽尺素之易言，能遍或
下问之不易念及此，不禁溅下。西条吾
生偏能救兹恩于便师得俑薄饼于月十六日
午十二时假寓所口西三条胡同二十一号周宅
一叙，倔謦愚诚不胜厚幸。顺颂
时绥

师 鲁迅 谨订　八月十五日早

鲁迅请许广平等女高师同学到家里吃午饭的请柬。

兼士先生，许寿裳先生，鲁迅先生等，俱使人于学业将了，请益不易之际兴无穷感慨！良以学校久经波折，使师长们历尽艰辛，为我们学子仗义执言，在情在理，都不忍使人恝置，因此略表微意，由陆晶清、吕云章和我三人具名肃帖，请各师长，在某饭店略备酒馔，聊表敬意。其后复承许寿裳及鲁迅先生分别回请我们，而鲁迅先生的短简，却是模拟我写的原信，大意如下：
××先生函丈程门
　　立雪承训多时幸
　　循循之有方愧驽才之难教而乃年届结束南北
　　东西虽尺素之能通或
　　请益而不易言念及此不禁神伤吾
师倘能赦兹愚鲁使生等得备薄馔于月×日午十二时
　　假西长安街××饭店一叙俾罄愚诚不胜厚幸肃请
钧安

　　　　　　　　　　陆晶清
　　　　　　　　学生 许广平 谨启
　　　　　　　　　　吕云章

又"四条"一词乃鲁迅先生爱用以奚落女人的哭泣，两条眼泪，两条鼻涕，故云。有时简直呼之曰：四条胡同，使我们常常因之大窘。[39]

善于发现一切僵硬、做作和可笑的东西，并对之进行模拟、戏仿和挖苦，是鲁迅一贯的风格和特殊本领。这样的例子在鲁迅的杂文和书信中俯拾即是，如给钱玄同的信就用许多"之乎者也"的文言词汇来模拟钱玄同的风格。同样的文字技巧，意义并不完全相同，对钱玄同的模拟更多的是挖苦和讽刺，对许广平的模仿不过是一种善意的调侃和游戏。

除了吃饭，荆有麟和向培良还用文字表达他们对鲁迅的留恋之情。8月24至26日，《世界日报副刊》发表荆有麟的《送鲁迅先生》，其主要篇幅都在说鲁迅的创作和人生历程，真正的主题和反复咏叹的旋律却是"送鲁迅先生"。

文章一开头儿，向培良来访荆有麟，把荆有麟他们的谈话主题从莫泊桑的《人心》换成了鲁迅的走：

热烘烘，热烘烘，一个阴沉的早上，黄鹏基先生，余妻，和我，围坐在望钟的矮楼下，闲谈着写在莫泊桑《人心》里的马丹批尔仑的恋爱，的交际，的用情。忽然间，培良来访了。

在过惯了浪漫生活的培良兄，一进门，便嚷着要烟抽。并且加重语气似的说道："今天这筒烟可不够我抽。"其原因是：我的烟筒内只剩有十几根了。

说到抽烟，我便提及鲁迅先生抽烟的可以。开始培良又发议论了：

"鲁迅大概十五号以前要走，你们不给他送行么？"[40]

接下来，作者述说关于鲁迅离开北京这件事情在头脑中回旋思考的过程。一个是鲁迅今后的人生方向，作者用很多篇幅回顾了鲁迅的思想和人生道路，并据以判断鲁迅将来"所走的道路"："鲁迅要走吗？往哪儿去呢？'东呢西呢，南呢北呢？进而即于新呢？退而安于古呢？往灵之所教的道路么？赴肉之所求的地方么'道路是多着，在彷徨于十字街头的我们，又将从何处送起呢？"荆有麟和向培良都是鲁迅领导的《莽原》周刊最主要的干将，但现在，原来一起战斗的集体就要解散了。年轻的战士相信，他们的主将还会像在《这样的战士》中表现出来的精神那样勇往直前，"长此以往的走下去"，但是，还有另一个让他们担心的事情：在天天打仗和到处是马贼的中国，"可真有给鲁迅可走的地方么？""我们想送鲁迅先生的人们，又送他到何处呢？然而，鲁迅先生可是要走了。"虽然有种种想法和疑惑，但都改变不了鲁迅要走这个无可奈何的事实，于是只能不止一次的说"可是鲁迅先生现在要走了"。

鲁迅的走，让留在北京的人们感到空虚和寂寞。荆有麟说："然而，鲁迅先生可是要走了。我们在寂寞的北京，将要更感到寂寞罢。我愿鲁迅先生携带寂寞一同去！"

8月22日，女子师范大学学生会举办毁校周年纪念会，鲁迅参加纪念会并发表讲演。向培良把那天的讲演记录下来，发表在8月28日《语丝》周刊，题目是《记鲁迅先生的谈话》。

鲁迅这个讲演主要是说他过去翻译《工人绥惠略夫》的历史和《工人绥惠略夫》的主要内容。俄国人阿尔志跋绥夫的这本小说是鲁迅1921年从德文版本转译过来的，1922年在商务印书馆出版。小说对改革者和群众的关系作了深刻揭露。

向培良记录并发表这个谈话另有含义。在鲁迅谈话之前，有一段向培良写的按语：

第六章 到别的地方去

> 鲁迅先生快到厦门了,虽然他自己说或者因天气之故而不能在那里久住,但至少总有半年或一年不在北京,这实在是我们认为很使人留恋的一件事。一九二六年八月二十二日,女子师范大学学生会举行毁校周年纪念,鲁迅先生到会,曾有一番演说,我恐怕这是他此次在京最后的一回公开讲演,因此把它记下来,表示我一点微弱的纪念的意思。[41]

两个月前的6月23日,鲁迅刚刚收到李小峰寄来的十五本《飘渺的梦》,鲁迅为向培良编选的第一本作品集《飘渺的梦》,是鲁迅主编的第一辑"乌合丛书"四种中的一种。能和鲁迅的著作编在一套丛书里,对于二十一岁的向培良来说,肯定是一个好的开始。

荆有麟、向培良虽然留恋鲁迅的离去,并在此后与鲁迅的距离越来越远,但他们还算是幸运者。他们毕竟和鲁迅有过一段亲密的接触,也得到过鲁迅的各种帮助。不管他们此后的人生道路和个人命运如何,曾经和鲁迅的友谊永远都是环绕在他们身上的一道不灭的光辉。

但还有一些一直崇拜鲁迅的学生,由于种种原因,一直没有机会走进西三条21号,直到鲁迅离开北京远走厦门。北大学生赵瑞生曾经听过一年鲁迅讲授的中国小说史,他在1925年底和1926年初曾在《京报副刊》发表过《谁是beautiful spot》和《一堆闲话》等文章,支持斗争中的女师大和鲁迅。但赵瑞生一直没有到过鲁迅家,他曾经某次在夜深人静的时候从噩梦中醒来,点起蜡烛来冥想两个人,一个是母亲,一个是鲁迅先生,他把这个甜蜜的经验当成是自己"宝贵的秘密"。1926年底,他在《世界日报副刊》上发表《怀鲁迅先生》,表达了对远在厦门的鲁迅的思念之情,文章最后一段写得很感伤,虽然作者说"不应有什么感伤":

> 现在鲁迅先生已离开北京,到海边听涛声去了。这当然不应有什么感伤,然而常常想起,眼前就泛出影子来。他现在的寂寞该和从前两样了罢。鲁迅先生在北京的时候,常常想去访他,然而终于没有去;起初不知道地址,后来打听着了,也没有去,现在他到海边听涛声去了。[42]

注　释

1　鲁迅,《忽然想到(十至十一)》,《鲁迅全集》第三卷,人民文学出版社,2005年版,第97页。

2　范奴冬女士,《呜呼三月一十八》,《鲁迅生平史料汇编》第三辑,天津人民出版社,1983年版,第441页。

3　周作人,《三·一八》,《鲁迅生平史料汇编》第三辑,天津人民出版社,1983年版,第375页。

4　自清,《执政府大屠杀记》,1926年3月29日《语丝》第72期。

5　《鲁迅生平史料汇编》第三辑,天津人民出版社,1983年版,第369页。

6　鲁迅,《革命时代的文学——四月八日在黄埔军官学校讲》,《编年体鲁迅著作全集》叁,福建教育出版社,2006年版,第294页。

7　[日]山田敬三,《鲁迅世界》,山东人民出版社,1983年版,第254页。

8　《被段祺瑞通缉之五人》,《鲁迅生平史料汇编》第三辑,天津人民出版社,1983年版,第395页。

第六章 到别的地方去

9 《鲁迅全集》第三卷，人民文学出版社，2005年版，第285页。

10 荆有麟，《鲁迅回忆断片》，鲁迅博物馆等选编《鲁迅回忆录》专著（上册），北京出版社，1999年版，第136页。

11 许羡苏，《回忆鲁迅先生》，鲁迅博物馆等选编《鲁迅回忆录》散篇（上册），北京出版社，1999年版，第320页。

12 《鲁迅生平史料汇编》第三辑，天津人民出版社，1983年版，第393页。

13 《鲁迅全集》第十一卷，人民文学出版社，2005年版，第524页。

14 《鲁迅全集》第三卷，人民文学出版社，2005年版，第301页。

15 威廉·魏施德，《通向哲学的后楼梯》，辽宁教育出版社，1998年版，第299页。

16 《鲁迅全集》第十一卷，人民文学出版社，2005年版，第32页。

17 《鲁迅全集》第十一卷，人民文学出版社，2005年版，第472页。

18 《鲁迅全集》第十五卷，人民文学出版社，2005年版，第616页。

19 许寿裳，《亡友鲁迅印象记》，鲁迅博物馆等选编《鲁迅回忆录》专著（上册），北京出版社，1999年版，第268页。

20 荆有麟，《鲁迅回忆断片》，鲁迅博物馆等选编《鲁迅回忆录》专著（上册），北京出版社，1999年版，第136页。

21 俞芳，《我记忆中的鲁迅先生》，鲁迅博物馆等选编《鲁迅回忆录》专著（上册），北京出版社，1999年版，第1534页。

22 林辰，《鲁迅事迹考》，人民文学出版社，1981年版，第45页。

23 《鲁迅全集》第十五卷，人民文学出版社，2005年版，第616页。

24 荆有麟，《鲁迅回忆断片》，鲁迅博物馆等选编《鲁迅回忆录》专著（上册），北京出版社，1999年版，第137页。

25 《莽原》半月刊第一期，中华民国十五年一月十日。

26 林语堂，《中国新闻舆论史》，中国人民大学出版社，2008年版，第99页。

27 林语堂，《我这一生——林语堂口述自传》，江苏人民出版社，2014年版。

28 《鲁迅全集》3，人民文学出版社，1981年版，第309页。

29 《鲁迅全集》3，人民文学出版社，1981年版，第321页。

30 《鲁迅全集》3，人民文学出版社，1981年版，第341页。

31 《鲁迅全集》3，人民文学出版社，1981年版，第316页。

32 《鲁迅全集》3，人民文学出版社，1981年版，第328页。

33 马芷庠，《老北京旅行指南》，吉林出版集团有限责任公司，2008年版，第165页。

34 《鲁迅全集》3，人民文学出版社，1981年版，第334页。
35 叔本华，《叔本华思想随笔》，上海人民出版社，第85页。
36 《鲁迅全集》3，人民文学出版社，1981年版，第334页。
37 《鲁迅全集》3，人民文学出版社，1981年版，第344页。
38 病高，《鲁迅先生访问记》，孙郁 黄乔生主编《回望鲁迅：高山仰止——社会名流忆鲁迅》，河北教育出版社，2000年版，第221页。
39 《鲁迅全集》11，人民文学出版社，1981年版，第478页。
40 荆有麟，《送鲁迅先生》，《1913–1983鲁迅研究学术论著资料汇编》第一卷，中国文联出版公司，第173页。
41 培良，《记鲁迅先生的谈话》，《1913–1983鲁迅研究学术论著资料汇编》第一卷，中国文联出版公司，第177页。
42 赵瑞生，《怀鲁迅先生》，《1913–1983鲁迅研究学术论著资料汇编》第一卷，中国文联出版公司，第220页。

后记

我与鲁博

1

"新年的头一天,我去参观了鲁迅博物馆。这是可喜的。住在北京多年,竟没有到这个地方去过。罪过!"这是当代著名作家杨沫1963年1月1日日记上的话。2006年5月的某一天,我骑一辆破旧的自行车第一次到鲁迅博物馆,内心深处也有一种和杨沫一样的惭愧。我并不是像杨沫一样土生土长的北京人(实际上,杨沫不仅是北京人,而且小时候曾经就住在鲁迅家住过的宫门口三条胡同),但那时候也在北京住了差不多满三年,在这三年时光中,我头脑中北京的地图其实只是海淀区的那一片地方。我这次"远征"鲁迅博物馆的目的很简单,就是给馆长孙郁送我的毕业论文,他是我即将在5月底博士论文答辩时的答辩委员。但就是这次很偶然的鲁博之行,决定了我后十年甚至后半生的人生归宿。

在博物馆门口,接待我的门卫给孙馆长打了个电话,说馆长正忙,让我稍等一会儿。趁这个闲空儿,我去院子里的洗手间方便一下。出了洗手间,是一棵老槐树,环绕老槐树四周有半米高石头垒砌的围挡,我就坐在这高低合适的石头围挡上一边歇息腿脚,一边等待孙馆长的召见。

对世界上的每一处地方,我们在亲眼目睹之前都有自己的想象,而在身临其境的时候,往往会发现眼前的景象和想象中的幻影很不相同。鲁博的院子比我想象中要大气和疏朗得多。二十世纪八十年代的时候,我曾经去过还在万寿寺办公的中国现代文

后记　我与鲁博

学馆，所以想象中的鲁博也是像现代文学馆一样灰暗而狭窄的地方。这时，门卫招呼我说孙馆长要见我，走到院子当中，回望刚才坐着休息的地方，那棵粗壮高大的老槐树格外突出地呈现在我眼前。那段日子，除了忙于学业上的收尾工作，我也在着急寻找毕业后能够谋生的单位，在注视这棵沧桑老树的一刹那，我隐约感到这个院子就是个不错的地方。

后来，我真的就来鲁博工作了，虽然经历了一点周折。

2

鲁博大院的面积其实并不是很大，但一道道花墙和一排排房子，把整个院子分隔成好几个不同的区域，让初来乍到的人感到有点儿复杂和深邃。在鲁迅故居前边那排平房和靠近大门的那栋三层高办公大楼之间，有个长满各种草木的小院子，只有平房前的一条小径可以通过去，显得很幽静。刚来鲁博的时候，我就被安排在这排平房靠里边的一间屋子里办公，屋子前边正对着这个有点儿与世隔绝的小院子，我在过了很长时间以后才知道馆里的人们叫这里"百草园"。

那时候，孙馆长交代我用一段时间做一个事情，就是编辑一套新的鲁迅研究资料选，编选的资料来源主要是鲁博曾经编辑的一套二十四本的《鲁迅研究资料》。我不记得过去看过这套庞大的丛书，这是一个好机会，正好可以弥补一下过去的缺陷。我办公室前有一个汉白玉石桌，石桌安置在爬满葡萄藤的亭子里，亭子旁边是一棵挺拔的柿子树。差不多每天，我就在这个石桌上一本接着一本地阅读这套内容丰富的丛书。那段日子，我很像一个古庙里的僧人,有时候,孙馆长会飘然而至,简单而又快速地交代一些需要做的事情。偶然,一只黄猫会在身后弄出点动静,让我大吃一惊,后来,我才知道经常光顾的黄猫并不一定是同一个,因为在鲁博院子里有两只黄猫,一个叫作"大黄",一个叫作"小黄";再后来,我又知道了鲁博院子里不光有黄猫,还有黑猫。到了深秋,小院子就热闹起来,柿子树掉光了叶子,只剩下满树挂着的红灯笼一样的柿子,每天黄昏,成群的鸟雀吱吱喳喳地飞到柿子树上啄食那些"树熟"的柿子,也有许多熟透了的柿子从高高的枝头突然掉下来,"啪"的一声重重地摔落在地上,散成一摊。

3

我上大学的地方在石家庄,那时候,和专家、名人都是通过书本"神交"。但有一天,忘记是读大几的时候了,大名鼎鼎的周海婴先生来到石家庄,在当时石家庄最大的礼堂作报告,我们从学校步行好几里地去听报告。礼堂很大而且灯光灰暗,我坐的位置靠后,只能依稀看到海婴先生的面容。海婴先生报告的内容现在是一点也记不起来了,但那可是我们大学四年亲眼见过的唯一的大人物。那个时候,我正满脑子都是鲁迅。我向一个比我高三届的师兄请教学习现代文学的门径,他很确定地告诉我:"用一年的时间看鲁迅。"我觉得他是过来人,这样说肯定有他的道理。我从图书馆借了《鲁迅全集》,每天晚上到教室正襟危坐,一本一本细读。看正文之前,总会先浏览每本前几页的插图,上面有鲁迅各个时期的照片及鲁迅住过的地方、各种著作的书影等图像,其中就有海婴先生小时候和父母的合照。

等我成为鲁博人的时候，王得厚、陈漱渝、李允经等我过去崇拜过的专家学者已经退休了。但是时间长了，偶然会在鲁博院子里看见他们的身影，他们看起来都是很和蔼的普通人，但年轻时候刻印在脑子里的崇高印象还在，见到他们的时候，自己总是不由自主地紧张起来。海婴先生参加过一些鲁博举办的活动，也能在比那次作报告近得多的距离内听见他的言谈，感觉远不是当年那样严肃。但还没有机会和海婴先生有更深入交流，他却去世了。

4

2008年开始，我一直在社教部工作，过去有人称其宣教部、群工部，总之，是个和来馆参观的游客打交道的部门。

但社教部工作的乐趣也正在这里。因为是"前沿阵地"，所以每天接触到的都是全新面孔。游客们怀揣着敬畏的感情、美好的想象，不远千里万里，顶着烈日或冒着大雨，来到他们日思夜想的地方。从他们眉目之间，你只会看到单纯的快乐和满足的神情。每天，社教部的人们迎来日出，送走晚霞，满意地看着游客们逡巡在这个我们负有一份责任并因而感到自豪的小院。但大多数情况下，游客是匿名的，我们并不知道他们来的时候目的是什么，走的时候又收获了什么。就像一本书，印出来之后的命运就交给了读者。

但个别游客在留言册上留下了他们的踪迹，大多数留言很简单，就像是旅游景点建筑物上可以看到的"某某某到此一游"，但也有不少留言留下的是一段故事。如1988年3月23日上午，原北京工业学院工程处工程师赵文彦先生在留言中说："回忆我在车轴山中学时读了鲁迅的小说,对他老人家的仰慕,无时或释。1936年我考入大兴工程股份有限公司工程师训练班,8月起,在河南大桥工地见习时,因有多余的时间,我就托天津老同学张济甫(其车轴山中学同学)给我买鲁迅的书寄到工地,张竹林同志也经常借阅。我在书中看到许多知识分子问他老人家去延安的道路,我也想写信问他老人家。决心写信给他老前辈问去延安的道路。不幸他老人家于1936年10月19日与世长辞了,我痛苦之余,一生以鲁迅为师,以共产党员标准要求自己,学他老人家的实质精神,(一)一生写日记;(二)多年三百六十五日不休息;(三)一生助人为乐;(四)一生艰苦朴素(学他老人家穿竹布大褂,布包讲义);(五)一生见义勇为。"

有的游客不是在留言册上留言,而是更愿意和鲁博的工作人员当面交流,他们往往是一些上了年纪的老者,在他们年轻的时候,鲁迅的作品曾给他们留下强烈的印象。他们往往熟知鲁迅作品和鲁迅生活中的细枝末节,能够深刻体会鲁迅故居每处地方每个物件的内在意蕴,有的人还能提出自己的观点和建议。最典型的是一位叫潘卫华的老先生,他年轻时就能够从头到尾一字不差地背诵鲁迅的《秋夜》。潘先生曾经三番五次从遥远的广东来北京鲁博,专门考证鲁迅《秋夜》中所写的两棵枣树,究竟是否像人们所说的早就枯死了,为此还写了考证长文,论证鲁迅写的那两棵枣树还好好地活着。潘先生的执着和对鲁迅的热爱的确让人感动,为此,我也下了一番工夫,梳理了关于两棵枣树的大量历史线索,写出了《不在场的在场:早已消失但总被人念念不忘的两棵枣树的故事》。虽然我的稿子"用尽了洪荒之力",但潘先生还是觉得那两棵枣树并没有枯死。

后记　我与鲁博

5

许多游客尤其是外国人，对鲁迅的《野草》似乎更为熟悉和欣赏，因此，来鲁博参观的时候，就会像潘先生一样到处寻找鲁迅在《秋夜》中写到的那两棵枣树。令人欣慰的是，鲁迅在《秋夜》中所说的两棵枣树虽然枯死了，但在鲁迅故居里的确有一棵枝繁叶茂的老枣树，这棵枣树虽然寂寂无名，但也许比鲁迅写到的那两棵枣树还要老。每到收获的季节，鲁博的员工和幸运的游客就会吃到鲁迅肯定曾经吃过的同一棵枣树上的枣。当年在鲁迅故居值班的赵丽霞老师曾在工作日记中记载："1990年8月29日下午，有一位日本专家携夫人参观鲁迅故居，讲解员捡拾地上随风坠落青枣数枚相赠，日本专家深表谢意，再三表示，明年五一一定在家将此果种下，让鲁迅果在日本发芽、开花、结果。"

大多数时间，我并不在一线值班，因此错失许多和游客直接交流的机会。但通过游客留言也可以看出，很多游客是像潘先生一样，不止一次来鲁博参观。当然，他们一次次来鲁博并不是平常意义上的参观，而是一种精神洗礼。鲁迅精神当然是无形的，但需要通过有形的物件来折射和触发。作为一个鲁博的工作人员，我们常年累月生活在鲁迅精神的余韵中，可以每年吃到日本专家视为珍宝的"鲁迅果"，每时每刻都能感受到鲁迅故居就在自己的身旁，这是一种神奇的、肯定让远来的游客们无比艳羡的生活，但大多数时候，我们对这些并没有感觉。

我们得到了幸福，但往往我们并不知道。

2020年1月3日改

附录
鲁迅生平简表

1881年
9月25日 农历八月初三日,鲁迅出生于绍兴城内东昌坊口周家,名樟寿,字豫才。

1892年
2月16日 农历正月十八日,始往三味书屋读书,老师寿镜吾。

1898年
5月 赴南京考入江南水师学堂。改名周树人。后改入江南陆师学堂附设路矿学堂学习。

1902年
3月24日 江南督练公所派赴日本留学,该日乘大贞丸从南京到上海,29日乘神户丸由上海往日本。4月入东京弘文学院学习。

1904年
4月30日 从弘文学院毕业。
9月 入仙台医学专门学校学习医学。

1906年
7月 归国与山阴人朱安女士结婚。同月回到日本,在东京研究文艺。

1909年

8月 从日本归国。

9月 在杭州任浙江两级师范学堂化学和生理学教员。

1910年

8月 在绍兴任绍兴府中学堂博物学教员等职。

1912年

2月 辞山会初级师范学堂职,前往南京,任临时政府教育部部员。

5月5日 从天津乘火车抵达北京。

5月6日 住宣武门外南半截胡同绍兴会馆藤花别馆。同日,到教育部报到。

8月26日 被任命为教育部社会教育司第一科科长。

1918年

4月2日 作小说《狂人日记》,第一次使用笔名鲁迅。

1919年

11月21日 与二弟周作人搬家到西直门内八道湾胡同11号。

1921年

12月4日 所作小说《阿Q正传》开始在《晨报副刊》连载。

1923年

8月2日 因与二弟周作人发生矛盾,搬家到西四砖塔胡同61号。

12月2日 购阜成门内西三条胡同21号院。

1924年

5月25日 移居阜成门内西三条胡同21号新屋。

7月7日 往西安讲学,8月12日返京。

8月30日 北京世界语专门学校学生张目寒第一次访问鲁迅。后来,张目寒又将其安徽霍邱老乡李霁野、韦丛芜、韦素园、台静农等人先后介绍给鲁迅。

9月15日 作散文诗《秋夜》。

9月22日 开始翻译《苦闷的象征》，连载于《晨报副刊》，并作为文学理论教材在北大等校讲授。

9月28日 章衣萍及未婚妻吴冕藻即曙天女士访问鲁迅。

11月16日 北京世界语专门学校学生荆有麟第一次访问西三条鲁迅家。

12月10日 山西人高长虹第一次拜访鲁迅。

1925年

4月11日 邀请高长虹、向培良、荆有麟等来西三条家中商定创办《莽原》周刊。

4月12日 北京女子师范大学学生许广平第一次到西三条鲁迅家。

4月24日 《莽原》周刊第一期出版。附《京报》发行。

8月14日 因支持北京女子师范大学学生反对校长杨荫榆和教育总长章士钊，与其他教职员组织校务维持会，遂被章士钊非法免职。

12月 翻译的《出了象牙之塔》由未名社出版。

1926年

1月 《莽原》半月刊出版。

2月21日 作散文《狗·猫·鼠》，系散文集《朝花夕拾》的第一篇。

3月18日 段祺瑞执政府前发生游行群众流血牺牲事件，被鲁迅称为"民国以来最黑暗的一天"。针对惨案，作《无花的蔷薇之二》。

3月26日 为躲避军阀迫害，离家避居。先住在莽原社，后又先后住在山本医院、德国医院、法国医院，直到5月6日返回西三条寓所。

8月26日 接受林语堂邀请，同许广平离京南下，赴厦门大学任国文系教授和国学研究院研究教授。

1927年

1月15日 离开厦门前往广州。

2月10日 被任命为中山大学文学系主任兼教务主任。

10月3日 和许广平一起到上海。

1929年

5月13日 北上省亲，15日抵达北平。在北平期间，曾到燕京大学、北京大学等校演讲。

6月5日 回到上海。

1930年

2月13日 参加中国自由运动大同盟成立大会，列名为发起人之一。

3月2日 出席中国左翼作家联盟成立大会，被选为常务委员。

1932年

11月11日 往北平探亲。13日抵达北平。

11月22日 往北京大学第二院演讲《帮忙文学与帮闲文学》。嗣后又到辅仁大学、女子文理学院、北京师范大学、中国大学讲演，号称"北平五讲"。

1933年

4月11日 自拉摩斯公寓迁居施高塔路（山阴路）大陆新村9号寓所。

1936年

10月19日 上午五时二十五分病逝于大陆新村9号寓所。